权 威 机 构 · 品 牌 图 书 · 每 年 新 版

盘点年度资讯 预测时代前程

电子政务蓝皮书
BLUE BOOK OF
ELECTRONIC GOVERNMENT

中国电子政务发展报告 *No.4*

从政府信息上网到政府服务上网

From Government Information on-Line to
Government Service on-Line

CHINA'S E-GOVERNMENT
DEVELOPMENT REPORT
(No.4)

主　编／王长胜
副主编／张新红　于施洋

社会科学文献出版社
SOCIAL SCIENCES ACADEMIC PRESS (CHINA)

图书在版编目（CIP）数据

中国电子政务发展报告 No.4：从政府信息上网到政
府服务上网/王长胜主编.—北京：社会科学文献出版
社，2007.4
　（电子政务蓝皮书）
　ISBN 978 - 7 - 80230 - 555 - 7

　Ⅰ. 中... 　Ⅱ. 王... 　Ⅲ. 电子政务 – 研究报告 –
中国　Ⅳ. D630.1 – 39

中国版本图书馆 CIP 数据核字（2007）第 045244 号

法 律 声 明

　　"皮书系列"（含蓝皮书、绿皮书、黄皮书）为社会科学
文献出版社按年份出版的品牌图书。社会科学文献出版社拥有
该系列图书的专有出版权和网络传播权，其 LOGO（▓）与
"经济蓝皮书"、"社会蓝皮书"等皮书名称已在中华人民共
和国工商行政管理总局商标局登记注册，社会科学文献出版
社合法拥有其商标专用权，任何复制、模仿或以其他方式侵
害（▓）和"经济蓝皮书"、"社会蓝皮书"等皮书名称商标
专有权的行为均属于侵权行为，社会科学文献出版社将采取法
律手段追究其法律责任，维护合法权益。

　　欢迎社会各界人士对侵犯社会科学文献出版社上述权利的
违法行为进行举报。电话：010 – 65137751。

社会科学文献出版社
法律顾问：北京市建元律师事务所

《电子政务蓝皮书》编委会

目 录
CONTENTS

第四篇　服务导向的电子政务项目管理

第五篇　重大工程（国家级重大电子政务工程）

第六篇　案例分析

CONTENTS

Part Ⅲ　Service-Oriented Development and Utilization of Government Information Resource

Part Ⅳ　Service-Oriented E-Government Project Management

序　言

　　2007 年是电子政务建设在全球范围内广泛开展的第十个年头。1992 年末，克林顿在当选美国第 42 任总统之后发表的演说中说道："我的下一届政府将是一个电子政府"，由此揭开了电子政务在全球发展的序幕。在 1993～1996 年的第一个总统任期之中，克林顿与副总统戈尔合作，大力推行电子政务，取得了显著的成效，在全球引起了很大的反响；电子政务的发展也受到了全球政治家们的重视，一个全球范围的推进电子政务建设的潮流随之在 1997 年开始形成。过去的十年中，电子政务在全球发展很快。总的来说，在发展的早期较好地实现了原先的预期，利用互联网密切了政府与企业和居民的联系，较好地向社会提供了政府的服务。随着电子政务的深入发展，也遇到了一些问题。除了在提高效率、用户服务、政府信息系统的一体化和资源共享等方面不如预期之外，在信息安全、隐私保护、平等服务以及政府的依法管制方面也存在许多的不确定性。

　　十年来，我国政府信息化与电子政务的建设发展很快，成绩斐然，对我国经济社会发展做出了重要的贡献。一批重要业务系统建设进展很快，在保证国民经济系统日常运行、增强政府行政能力、改善公共服务方面正发挥着越来越重要的作用。在电子政务建设中，跨部门的信息共享和业务协同也在积极探索中稳步推进，一些重要的基础信息共享工作已经全面推开。政府门户网站的建设和应用也取得了很大的进展，全国政府门户网站的体系初步形成，在线行政审批和服务功能不断增强。国家电子政务标准体系一期工程已经完成，电子政务信息资源目录体系与交换体系的相关标准基本成形，为政府信息资源的开发利用创造了较好的环境条件。我国电子政务网络的基本框架和管理体制正在逐步形成，电子政务信息安全保障工作也得到了进一步的加强。自 2004 年起，中国电子政务发展的轨迹和足迹已经逐年地记录在"电子政务蓝皮书：中国电子政务发展报告"的年度系列报告之中，相信读者可以从中看到中国电子政务建设在不断前进之中。

本年度中国电子政务发展报告的主题是"服务"，体现了中国电子政务发展的一个新的、重要的趋势。《中共中央关于构建社会主义和谐社会若干重大问题的决定》（2006 年 10 月 11 日十六届六中全会通过）明确提出了"建设服务型政府，强化社会管理和公共服务职能"的要求，并且指出要"推行政务公开，加快电子政务建设，推动公共服务信息化，及时发布公共信息，为群众生活和参与经济社会活动创造便利条件。"过去几年，我国电子政务的发展体现了中央关于"以经济建设为中心"的指导思想，较多地关注与我国经济系统运行和宏观经济管理密切相关的国家信息系统的建设，这是完全正确的，成效也是显著的。随着我国经济社会的不断向前发展，按照中央关于"必须坚持以经济建设为中心，把构建社会主义和谐社会摆在更加突出的地位"的要求，我国电子政务建设也必须把构建社会主义和谐社会摆在更加突出的地位，为发展我国社会事业，保障社会公平正义，建设和谐文化，完善社会管理，增进社会团结和睦做出应有的贡献。

电子政务的发展与我们熟知的 80/20 曲线有相似之处。在电子政务的早期，曲线上升比较陡峭。换句话说，早期阶段的效益比较容易取得，对于电子政务的预期比较容易实现，包括经济上的回报，工作效率的提高，信息的获取和交换等等。然而，随着电子政务发展的逐步深入，80/20 曲线开始出现拐点，并逐渐趋于平缓，以致电子政务最终目标的难度不断增加；相应地，对电子政务实现预期目标的不确定性也在增加。例如，政府信息资源的共享，构造一体化的政府管理信息系统的框架，政府业务流程的改造，政府职能的转变和体制机制的改革，个人隐私的保护，客户化和公平服务，信息安全的保障等等，都对电子政务建设最终能否成功有着重大的影响。

另一方面，在我们埋头于电子政务建设，致力于信息化的公共服务发展的时候，抬起头来看一看"用户"一侧的情况也很重要。根据中国互联网络信息中心（CNNIC）第 17 次《中国互联网络发展状况统计报告（2006 年 5 月）》提供的信息，在网民上网经常使用的网络服务中，电子政务（包括网上投诉、网上审批、网上监督等等）的使用率仅为 5.1%，排在倒数第四位。按该次统计时的网民总人数 1.11 亿人计算，使用电子政务服务的人数仅占 13 亿人口的千分之四左右。这是一个非常值得关注的问题，因为，电子政务还远没有做到为多数人服务。我们在大力推动公共服务信息化，努力使政府服务上网的同时，必须对如何吸引更多的网民和公民充分利用信息化的公共服务给予更多的关注，使每一个老百姓有问题要找政府的时候，首先想到的是"上网"，自己家里不能上网，想其他的办法也要上网。这样，电子政务才能充分发挥作用，政府的办事效率才能得到提高，老百姓才能得到真正的方便和实惠。也只有这样，电子政务才会取得真正的成功。

周宏仁

2007 年元月 18 日于北京

第一篇
总　报　告
Part Ⅰ
General Report

第一章
从政府信息上网到政府服务上网

王长胜

1999 年，四十多家部委联合发起"政府上网"工程，在全国掀起了一次政府信息化普及活动，为我国电子政务建设的全面展开和向纵深发展打下了良好基础，在促进政务信息公开、探索在线服务模式等方面取得了一定成绩、积累了有益经验。当前，我国政府上网工作的基础条件和社会需求都发生了重要变化，正面临新的发展机遇，政府上网工作应紧紧抓住"服务"这条主线，实现从政府信息上网到政府服务上网的跨越。

一 提高公共服务的质量和范围是发展电子政务的出发点

随着互联网的普及应用，电子政务正在成为当代政府管理创新最重要的领域之一。从美国总统克林顿宣布利用信息技术提高政府服务能力开始，各国元首相继提出本国的政府服务在线计划，以电子政务促进政府转型的战略迅速登上了所有工业化国家的政治日程。

（一）各国元首都提倡把提供公共服务作为发展电子政务的切入点

1. 美国总统克林顿在全球率先提出"e – Government"（电子政务）概念

1993 年，克林顿政府建立了"国家绩效评估委员会"，提出通过电子政务克服美国政府在管理和提供服务方面的不足，构建"以公众为中心"的电子政务，努力实现政府在线服务的改革目标①。布什总统上任后，制订了"电子政务扩展计划"，并将其列为政府五大重点工作之一，提出"以公众为中心、以结果为导向、以市场为基础"的发展原则。2002 年 12 月，美国颁布实施《电子政务法》，进一步明确了服务理念在电子政务发展中的核心地位，该法将电子政务定义为，"电子政务是应用互联网和其他信息技术，改进政府效能，更好地为企业、公众和其他政府部门、机构提供政府信息和服务的过程"。

2. 加拿大总理克雷蒂安提出通过电子政务服务使政府更加贴近公众

1999 年 10 月，克雷蒂安提出，"到 2004 年，加拿大人能够由他们自己选择时间和地点获得政府提供的在线信息和服务，加拿大政府将以最贴近市民的政府而著称"。在总理的倡导下，加拿大各级政府行政长官都积极推动政府服务上网，在全国形成了以电子政务服务公众和企业的热潮，政府网上服务质量逐年提高，公众对政府网上服务的满意度稳步上升。2003 年，联合国经济和社会理事会将加拿大电子政务发展水平评定为"高级"，著名跨国咨询公司埃森哲（Accenture）连续三次把加拿大电子政务发展水平评为全球第一，认为加拿大是唯一一个借助电子政务实现由管理型向服务型政府转变的国家。

3. 英、法、德等欧盟国家元首十分重视以政府服务上网的方式提高公共服务能力

1998 年，英国首相布莱尔提出了"信息时代政府"的目标，到 2008 年实现政府服务项目全部上网。2000 年 9 月，德国联邦政府总理施罗德发起了"联邦在线 2005"的倡议，要求联邦政府到 2005 年将所有可在网上提供的服务在线提供。"联邦在线 2005"是德国行政管理现代化的一项重要举措，也是欧洲规模最大的电子政务计划。法国政府非常重视发展政府门户网站，其门户网站于 2000 年 10 月开通，取名"服务公众"（Service-Public），政府认为这是向社会提供"一站式"政务服务的出发点。

4. 中国国家领导人明确提出了通过发展电子政务推进建设服务型政府的主张

2001 年，胡锦涛总书记在国家信息化领导小组第一次会议上就曾经指出：

---

① National Performance Review（NPR）. Washington D. C. 1993. http：//www. npr. gov/library/reports/it. html.

"对广大群众迫切需要解决的、经济社会发展中的瓶颈问题，如有可能通过采用计算机技术推动其解决，我们就应该下工夫切实加以推动。"总书记的这段讲话为我国指明了新时期发展电子政务的基本指导思想，即电子政务发展的根本在于服务广大人民群众，这是有中国特色电子政务发展道路的根本性特征。2004年，温家宝总理在省部级主要领导干部"树立和落实科学发展观"专题研究班结业式上的讲话中，第一次正式提出建设服务型政府的改革目标。同一时期，在国家信息化领导小组第三次和第四次会议上，温家宝总理反复强调"要把推进信息化与改进政府管理结合起来，着眼于转变政府职能"，鲜明地指出了现阶段我国电子政务建设的目标是促进政府职能向服务型转变。

（二）绝大多数国家在电子政务实践中都采用了"政府在线"的服务模式

2005年，联合国对191个成员国家和地区电子政务调查评价的结果表明，已有179个国家和地区开展了政府上网工作，政府上网比例近94%，其中美国、加拿大、英国、新加坡等国政府服务上网的比例已经达到较高水平，在政府上网方面居领先地位。

美国是最早启动政府在线工程的国家，2000年9月，美国"第一政府"门户网站（www. firstgov. gov）正式开通，使公众有机会通过政府门户网站享受"一站式"服务。

加拿大政府在1999年启动"政府在线"项目（GOL），在推进GOL项目时做出了两项可度量的承诺：一是到2005年公众满意度提高10%；二是到2005年让大多数常用政府服务业务上网。到2006年，面向加拿大公民和企业的最常用的服务上网比例已经达到67%。

英国政府于2000年9月推出"英国在线"计划（UK - Online），目标是把英国改造成为世界第一个全民都可以享受政府网上服务的国家。为实现该计划，布莱尔倡导发起了"地方政府服务全部上网"计划，在信息时代特别内阁会议上又进一步提出，将政府全部服务上网的时间从2008年提前到2005年。

新加坡政府于2000年制订了电子政府行动计划，启动了政府在线服务项目，到2003年基本实现了电子政府行动计划的预定目标，目前所有政府服务都已经在线提供。其政府门户网站服务项目已经涵盖了居民和企业生命周期的全过程，以提供个性化服务闻名全球。

日本政府也积极推动政府服务上网。到 2005 年底，日本中央政府能够向用户提供的在线申请、申报服务的比率已经达到 96%。为提高使用效率，近期日本政府连续出台政策措施，提出到 2010 年实现在线申请、申报业务利用率从 2005 年的 10% 提高到 50% 的目标。

此外，印度政府也提出，从 2006 年开始所有中央政府部门都必须通过政府网站为公众提供租房申请、新车登记、所得税退税等服务，以此提高政府的透明度和服务水平。

（三）政府网上服务质量是国际机构衡量电子政务发展水平的重要标准

2002 年 5 月，联合国经济和社会理事会发布了题为《电子政府发展评价的基准：一个全球视角》的报告。报告显示，2001 年在联合国 190 个国家和地区中，已经开展电子政务的国家和地区为 169 个，占绝大多数，发展电子政务已经成为全球性趋势。为综合评价各国电子政务发展水平，联合国经济和社会理事会适时推出了一套较为全面的电子政务评价指标体系。该指标体系由三大项指标构成，分别是：政府网站服务质量、信息基础设施和人力资源素质（见表 1）。除联合国外，世界银行、埃森哲公司、美国哈佛大学、布朗大学等国际权威研究机构也都把政府网上服务质量作为评价世界各国电子政务发展水平的主要指标。

表 1　联合国电子政务评价指标体系

测评项目	测评指数	中国排名
政府服务质量：衡量一个国家电子政务建设的级别	基于网站发展阶段评价模型的指数	35
信息基础设施：衡量一个国家信息和通讯技术应用的程度	每千人计算机拥有量 每千人上网的人数 每千人电话线 在线用户数量 每千人手机拥有量 每千人电视拥有量	74
人力资源素质：衡量一个国家应用信息技术的人员素质	成人文盲率	18

政府网站服务质量评价指标主要用来评估一个国家政府网站建设的总体水平，联合国将其划分为五个阶段①：

起步阶段：初步建成政府官方网站；

强化阶段：政府网站不断增加，信息更多，更新更快；

互动阶段：使用者可以下载表格，给官员发电子邮件及与政府互动；

事务处理阶段：使用者可以在线购买服务以及从事其他业务活动；

无缝隙阶段：超越行政界限的全方位电子化服务。

从联合国发布的报告看，一站式政府在线服务的普及水平越来越高。2005年，近50%的国家和地区建立了一站式门户网站（2004年这一比例为35%），越来越多的发展中国家把交互性的服务通过在线方式提供，比如，2005年有125个国家和地区提供表格下载服务。这些新的情况表明，在全球范围内，政府在线服务正向更高的一体化服务方向发展。

二　"政府上网"工程为政府服务上网打下了良好基础

1999年1月，国家经贸委和中国电信牵头，联合四十多家部委倡议发起了"政府上网"工程，揭开了我国"政府上网"的帷幕，政府网站建设经历了第一个快速发展期。2002年国家信息化领导小组提出了关于我国电子政务建设的指导意见，政府网站建设进入第二个快速发展期。经过两轮快速发展，政府上网工程在促进政务信息公开、提高公共服务能力等方面做出了贡献。

（一）为推动政府服务上网提供了基础条件

"政府上网"工程推动政府门户网站建设实现跨越式发展。据《2006年中国政府网站绩效评估报告》，到2006年底，各级政府网站拥有率总体水平从2003年的50.8%提高到2005年的85.6%，提高了近35个百分点（如图1所示），可以说政府网站在我国已经基本普及。2006年1月1日，中央政府门户网站的正式开通，标志着以中央政府门户网站为龙头的政府网站体系开始形成。

为支撑政府上网工作，政务网络平台建设也取得了重要进展。据有关部门调

---

① 资料来源：联合国发布的《全球电子政府准备度报告》。

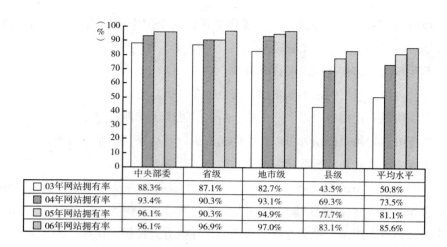

	中央部委	省级	地市级	县级	平均水平
□ 03年网站拥有率	88.3%	87.1%	82.7%	43.5%	50.8%
▓ 04年网站拥有率	93.4%	90.3%	93.1%	69.3%	73.5%
▨ 05年网站拥有率	96.1%	90.3%	94.9%	77.7%	81.1%
▨ 06年网站拥有率	96.1%	96.9%	97.0%	83.1%	85.6%

图 1   2003～2006 年我国各级政府网站增长情况

数据来源：《2006 年中国政府网站绩效评估报告》，国务院信息化工作办公室。

查统计，各中央政务机构建成纵向和横向的业务专网超过 90 个，其中延伸到地方的纵向业务专网超过 30 个。统一的国家电子政务外网建设已经取得阶段性成果，中央城域网已经建成，中央到省的广域网已经联通，业务应用系统开始运行，基本具备了承载各类业务应用的能力，这为政府服务上网创造了更好的网络环境。

"政府上网"工程还带动了政府各类业务系统的网络化运行。一批重要业务系统建成并发挥作用，各级政府日常业务网上处理能力明显提高。金关、金税、金审、金盾、社会保障等一批已建、在建重点业务系统已实现网络化管理和服务，部分政府业务跨部门协同水平明显提升。比如，金关工程已实现海关与外汇、商务、税务等 10 个部门的协同作业，降低了通关成本，缩短了通关时间，提高了企业的国际竞争能力，促进了外向型经济的发展；广东、上海等很多省市启动建设城市社保系统、城市一卡通等在线服务项目，大大提高了城市管理和服务水平。这些业务系统的网络化运行为进一步推进政府服务上网奠定了良好基础。

（二）在促进政务信息公开方面取得明显成效

在政府上网工程的推动下，通过政府网站公开政务信息逐步成为提高各级政府透明度的重要手段，很多政府部门出台了促进政务信息公开的管理办法。2003年，广州市率先出台了《广州市政务信息公开条例》，此后中办、国办、国家环保总局、国土资源部、文化部、信息产业部等中央单位和上海、浙江、河北、陕西等地方省市相继颁布实施了各类政务信息公开管理办法和规定。2006 年，由国务院信息化工作办公室组织起草的《政府信息公开条例》加快立法进程，并于 2007 年 1 月国务院常务会议审议通过。这些法规和管理办法都明确规定政府网站是政务信息公开的重要渠道，多数政府部门能够按照要求利用政府网站推行政务公开，网上政务信息内容更加丰富，更新更加及时，很多政府门户网站都根据自身实际设计了风格多彩、实用的网站栏目。

（三）对政府服务上网方式和内容进行了有益探索

在加快推进政务信息公开的基础上，部分中央和地方政府部门在网上事务处理、在线互动等方面进行了积极的尝试。北京、上海等部分政府网站开始逐步整合相关部门在线资源，由简单的信息发布向在线事务处理转变，政府网站为民服务的功能不断增强。比如，2006 年北京市政府开办的"首都之窗"网站开通"数字北京缴费通"服务平台，为北京市民提供通讯费、宽带费、有线电视等 23 种基础服务项目和 20 余种增值服务项目的代缴费服务，切实为市民提供了便利。不少政府网站开通了部长、市长、村长信箱，开办了在线听证和征求意见等栏目，重要价格调整、法规出台、规划制订等关系群众切身利益的重大决策都通过网上征求群众意见，倾听群众呼声。借鉴加拿大、新加坡等国设置服务栏目的成功经验，越来越多的政府门户网站能够按照用户对象设置板块，根据用户对象生命周期组织栏目的政府网站比例已经由 2003 年以前的不足 1% 上升到 2005 年的30%[1]，政府网站建设正在由以部门职能为中心向以公众需求为中心转变。随着政府服务业务上网数量的增加，政府网站的服务窗口作用日益显现，一站式、一体化政府服务上网正成为越来越多的政府部门努力的目标。

三　当前政府服务上网存在的主要问题

政府上网工作在取得成绩的同时，也面临一些问题，主要体现在以下三个方面。

---

[1]　数据来源：《2006 年中国政府网站绩效评估报告》，国务院信息化工作办公室。

（一） 政府网上服务的总体质量和效果还不理想

政府上网的应用普及水平还比较低。中国互联网络信息中心的最新报告显示，到 2006 年底，我国网民数占人口总数的比例为 10.5%，其中使用政府网站服务的网民比例仅为 7.7%[①]，这意味着在总人口数中只有不到千分之八的人能够享受到政府网上服务。而目前欧美发达国家使用政府网上服务的网民比例普遍超过 50%，相比之下，我国能够享受网上服务的网民比例还相当低。

政府网上服务的项目有限、质量不高。按照联合国五阶段划分法，发达国家政府网站普遍达到较高级的事务处理阶段，我国政府网站普遍处在强化阶段。如果按照加拿大的七阶段划分法，发达国家政府在线服务已经从提供综合性服务向网上政策协商跨越，而我国整体上处在较为初级的信息发布阶段，部分政府网站开始向网上交易阶段过渡（如图 2 所示）。发达国家政府服务上网的比例普遍在 50% 以上，而据国内电子政务专家的估计，我国政府服务上网的比例平均在 10% 以下。从整体上看，我国政府网上服务与发达国家相比还有较大差距，要达到发达国家水平，还有很多工作要做。

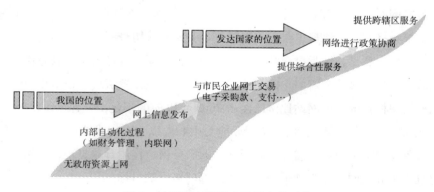

图 2 政府网上服务水平国内外对比

（二） 支撑政府服务上网的业务系统建设总体水平不高

各级各类政府门户网站是政府面向社会提供信息和服务的"窗口"，当前，

[①] 数据来源：《中国互联网络发展状况统计报告（第 19 次）》，中国互联网络信息中心，2007 年 1 月。

"窗口"服务质量不高的直接原因是业务系统建设总体水平不高,这主要体现在四个方面。一是,很多已建、在建业务系统都存在重硬轻软、重建轻管、重技术轻应用等现象,业务系统投资结构不合理,前期总体规划、需求调研和后期宣传培训等投入比例偏低,系统建设的投入效益尚未得到充分发挥。二是,已建业务系统多是围绕市场监督和社会管理,真正以公共服务为中心的业务系统相对较少。三是,政府网上服务一般由某个部门单独提供,跨部门网上业务协同水平不高,且各业务系统发展很不平衡,建设水平参差不齐,结果是"条条"很多,政府网上服务分散,形不成规模,对政府网上服务质量的提高造成了影响。

(三) 推进政府服务上网的基础性工作相对滞后

支撑政府服务上网的网络环境建设还不能满足普遍服务的要求。中西部和广大农村地区信息基础设施普及水平较低,网络接入成本较高,尚未形成"无处不在"、惠及全民的国家网络基础环境,政府上网的服务对象主要还是城市和经济较为发达地区的居民和企业,相对落后地区和社会弱势群体从政府服务上网中得到的好处较为有限。

统筹政府服务上网工作的总体规划尚未制订,加快推进政府服务上网的目标、重点和方式需要进一步明确和细化;规范政府网站建设的管理、技术等标准体系尚未形成,全流程管理机制和协调机制有待建立;政务流程梳理等基础性工作较为薄弱,服务导向的绩效评价机制还不健全。这些问题都是政府服务上网的制约因素。

四 把政府服务上网工作推向新的发展阶段

转变政府职能,建设服务型政府是我国综合配套改革的重要内容。电子政务建设,特别是政府服务上网工作应当为政府职能转变做出贡献。

(一) 政府服务上网工作正面临新的发展机遇

推进服务型政府建设是我国应对全球化挑战、提高国家综合竞争能力的重要举措,是保持经济快速健康协调发展的关键环节,是实践科学发展、构建和谐社会的有效途径。党和国家领导人多次强调,电子政务要服务于政府改革的总体目标，切实帮助解决经济社会发展中遇到的突出矛盾和问题，切实给人民群众带来实惠。因此，今后相当长一段时期，电子政务建设要紧紧围绕"服务"这一主旋律，努力提高服务质量，不断扩大服务范围，真正把政府上网工作从政府信息上网转到政府服务上网的轨道。

最新颁布的《国家电子政务总体框架》（以下简称《框架》）明确提出，"服务的实现程度、服务效率、服务质量是电子政务建设成败的关键。要以服务对象为中心，以网络为载体，逐步建立电子政务服务体系。通过计算机、电视、电话等多种手段，把服务延伸到街道社区和村镇，惠及全民。"《框架》提出到2010年"政府门户网站成为政府信息公开的重要渠道，50%以上的行政许可项目能够实现在线处理"的战略目标。《框架》从战略的高度明确了"服务理念"在下一阶段电子政务建设中的核心地位，提出了围绕提高公共服务能力的电子政务发展思路、目标和重点，这表明我国电子政务建设正面临一次新的发展机遇，标志着政府上网工作将进入一个全新的发展阶段。

（二）推进政府服务上网应重点抓好的几项工作

政府服务上网工作涉及很多方面和环节，在网络环境构建、业务系统建设、信息资源开发利用和政策法规制定等方面都需要进一步加强和完善。同时，为尽快把政府服务上网提高到新的水平，还要特别做好以下几个方面的工作。

1. 要尽快制订"政府服务上网行动计划"

明确政府服务上网工作的总体目标和各阶段上网服务比例的量化指标，确定我国政府服务上网的服务内容、业务流程、数据结构、技术架构和管理体系等基本框架，提出面向公共服务的跨部门和不同层级间政府部门业务、信息、技术和相关资源整合的方案，建立跨部门信息共享和业务协同的领导协调机制，统筹政府服务上网工作。

2. 要建立推动政府服务上网的激励约束机制

把服务上网作为政府职能改革的重要内容，建立以公众满意度为基础的政府服务上网评价标准；对于那些不涉及国家秘密，以提供公众服务和社会管理为主的电子政务工程，项目审批和绩效评价结果要向社会公开，接受社会监督，逐步建立政府、社会和研究机构共同参与的绩效评价模式；政府有关部门应当把协同能力作为电子政务建设过程中工程规划、项目审批、绩效考核等工作的重要内容，为政府服务上网创造更为有利的条件。

3. 要确保政府服务上网建设和运维工作的资金投入

首先，要加大政府服务上网建设工作的投入力度，重点加强网上政务信息资源开发利用、业务应用系统和网络信息安全建设，逐步解决重硬轻软、重技术轻应用等问题。其次，从财政预算管理角度，要设立电子政务日常运维专项科目，保证政府服务上网工作的可持续发展。最后，要借鉴国际经验，充分利用社会资金，动员企业积极参与政府服务上网建设，形成政企合作推动政府服务上网工作的良性互动。

4. 要进一步完善政府服务上网的发展环境建设

尽快出台政府网站建设的规章制度，建立政府网上服务内容和质量的标准规范；把各类业务系统建设与政府上网服务项目紧密结合起来，充分体现"寓管理于服务之中"的理念；进一步强化政府服务上网的宣传、培训工作，提高政府网上服务的公众认知度；根据各地区经济社会发展实际，加大农村和中西部地区网络建设力度，促进网络资源整合，逐步构建无处不在的国家网络基础环境，为政府网上服务惠及全民创造条件。

第二章
2006 年中国电子政务发展回顾与
2007 年展望

于施洋

2006 年是"十一五"时期中国电子政务建设的开局年。国家电子政务总体框架出台，政务网络平台、政府网站、重点业务系统等工作继续稳步推进，政务信息资源目录体系及其原型试点工作取得了重要进展，围绕新农村建设的信息化工作全面展开，电子政务服务向深层次发展，电子政务发展环境进一步完善。这些新进展、新成绩，为"十一五"电子政务建设开了个好头。本章将对 2006 年中国电子政务发展进行总体性回顾，并对 2007 年发展趋势进行展望。

一　2006 年是电子政务建设的战略年、规划年

1. 国家信息化发展战略和信息化"十一五"规划指明了电子政务发展的方向和重点

2006 年 10 月，中央十六届六中全会形成了《中共中央关于构建社会主义和谐社会若干重大问题的决定》（以下简称《决定》）。《决定》提出"为人民服务是各级政府的神圣职责和全体公务员的基本准则"，明确提出要建立服务型政府。为促进服务型政府的建设，《决定》还提出要"推行政务公开，加快电子政务建设，推进公共服务信息化，及时发布公共信息，为群众生活和参与经济社会

活动创造便利条件"，对电子政务发展提出了新的要求。

2006 年 5 月，经国家信息化领导小组第五次会议审议通过，由中共中央办公厅、国务院办公厅印发的《2006～2020 年国家信息化发展战略》（以下简称《战略》）正式向社会公开发布。《战略》指出了我国信息化发展的指导思想和战略方针、战略目标、战略重点、优先实施的行动计划和保障措施，发展电子政务是其中一个很重要的方面。《战略》提出了"电子政务应用和服务体系日臻完善，社会管理与公共服务密切结合，网络化公共服务能力显著增强"的战略目标和改善公共服务、加强社会管理、强化综合监管、完善宏观调控等四项战略重点，并且把电子政务列为重点行动计划。为落实《战略》，2007 年初，国家信息化领导小组第六次会议审议通过了《国民经济和社会发展信息化"十一五"规划》（以下简称《规划》），《规划》进一步提出了"电子政务工程"的概念，在政务网络平台、政府网站、业务系统和信息资源开发利用等方面做出了重要部署。

2. 《国家电子政务总体框架》提出了电子政务建设的目标、任务和措施

为进一步细化和具体部署《战略》及《规划》，国家有关部门组织起草了《国家电子政务总体框架》（以下简称《框架》）。《框架》遵循以服务为宗旨，提出"十一五"时期电子政务建设的主要目标是：到 2010 年，覆盖全国的统一的电子政务网络基本建成，目录体系与交换体系、信息安全基础设施初步建立，重点应用系统实现互联互通，政务信息资源公开和共享机制初步建立，法律法规体系初步形成，标准化体系基本满足业务发展需求，管理体制进一步完善，政府门户网站成为政府信息公开的重要渠道，50% 以上的行政许可项目能够实现在线处理，电子政务公众认知度和公众满意度进一步提高，有效降低行政成本，提高监管能力和公共服务水平。《国家电子政务总体框架》的构成包括：服务与应用系统、信息资源、基础设施、法律法规与标准化体系、管理体制。

3. 全国电子政务工作座谈会的召开进一步明确了近一时期电子政务工作的着力点

2006 年 6 月，全国电子政务工作座谈会在北京召开，会议的主要内容是讨论"十一五"时期全国电子政务建设的目标任务和工作思路，部署当前和今后一段时期的电子政务工作重点。国家信息化领导小组组长、国务院总理温家宝作了重要批示，国务院副总理、国家信息化领导小组副组长曾培炎出席座谈会并讲话。温家宝在批示中指出，要加快电子政务建设，推进行政管理体制改革，提高政府工作效率和公共服务水平，为公众参与经济社会活动创造条件。

曾培炎副总理强调，未来几年电子政务工作的关键是促进五个转变：一是要从电子政务重建设、轻应用向注重深化应用转变；二是要从信息网络分散建设向资源整合利用转变；三是要从信息系统独立运行向互联互通和资源共享转变；四是要从信息管理偏重自我服务向注重公共服务转变；五是要从信息网站自建自管向发挥社会力量转变。曾培炎副总理还要求，推进电子政务建设要着力抓好七项工作：一是深化电子政务应用，进一步扩大政务公开的范围和内容，及时准确地发布政务信息；二是推动应用系统互联互通，充分发挥电子政务效能；三是推进信息共享和业务协同，提高电子政务应用水平；四是建立全国统一的电子政务网络，统筹规划，整合资源；五是做好信息安全保障工作，贯彻"积极预防、综合防范"的方针；六是完善法律法规体系，加强人才培训；七是建立有利于电子政务合理建设、科学管理、有效运行及维护的良性运行机制。

座谈会的召开进一步统一了思想，增强了认识，明确了方向，为整个"十一五"时期有序、高效、务实地推进电子政务建设奠定了良好的基础

二　各项重大工程建设稳步推进

1. 统一的政务外网平台正在形成

2006 年，统一的政务外网平台建设跨出了实质性的步伐。外网工程主体建设进展较为顺利，到 2006 年 6 月，除吉林、湖北、新疆兵团外，全国其他节点全部调通，全网联调工作基本完成。《国家电子政务外网安全保障体系总体规划》和《国家电子政务外网一期工程第一阶段中央部分工程网络安全保障体系实施方案》通过专家评审。政务外网安全保障体系的系统集成和设备招标工作也已经基本完成。到 2006 年底，共有 14 个地方建立了省级政务外网，有 6 个地方正在建设省级政务外网，还有 12 个地方尚未开始省级政务外网的建设工作。在工程建设的同时，项目建设单位国家信息中心着手开展网上业务应用，已经与中央、国务院有关部委进行联系、协商，中办、国家监察部、国家审计署、劳动保障部、农业部、人事部、国务院扶贫办等部门都表示希望利用政务外网开展相关业务工作。其中，国家审计署、劳动保障部已确定为首批政务外网业务应用系

统示范单位。

国家电子政务外网工程建设总体进展顺利。但由于还有部分省市尚未明确或形成具备对接与联通条件的省级政务外网，已经影响了政务外网项目建设和应用的开展。在国家政务网络管理部门的指导下，外网项目建设单位采取了包括加快网络对接、强化业务应用等一系列举措，加快推进省级政务外网的建设。

2. 政府网站层级体系初步形成

2006 年 1 月 1 日我国中央人民政府门户网站的正式开通，标志着我国政府网站层级体系的架构已经基本形成。到 2006 年底，我国部委、省级、地市级政府网站拥有率超过 90%，县级政府网站拥有率超过 80%，各级政府网站平均拥有率达到 85.6%，比 2005 年上升 4.5 个百分点。上海市、北京市和商务部、交通部等政府网站建设领先的地区和部门开始重视层级体系间的联系，门户网站与各子网站之间资源整合的力度加大，促进网站服务水平大幅度提升。各级政府网站信息发布的及时性、准确性进一步提高，在线服务数量快速增长，近 20 家网站服务事项数量超过 1000 项。

3. 重要业务系统建设稳步推进

金税、金盾、金信、金保、金审等已建和续建工程进一步发挥效用。在金税一期和二期工程的基础上，金税工程三期已经开始着手建设工作。金税工程三期是覆盖所有税种和税收工作重要环节的税收管理信息系统。通过实施金税工程三期项目，要进一步规范税收执法，提高税收征收率，使税款实征数不断接近法定应征数，保持税收收入与经济协调增长，进一步提高税收收入占国内生产总值的比重。金税工程三期项目建设也将使纳税人更加方便、快捷地办理涉税事项，同时，降低征税成本和纳税成本，提高税收效率。金盾工程正式通过国家验收。目前，全国公安信息网络覆盖了各级公安机关，全国公安基层所队接入主干网的覆盖率达到了 90%，全国百名民警拥有联网计算机已达 44 台；人口信息、违法犯罪信息、机动车及驾驶人信息、出入境人员信息等最基础、最常用的公安信息系统已投入运行并取得重大成效，公安信息应用渗透到各个公安业务领域，公安机关侦查破案打击犯罪的能力和水平显著提升。金信工程在服务企业方面取得了新进展。金信工程旨在建立和完善从总局到工商所五级纵向贯通、横向连接的全国 12315 信息化网络系统，逐步实现消费者权益保护工作通过 12315 信息化网络进行网上咨询、网上受理、网上查办、网上调度指挥、网上应急处置、网上动态监控、网上发布信息。2006 年，国家工商总局在北京、上海、甘肃等 14 个省区市试点推行外资企业网上年检系统，共有 15.75 万户外商投资企业通过网上年检系统申报年检，占应检企业的 75%。2006 年金保工程重点在以示范城市为龙头全面促进城市系统建设，以提高数据质量为重点切实抓好数据中心建设，以推广统一软件为切入点加强业务系统建设，以贴近服务为宗旨加快公共服务系统建设。继金审工程一期验收后，二期工程也在加紧规划和审批中。

金宏、金土、金质、金农等工程（一期）开始实施。金土工程一期将在 31 个省区市、新疆建设兵团和 32 个试点城市开展耕地保护国家监管系统和矿产资源国家安全保障系统的建设示范，通过金土工程一期建设，将建立国家级、省级和试点城市市级土地、矿产管理的主要应用系统和相关数据库，实现各级系统之间的网上连接，有助于国家能够实时掌握各地土地资源和矿产资源动态变化情况。"金宏"工程由国家发展和改革委员会牵头，国务院直属的七个宏观经济管理部门（财政部、商务部、中国人民银行、国资委、海关总署、国家统计局和国家外汇管理局）联合共建。金宏工程总体目标是实现宏观经济管理部门的互联互通和信息共享，促进宏观经济管理部门间的业务协同与互动，提高业务管理信息化和科学决策水平，增强政府调控宏观经济、驾驭市场变化、应对经济突发事件、总揽经济全局的能力，为党中央、国务院及时、准确、全面地掌握宏观经济运行态势提供信息服务。金质工程于 2006 年中期启动建设，目标是逐步实现行政审批网络化、监督管理信息化、决策支持智能化、业务处理规范化、信息交互发布自动化，全面提升质量监督、检验检疫行政执法水平，强化市场监管和质量安全监控的快速反应能力，改进质检行政管理。

此外，全国人大、政协信息化建设也已经启动，农村党员远程教育系统、政党外交信息化工程等党务信息化工程也逐步推进。

三 政务信息资源目录体系及原型试点取得重要进展

1. 试点工作分批启动

为加快政务信息资源开发利用，促进跨地区、跨部门信息共享，国务院信息化工作办公室和国家标准化管理委员会正在组织制定《政务信息资源目录体系》与《政务信息资源交换体系》系列国家标准。为提高标准的适用性，探索地区电子政务建设模式，2005 年 9 月至 2006 年 3 月，国务院信息化工作办公室和国家标准化管理委员会组织天津市、上海市相关单位分别开展了"政务信息资源目录体系原型试点"和"基于政务信息资源交换体系的地区电子政务原型试点"。2006 年，又选择了北京、内蒙古作为第二批试点，浙江、福建、湖南、湖北武汉等省市也在积极做好试点准备工作。

2. 结合应用创新发展模式

从总体上看，试点工作的成效比较明显，各地区在试点工作中都创造性地开展了工作，很多地区结合应用主题开展试点，形成了各具特色的发展模式。北京市海淀区选择了房地产领域农民工劳动社会保障和房地产税收管理等与人民群众利益最直接、老百姓最关心的问题；北京市石景山区围绕医疗卫生行业监管应用，明确卫生局为牵头单位，石景山区信息办一方面做好组织协调，一方面做好技术支持，把应用部门推到前台；上海市选择了人口、法人和地理空间这些领域来确定共享的指标体系，依托一体化的信息交换平台，围绕着低保、廉租房、医疗救助、企业服务和监管、提升城市管理水平等方面开展工作，工作做得有声有色；天津市通过目录体系的建设，比较好地实践了"物理上分散、逻辑上集中"的信息共享模式。

3. 初步完成目录体系验证工作

通过试点，加强了信息资源分类与管理，为各级部门决策、分析、管理、服务等工作提供了信息共享支持。2005 年底，天津市在梳理行政许可事项法律依据时，通过目录体系找到了全市与 675 个行政许可事项有关的近 1000 份法律法规文件。上海市通过建立交换体系原型，实现了信息交换与共享，业务协同取得明显成效。以市民申办"城市居民最低生活保障"为例，市民可在只带 3～9 种证明（原 5～19 种）、不填表（原两张表）的情况下，在 3 天（原 15 天）内走完申办手续。通过交换体系，工商、税务、质监经信息比对发现了部门间10%～30%的企业信息差异。通过基础地理信息图层的交换共享，直接避免了 30 多个部门重复建设地理信息系统。总的来看，政务信息资源目录体系标准合理可行。

4. 探索建立长效工作机制

在实践的基础上，各试点单位都总结经验，出台各类管理办法，提高管理能力。天津市制定了《天津市政务信息资源目录体系建设与运营管理办法》，规范了各级信息化主管部门、信息提供者、使用者及管理者的责任和行为，明确了部门间信息共享的范围、内容、管理和服务等，规范了共享信息目录内容的编目、传送、审核、管理、服务等，确定了资金保障和监督检查的工作机制。上海黄浦区制定了《黄浦区实有人口信息资源管理办法（试行）》、《黄浦区社区事务服务系统管理办法（试行）》、《松江区法人领域政务信息资源管理系统管理办法》、《关于徐汇区空间地理数据共享交换维护的指导意见》等相关的管理制度及规范，明确了资源内容、责任主体、交换方式、数据格式等，初步形成了地区电子政务应用与服务的长效机制。

四　围绕新农村建设的电子政务工作成绩突出

1. 综合涉农信息服务广泛开展

在网站建设方面，2006 年 6 月，农业部组织建设的中国新农村建设信息网（www. xinnongcun. gov. cn）正式开通。中国新农村建设信息网是推进社会主义新农村建设的专题网站。该网以"宣传政策，服务'三农'，促进发展"为宗旨，设有政策法规、领导讲话、新闻动态、理论研讨、典型模式、国外经验、农业现代化、持续农业、农村改革、乡村新貌、基础设施、规划设计、建设项目、行业信息、百姓生活、农村教育、示范行动、数据库等 18 个栏目，涉及到农民生活、农业发展、农村建设的方方面面。商务部开通了"新农村商网"，以收集、发布涉农政策信息和农副产品流通信息为主要内容，同时与其他相关部门开展信息合作。目前网站已开发建成"信息发布、交易对接、咨询互动"三大功能平台。另外，吉林、浙江、广东、安徽、广西等各地方政府也组织建设了各类涉农信息服务网站。在应用终端方面，农业部倡导推进"三电合一"，很多地方都充分利用电话、电视开展信息服务，吉林省率先开通了"12316"新农村热线，省农业厅与省电台、电视台合作，建设普及型信息服务平台。宁夏的一些市县开通了"农技 110"、"畜牧 110"服务热线和语音服务电话，帮助农民解决技术难题。在数据库建设方面，北京市通过"农村数字信息资源中心"收集整合了具有北京地域特色的农业、农村信息，构建了由 12 个大类、拥有 15 万余条信息数据的近百个数据库，信息数据翔实，覆盖面广，数据形式丰富多样。中心的"北京市蔬菜行情报警系统"以农产品商品标准数据库和农产品市场行情分析数据库为基础，初步建立起一套行情警情分析指标体系，并根据警情大小提出解决预案。

2. 服务体系建设注重整合已有资源

新农村信息化建设的关键是要尽快形成惠及绝大多数农村地区的信息服务体系，在这方面地方不断总结实践经验，在充分利用和整合信息服务资源方面取得了成绩。浙江省不断强化新农村信息化建设的组织领导和协调工作，依托"百万农民信箱"工程，充分整合农业、教育、科技、组织人事等部门的信息服务资源，建立了覆盖全省 95% 以上乡镇的农业信息服务站。"安徽农网"针对大多数农户无力承担上网费用的问题，将电信运营商的通讯资源与"安徽农网"的信息资源有效整合，开发出农网信息致富系列服务系统。北京市平谷区从信息中心选拔出一批具有一定信息化建设经验的乡镇信息员，派驻到区属 16 个乡镇，初步形成了以平谷区信息中心为龙头，以定点镇、乡、村为辐射，以远程教育基地、农民电子信息室、数字家园、网络村等为形式，以农情信息、农产品信息、农技信息等网络服务为内容依托的农业信息化服务体系。绍兴市新农村信息化建设以绍兴市"网上农民社会"建设工程、农村党员干部现代远程教育系统、新型农村合作医疗信息系统建设工程为重点，以资源的整合和应用开发为重点，进一步完善市、县、乡、村四级农业信息服务网络，推进信息进村入户。

3. 新农村信息化制度建设同步推进

为保障新农村信息化工作扎实有效推进，中央各部门、各地方政府在实际工作中都纷纷加强管理制度建设。2006 年 7 月，农业部发出了《关于开通"12316"全国农业系统公益服务统一专用电话的通知》，以此统一规范涉农公益服务电话。4 月，信息产业部发布了《关于推进社会主义新农村建设工作的意见》，提出了信息产业支持新农村建设的工作重点，此后信息产业部还发布了《信息产业部关于开展农业和农村信息化综合服务试点工作的意见》，用以指导地方实践。山东省政府办公厅出台了《关于推进农业信息化建设的意见》，要求山东省各地、各部门要统一思想，充分认识农业信息化工作的重要性和紧迫性，认真履行工作职责，切实采取有效措施，下大气力推进农业信息化建设，促进农业发展、农民增收和农村进步。陕西省政府下发了《关于切实抓好电子农务工作的通知》，对"电子农务"项目给予大力支持。河南省采取狠抓试点、突出应用、典型示范、辐射带动的方法，由发改委、信息产业厅、农业厅联合出台了《河南省农业信息化建设指导意见》，重点抓好 3 个市、5 个县、20 个乡镇和 10

个涉农企业的农业信息化试点工作。湖南省在深入调研的基础上，目前正在加紧制定《推进全省农村信息化的若干意见》。

五 电子政务服务向深层次发展

1. 更加注重在线事务处理和反映社情民意

过去几年，我国绝大多数政务网站提供的在线服务以网上政务信息公开、提供表格下载为主，最近情况发生了积极的变化，不少政府网站建设在事务处理和反映社情民意方面有了重大突破，推动电子政务服务向协同、互动方向发展。比如，在线事务处理方面，2006 年 7 月，北京市政府"首都之窗"网站开设的"数字北京缴费通"服务平台网站（www. 96199. com. cn）及服务热线（96199）正式开通，为北京市民提供实时的信息查询服务及投诉处理。目前，"数字北京缴费通"能够承担通讯费、宽带费、有线电视、车船税等 23 种基础服务项目以及超过 20 种的增值服务项目的代缴费业务。北京市民可以通过网络、电话、自助终端、服务网点四种服务方式进行缴费，2300 个服务终端遍布在城区、郊区的银行、连锁店、写字楼、居民区等。

在利用政府网站反映社情民意方面，针对广大群众普遍关注的医疗体制改革问题，国家发展和改革委员会在网站上开辟专栏征集医改方案，社会反响热烈。为进一步提高规划编制过程的社会参与度和透明度，增强规划的科学性、民主性和可行性，国土资源部网站开通专栏，邀请社会各界为新一轮土地利用总体规划修编建言献策，努力将这一轮土地利用总体规划编制成集中民智、反映民意、凝聚民力的规划。很多中央政府部门在编制"十一五"时期各专项规划的过程中都通过网站向社会征求意见。不少地方政府还开办了市长信箱、乡长信箱等，提高了政府对群众呼声的反馈能力。

2. 整合多种接入方式提高服务普及水平

为提高电子政务的普及应用水平，近一时期，各级政府在继续加强政府网站建设的同时，提高了综合运用电话、传真、电视等传统手段打造一体化电子政务服务平台的能力。2006 年 11 月，浙江全省联动的政府便民信息平台——浙江阳光政务信息服务热线正式启动，市民只需拨打 114，即可方便地享受政务信息查询、公共便民服务等。浙江阳光政务综合信息服务平台共有四大功能：一是政府总机功能，提供各级政府、各部门、各企事业单位对外服务电话、监督电话、投诉电话的查号和转接服务，老百姓无需记忆众多的电话号码就可以很方便地找到相关部门进行咨询；二是语音留言功能，当转接电话占线或下班无人接听时，提供留言信箱，相关政府部门工作人员可通过"114 号码百事通"网站或 114 平台听取留言并给予答复；三是便民服务功能，全天 24 小时提供旅游、医疗、交通、餐饮等各项便民服务信息；四是服务监督功能，为政府开展政务服务成效、服务质量的统一监督提供诸如满意度调查在内的各类相关统计分析资料。目前，市民拨打 114，已经可以方便地享受到浙江省内有关交通、旅游、公安、质监环保、工商、税务、外事、建设、计生、劳动保障、信息产业、文化、新闻出版、药品监督与管理等十几个类别的政府信息查询、政务热线转接等公共便民服务。西安市建成 29 个社区服务管理平台，市民足不出户就可以通过电视了解政务信息。"十一五"期间西安市逐步建设开通全市近 600 个社区信息服务点。届时，广电网络互动电视平台将与西安市社区服务热线"12343"服务平台对接，用电视荧屏的直观效果把政府政务、便民信息展现给千家万户，市民不但可以足不出户了解政务信息，还可以反馈信息给信息服务管理中心，完成互动。广东省建设了移动政务平台，移动政务平台是在广东省电子政务外网平台上开通的应用系统，在此平台基础上，办公人员可以摆脱时间和空间的束缚，提高工作效率，加强远程协作，尤其是可以轻松处理常规办公模式下难以解决的紧急事务。

3. 促进提高城市公共事务管理和应急管理能力

电子政务是各级政府提高城市管理能力的重要手段，继北京市东城区实现城市网格化管理之后，上海市的长宁、卢湾区先后启动城市管理的网格化，浦东陆家嘴地区也将加入城市管理网格化的行列。自开始运行网格化管理模式以来，城市管理效率明显提高。截至 2006 年 3 月 31 日，卢湾区共立案 6603 件，结案数为 6432 件，结案率达到 97.5%；长宁区立案数为 34280 件，结案数为 32708 件，结案率达到了 95.4%。上海市的城市管理正悄然变"被动解决问题"为"主动发现问题"，变"重解决过程"为"重解决结果"。北京市东城区在实现网格化管理的基础上，进一步深化应用，在城市社区公共医疗卫生服务方面又迈出了一大步，走在了全国的前列，真正体现了"寓管理于服务之中的理念"。东城区新的社区卫生服务系统，将信息技术应用引入到社区卫生服务中，依托东城区政务网和互联网，以社区卫生服务管理中心为网络应用中心，东城区电子政务中心为网络与数据交换核心，充分利用东城区网格化城市管理信息平台的空间数据资源，将现代信息技术与统计学、流行病学、全科医学融为一体，整合社区卫生服务资源，搭建社区卫生服务网格化管理信息平台，与政府相关部门、区属医院、业务指导机构等形成纵、横两方面联系，实现全区社区卫生服务管理信息和居民健康信息的共享。

我国城市应急管理多为各部门分散管理，难以做到协同联动，发挥整体优势，而信息技术手段恰恰能够在这个领域发挥整合资源的作用。近一年来，不少省市都开始启动城市应急管理系统建设。比如，山东省潍坊市"城市应急联动和社会综合服务系统"开始试运行。一期工程建设范围涵盖了公安、交警、消防、急救、人防、城管等六个联动单位。该系统开通后，潍坊市民报警和求助只需拨打公安、消防、交警等号码中的任何一个，就可直接接入城市应急联动和社会综合服务系统，得到所有联动单位提供的救助或服务，大大缩短了接处警时间。特别是在应对突发事件时，该系统可迅速将发生事件的具体位置、周边环境状况、周围警力分布状况及相关资源分布状况和本地视频图像反映在指挥中心大屏幕和接处警坐席，为警力及相关资源的快速反应、快速配置、快速部署提供有力的保障。各联动单位离散的数据库和信息资源实现了互联和共享，确保不同部门、不同警区和不同警种之间互通和相互配合，真正做到统一指挥、协调作战。

六　电子政务发展环境进一步改善

1. 法规制度建设不断完善

中央政府在电子政务方面的法规和相关制度建设方法取得了实质性进展。2006 年，《政府信息公开条例》（以下简称《条例》）出台步伐加快，并于2007年1月经国务院常务会议审议通过，《条例》的出台将为网上政务信息公开提供更加坚实的法规依据。为加强中央政府门户网站建设，颁布了《国务院办公厅关于进一步做好中央政府门户网站的内容保障工作的意见》。为加强电子政务工程项目管理，有关部门加紧组织起草和出台《电子政务工程建设管理办法》、《政府网站建设和管理指导意见》、《政府信息共享管理办法》等规章制度。同时，与电子政务法、个人信息保护法等相关的立法研究工作也已启动。

一些地方省市也先后出台或启动了电子政务建设的相关管理制度。浙江省制定了《我省电子政务建设指导意见》，云南省制定了《云南省电子政务管理办法》。上海市发布了《上海市市本级信息化项目支出预算管理办法（试行）》，为信息化项目预算审核工作做出了制度性安排。《陕西电子政务建设专项资金管理暂行办法》、《深圳市电子政务项目建设管理暂行办法》、《武汉市电子政务建设管理暂行办法》等相继出台。江苏省制定了《江苏省省级机关电子政务项目管理暂行办法》等政策文件。这些规章和政策文件的出台为电子政务走向规范化管理奠定了基础。

2. 宣传培训工作有声有色

电子政务培训工作得到加强。由中共中央党校和国务院信息化工作办公室组织，北京航空航天大学、国家信息化与信息社会研究中心专家组成的"信息化与电子政务本科专业系列教材"编写组编写的《电子政务理论与技术》一书完成编写，这是我国首套信息化与电子政务本科专业教材。经国务院领导批准，由国务院办公厅秘书局会同浙江省政府办公厅举办了"全国政府系统政务信息化首期培训班"，近百名来自全国各省区市及副省级市政府办公厅和国务院各部门办公厅（室）分管政务信息化的领导参加了培训。此外，国家和各级党校、行政学院也都开展了形式各样的电子政务培训班、师资班。

各类电子政务论坛、峰会陆续召开。2006 年 5 月，国家行政学院联合国家信息中心举办了"2006 中国电子政务论坛"，提出了"创新根植于务实"的电子政务发展理念。8 月，由国务院信息化工作办公室、联合国开发计划署（UNDP）主办的"2006 亚太公共服务高峰论坛"在北京隆重举行。本次论坛的主题是"资源共享，协作无间"，致力于解决政府跨部门数据资源交换与共享，搭建公众服务平台，实现部门间的信息共享。9 月，由中国信息协会主办的"2006 政府信息化创新大会"在北京隆重举行，大会的主题是"以科学发展观推进政府信息化的创新应用"。

此外，一些专业机构还组织各类评比活动。比如，北京大学电子政务研究院发起并组织开展的"2006 年首届全国电子政务知识竞赛"；中国信息协会政府信息主管分会支持中国电子政务资讯网举办"电子政务优秀论文评奖"活动。这些活动对于普及电子政务知识，提高认识起到了积极的作用。

3. 电子政务绩效评价备受关注

以政府网站评价为切入点的电子政务绩效评价工作不断完善。自 2003 年开始，国务院信息化工作办公室连续委托专业研究机构对我国各级政府网站发展水平进行综合测评。在此基础上，其他一些研究机构和地方政府也开展了政务网站的评价工作。比如，受国家自然科学基金委的委托，"北大网络经济研究中心"联合"计世资讯"发起了"2006 中国政府门户网站发展趋势研究"。山东省信息化工作领导小组办公室召开"山东省政务网站绩效评估暨第二届优秀政务网站评选总结表彰大会"，对评选出的省、市、县三级共 30 个优秀政务网站进行了表彰。

综合性电子政务绩效评价研究和试点工作陆续启动。北京市已经制定了综合性较强的电子政务绩效评价考核办法，并将其列入领导干部考核内容。深圳市被列为首个电子政务试点城市，并将制定出全面的电子政务绩效评价体系。中国电子政务理事会启动了中国电子政务测评工程，工程将通过了解各级政府电子政务建设及应用现状，为推动我国信息化水平的均衡发展和规范化建设提供依据。

七 2007 年中国电子政务发展展望

1. 围绕提高公共服务能力的农村和社区信息化建设更加注重实效

近几年来，很多地方政府的电子政务建设在围绕新农村建设和提高城市综合管理、服务水平方面做了很多扎实的工作，进行了大量有益的尝试，在整合资源、深化服务方面积累了经验。2007 年，电子政务建设在这些方面仍将发挥重要作用，在先进省市的示范作用下，更多地方部门将发挥后发优势，在学习和借鉴的基础上，有所创新。从总体趋势看，农村和社区信息化建设将更加注重投入效益，工作重点逐步由整合基础设施和建设服务体系向整合信息资源和提供综合服务方向发展。

2. 围绕实施《政府信息公开条例》的政府网站信息发布功能不断强化

《政府信息公开条例》的颁布实施是我国建设法制政府、透明政府、效能政府的重要举措，而政府网站是实现政府信息公开的重要手段。随着我国政府网站体系的建立和不断完善，政府网站在信息发布方面将扮演越来越重要的角色。2007 年，各级政府网站在促进政府信息公开方面将更加注重信息的准确性、权威性、时效性和安全性，既保证群众的知情权，更快、更好地发布信息，又要注重保障国家安全和促进社会稳定，让政府信息发布工作更好地服务于和谐社会的建设。

3. 围绕实现"十一五"规划目标的各项重点任务和工程陆续启动

随着《国家电子政务总体框架》和《中国电子政务建设"十一五"发展规划》的相继出台,落实相关政策、实现既定目标,都要通过一系列工程建设来逐步实现。统一政府外网平台建设将在完成主体工程后更加注重建设省级统一外网和推进业务应用,政府网站建设更加注重体系化、规范化,重点业务系统建设更加强调业务协同和服务公众,政务信息资源开发利用工作更加注重共享、高效,电子政务安全体系建设更加注重自主可控,重点工程建设将遵循成熟一项、启动一项的基本原则有序推进。

4. 围绕信息共享和业务协同的政务信息资源目录体系建设全面展开

信息共享和业务协同不充分是当前制约中国电子政务发展的重要环节,建立和完善政务信息资源目录体系和交换体系是解决这一问题的基础性工作。在2006 年相关试点工作已经取得的成绩基础上,2007 年政务信息资源目录体系建设将进一步扩大试点范围,加大相关标准验证的力度,在进一步修改完善后,相关系列标准有望陆续出台。

5. 围绕提高政府投入效益的电子政务管理工作更加严格规范

当前各级政府电子政务工程建设管理已经越来越跟不上形势发展的需要,加强相关管理工作的重点是逐步实现电子政务项目立项审批、建设实施、监督管理、验收评价的全流程管理,形成公开透明、统一规范的电子政务财政预算、基本建设、运行、维护管理制度,提高投资效益。2006 年,国家有关部门加快推进《电子政务工程建设管理办法》的起草,2007 年,这部管理办法有望颁布实施,电子政务工程建设管理将更加规范、透明、高效。此外,《政府网站建设和管理指导意见》、《政府信息共享管理办法》等规章制度也有望颁布。

第二篇
服务导向的电子政务框架

Part II
Service-Oriented E-Government Framework

第三章
中国政府转型与电子政务建设

汪玉凯[*]

经过数年的不懈努力，我国的电子政务建设无论从哪一个方面来看，都取得了重要进展。但如何从政府转型与信息网络技术应用结合的层面认识电子政务建设的规律，是一个需要我们认真思考的问题。本章将围绕这个主题进行初步的讨论。

一　要认真研究和认识影响电子政务建设的关键因素

前不久我在飞机上看到一篇研究不同国家人的开车行为的文章，有一段话我印象很深。文章中说：在欧美学会开车的人，不敢轻易在泰国开车，因为泰国的路很窄，而且车速快；在泰国学会开车的人不大敢轻易在北京开车，因为北京开车像打乱仗一样，乱夹塞，乱并线，车和行人争路权。文章在最后又加了一句话：如果能够在北京畅通无阻地开车，走遍世界都不怕！这虽然是一个说开车的故事，但拿来比喻我们目前所进行的电子政务建设，有很多启示。在我看来，中国政府管理大概是全世界最复杂的管理了，原因很简单，因为中国是一个由计划体制转到目前市场经济体制的国家，计划经济的痕迹至今仍很明显。在中国这样

＊　本文系根据作者于 2006 年 12 月 2 日在北京举行的"IT 两会"高峰论坛上的讲演整理修订而成。

的行政文化、体制、管理架构下，能把电子政务建设好，能经济、有效地发挥其作用的人，我认为到国外构建电子政务系统应该是没问题的。

目前，很多专家都在总结电子政务建设的经验，强调要认识和把握电子政务建设的规律，在中国这样的体制下，能不能找到一条"低成本、集约化、见实效"的电子政务建设道路？我们能不能认识和把握住电子政务建设的规律对我国的电子政务建设无疑是很重要的。首先要分析在一定的管理体制、管理模式下，影响电子政务的主要因素有哪些，哪些要素是最关键的？从国际社会来看，主要把影响电子政务成败的要素归纳为外部和内部两个大的方面：内部包括政府自身的变革、经济社会的发展、法律法规、经济进步等四大要素；外部包括影响力、需求、技术能力、标准、管理手段、信息安全等六大要素。如果说这些要素带有"放之四海而皆准"的意味的话，那么中国的管理模式、体制决定，中国大概还有一些特殊的要素。通过这些年来中国电子政务的不断探索和实践，我认为人们越来越把聚焦点放在三个方面。一是影响电子政务建设的体制、法制和政策环境，这是最主要的。二是信息网络技术和政府管理过程是如何结合的，结合的具体实现形式是什么？为什么有些地方花小钱办大事，投资并不多。有的地方花了很多钱，投入非常之大，最后却不能使用，变成废系统，值得深思。这里肯定有一个信息网络技术与政府如何结合的问题，也可以说是结合的具体实现形式问题。三是在中国这样的体制、管理架构下，如何找到一条最好的电子政务建设路径？我们认为在某种意义上，上面这"三大要素"成为我们认识把握电子政务系统建设成败的非常关键的要素。

二 中国政府转型与信息网络技术的应用

既然我们要认识电子政务建设的规律，力求走出一条"低成本，集约化、见实效"的电子政务建设道路，对 IT 领域的管理者来说，就要从两个视角思考问题：首先，必须关注政府本身；其次，要关注信息网络技术与政府管理结合的过程中那些最为关键的问题。

就目前我国的政府管理而言，整体上仍然处在一个变革期，中国的社会转型必然引起政府自身的转型。从改革开放以后的实践看，经过 28 年的改革，政府管理总体上已经由一个全能型政府、强势政府转变到了今天这样一个大体能够适应市场经济管理的政府。但这并不意味着政府转型的完成，而是仍然处在这一转型的过程之中。

与此相联系，我们看到，目前中国的整个改革似乎也进入一个重要的战略转折期。这个转折期的主要标志有两个：第一，经过28年的改革开放，我们发现，现在需要重构对改革的共识，原因是许多民众不但不支持改革，甚至还反对改革，这就需要我们重新思考改革；第二，未来改革的中心有可能要转变，也就是说，政府自身的改革将被提到前所未有的地位。"十一五"规划通过的决议里，对未来改革的判断带有战略意义。明确提出未来的行政管理体制改革，将成为改革开放的关键。如果回顾过去二十多年中国改革开放的历程，不难发现我们一直是以经济体制改革为中心展开的，通过经济体制改革带动其他的改革，而目前的基本情况是，经济体制改革在一定程度上已经带不动其他的改革了，我们的改革遇到很多问题，多数问题都与政府自身有关。如果政府自身改革不能深入，其他改革也很难深化，就是从这个意义上，我们说政府改革将成为下一步改革的中心或者关键。

中国的社会转型、体制转轨，必然引起政府自身的转型，也会加速政府转型的步伐。我们在思考电子政务建设的时候就要考虑到未来中国改革的上述发展方向。那么，未来政府转型的方向在哪里？我预测有可能向三个方向转变。

1. 由管制型政府向服务型政府转变

过去我们的政府管理是强势政府、全能政府，对社会进行全面干预。今后我们的政府应当逐步转向对公共事务的管理，更多地发挥市场和社会的作用。这就意味着，我们要构建一个服务型政府。服务型政府首先是对社会承担责任的政府，也是一个在法制框架下的政府，当然还是一个廉洁、高效的政府，会把为公众服务，为企业服务，为社会服务放到最核心、最重要的地位。

2. 由过去单一的经济建设型向公共治理型转变

过去28年，我国各级政府几乎把主要的精力全部都放到抓经济建设、抓GDP的增长上，这是没错的，因为中国首先要解决吃饭问题。然而"非典"给了我们当头一棒。2003年"非典"来了以后，我们发现我们在很多方面都没有准备好。比如，没有最起码的应对公共卫生事件的基本预案，人们进一步发现，当人的生命都不存在的时候，GDP还有价值吗？所以有人后来讲了三句话：没有"非典"，我们大概提不出"以人为本"的科学发展观，"非典"提示我们真正关注人的生命，关注人的价值；没有"非典"，我们不会在全国自上而下地构建应对公共卫生突发事件的体系，后来发展到应急预案，信息网络技术在这方面派上了很大的用场；没有"非典"，我们不会把政府职能的侧重点转到社会管理和公共服务上来。因为人们发现"非典"来了以后，我们的社会管理、公共服务严重不到位，或者明显缺位。这本来是政府应尽的义务和责任，结果我们更多地关注了经济。2003 年以后，各级政府更多地把政府职能的侧重点转向了社会管理，转向了公共服务。这个转变在一定意义上说，几乎都与这个突发事件有关。

3. 由过去主要靠手工作业的政府向靠信息网络技术主导的信息化政府转变

在分析政府的这种转型时，我认为需要了解一个基本的概念，即政府信息化。1951 年，当美国人第一次把计算机运用到处理人口普查数据的时候，标志着信息技术被引到政府管理中来了，并由此开始了政府信息化的历程。后来政府在信息化的过程中，至少从三个方面进行演进：即技术的演进、处理内容的演进以及涉及行为主体的演进。从信息技术本身来看，至少可以说经过了三个发展阶段：从 20 世纪 50 年代到 80 年代是主机时代，那时计算机的体积很大，成本也很高，难以普及。20 世纪 80 年代到 90 年代，经过了局域网加 PC 机阶段。由于芯片技术的发展，使计算机的体积小了，运算速度还快了，加上成本降低，就有可能普及。最早的局域网出现在美国军方，人们说一个单位内部的计算机可以联网，一个城市也可以联网，由此导致了城域网的出现，到 90 年代终于导致了互联网的出现，而互联网的出现正在改变世界。从处理内容的演进来看，最初人们认为，计算机的最大优势是运算速度快，能够提高政府财务运算的速度。后来人们发现，计算机不仅仅是运算得快，还能够分析、提炼和加工信息，就从数据管理上升到信息管理了。互联网出现以后，人们可以看到，通过网络可以提供海量信息，由此上升到知识管理阶段。比如说，用 GOOGLE 搜索"和谐社会"这个信息，不到一秒钟，大概能够搜索到数千万条，这些信息如果是由一个人靠手工检索，大概需要一两千年。所以说目前进入到知识管理时代，一点也不夸张。从信息技术引进到政府管理中所涉及的行为主体来看，在互联网出现以前，基本是在政府内部传递信息，这就是人们平常所说的 G2G，只有在互联网出现以后，政府利用了门户网站，才有可能把服务的触觉延伸到社会，为企业和社会公众提供网上服务，也就是我们所说的 G2B 和 G2C。电子政务不是简单地实现内部办公自动化，西方发达国家走了40多年的办公自动化道路，已经基本实现了办公自动化，所以到20世纪90年代当互联网技术出现以后，他们很快把重点转移到利用门户网站给企业、社会提供便捷的服务，并提出建设电子政府的概念和目标。这个过程许多中国人看不清楚，因为我们的绝大多数党政机构在互联网出现的时候，基本上没有完成办公自动化的过程，多数还没有起步。所以我们的政府信息化是三步并作两步走。这在一定程度上也模糊了人们对电子政务的正确理解。所以我认为，中国电子政务的道路和西方国家是不一样的。现在中国推动政务信息化的步伐是非常快的，未来政务信息化水平的高低，将直接影响我们国家在国际社会中的竞争能力。

我们虽然是后发国家，但发展势头强劲。资料显示，目前中国的网络规模全球第一，宽带规模全球第二，中国入网计算机超过了5000万台。美国在2003年的时候就有1.6亿网民，达到了总人口的60%，中国人到现在在上网人数也就是10%。但是中国的人口基数很大，有13亿人口，所以我们超过美国的上网人数只是一个时间问题，是大势所趋。我们看到政务信息化的步伐明显加快，预示着我们正在从传统手工作业的政府转向由信息网络主导的信息化政府，这个趋势不可逆转。

三　认识和把握电子政务建设的规律

就信息网络技术与政府管理过程结合来看，也有很多直接影响电子政务成败的因素。比如，为什么有些地方把这两者结合得好，有的地方结合得不好？这是摆在我们面前的重要课题。应当看到，这些年来，我国在这方面已经有很多卓有成效的探索，有很多闪光点，但也有不少深刻的教训，交了很多学费。我认为目前电子政务建设，在信息网络技术与政务管理结合中，有四个关键点是至关重要的：一是统一与分散相结合的一体化电子政务建设道路；二是跨部门、无缝对接的协同电子政务；三是突出以公众为中心的服务型电子政务；四是坚持以人为本的政府门户服务。

统一规划、统一网络、统一平台的建设思路之所以重要，在于我们政府管理的一个基本特征是纵强横弱。这些年来，不少部门都构建了很多条条系统，但是也形成了很多信息孤岛。需要互联互通时不能够互通，需要资源共享时难以共享，造成了巨大浪费。因此，电子政务系统建设的顶层设计理念，就越来越被更多的人所认同。我看来，在电子政务系统建设中，那些关系全局的网络平台、安全平台、数据库、交换中心等共性部分，必须统一建，各部门不能各自为政。部门构建自己的业务系统，但业务系统必须在统一的平台上来对接，这样可以最大限度地避免重复建设和浪费，更重要的是能够真正体现出低成本、集约化。比如青岛市在电子政务起步的时候，就确立了"四统一分"的原则，后来就很有成效。这就是：统一规划，统一网络，统一组织，统一软件，青岛市各级党政机构就使用了一个办公自动化的软件，组织管理都是一样的，几年下来以后优势显现出来了：互联互通好，资源共享容易实现，最大限度地避免了重复建设，实现了条条和块块的对接。

无缝对接的协同电子政务是全世界的难题。西方国家的政府管理不像中国这么复杂，但是并不是说所有的管理事务都没有交叉。他们也同样存在大量的部门之间合作配合的问题。所以说跨部门、无缝隙在网上对接，成为各国在电子政务建设中，特别是在网上办事过程当中最困难的问题。如何才能实现网上无缝隙对接，美国联邦政府在这方面有过一系列探索和实践。他们的基本做法是，把跨部门的事项分成 24 项跨部门的需求业务，着力推进。对于我们这样的管理体制，大概更需要强调这一点。原因很简单，因为中国政府部门设置多，管理体系更复杂，比如美国一个农业部相当于中国三个部门：农业部、水利部、国家林业局；美国一个运输部也相当于中国的三个部门：交通部、铁道部和国家民航总局。人家是大运输、大农业概念，而我们分得很细。这就使部门之间职能交叉的可能性更大。你要把部门的职能变成系统的时候，边界是不能模糊的。各个部门如何才能在网上实现无缝对接呢？我认为关键要解决三个环节：第一，IT 人员必须和行政管理人员共同结合，构建一个应用系统的模型，这个业务模型靠 IT 人员是很难构建起来的，因为他们不了解政府管理的流程和实际。第二，在业务模型的基础上，要有业务逻辑的抽象，只有把这中间最关键的业务逻辑合理地抽象出来，才能保障系统的便捷和有效；第三是底层要通过业务流程梳理、优化，才能保证顶层的互联互通。以上这三个环节是实现一体化政府部门和无缝对接的重要条件。

突出以公众为中心的服务型电子政务和我们前面的分析一脉相承。在西方人看来，政府对公民提供良好的服务，就像商家对待客户一样。西方的价值理论和中国的为人民服务的价值观不完全一样，但是殊途同归。中国强调为人民服务，西方强调为客户服务，客户至上。但是它隐含的基本精神，就是要确定以公众为中心的理念，为纳税人提供服务。要整合各种各样的手段，如网络、呼叫中心，信息亭，市民卡、手机短信等各种信息工具，甚至包括电视频道，最大限度地为公众提供便捷的服务。

2005 年 4 月，我赴突尼斯介绍中国的政务信息化。我当时讲中国的手机、固定电话加起来快接近 7 亿部时，下面一片哗然。大家想想，对于一个只有1000 万人口的国家来讲，手机、电话加起来快接近 7 亿部是一个什么样的概念？确实没有一个国家能和我们的手机、固定电话的总数相比的。社区老太太、农村农民上不了网，没钱买电脑，但是打电话都会打。所以我们就要充分考虑，如何利用最经济的电话、手机短信给老百姓提供便捷的服务。

再举一个例子。北京市东城区建设了一套社区医疗信息化服务系统。首先，他们按照人、房、病三位一体的要求，对全区 50 多万人构建了数据库，平时是一个社区医疗信息化服务系统，一旦发生了突发事件，就是一个非常有效的应急管理系统。其次，把东城区划分为 120 个网格，按弱势群体看病走路不超过 10分钟，空间距离不超过 300 米的要求，设立医疗服务点，全区共设立了 45 个社区医疗服务站和 90 多个全科大夫工作室。所有进入社区医疗服务站的医生每人配一台笔记本电脑，他们的社区医疗服务基本上都在电脑上来完成，并在全区联网，接受监督。东城区政府还设立了一个药品采购配售中心，统一采购，所有的药品都是零差价卖给患者。他们还设立了一个东城区社区医疗服务管理中心，所有信息都可以在这个中心看到。比如，一个大夫看一个病人 0.25 分，新立一个病例 0.5 分，到患者家上门服务一趟 1.5 分。对方对你的服务有一个满意度的确认，到了月底，看看大夫挣了多少分，这个分折合成币值，就是这个大夫一个月的收入。很显然，这一套系统，首先是高度的技术集成，如运用了网格技术、全球定位技术、呼叫技术，无线传输技术，数据库技术等，同时也达到了一个高度的应用集成。而这样的集成，又是以社区医疗服务的体制、制度、管理和服务模式创新为前提的。没有社区医疗服务整体的创新思路，几乎不可能有这么大的成效。这个案例告诉我们，电子政务的技术必须要经过管理体系这方面的整合，技术才能发挥它的作用。

建设"以人为本"的政府门户网站，是电子政务管理和技术结合的关键点。

在互联网上的政府门户网站，是向全世界公开的，而这个门户网站又是连接公众、企业、社会最主要的窗口。这个窗口的功能、服务都直接影响电子政务的成效。以商务部的门户网站为例，目前我国商务部门户网站每天的访问量超过了2000万人次，超过了美国的商务部、英国贸工部等发达国家商务部的门户网站，成为全世界商务系统的第一门户。就是因为中国经济发展非常强劲，中国的对外贸易增长非常快，中国经济受到世界广泛的关注，所以说每天的访问量超过了2000万人次。另一个例子，中央政府门户网站开通以后不到一个星期，网站的点击率上升到全球第一。这一方面说明中国的发展受到世界广泛的关注；另一方面也说明，中国政府网站确实为世界了解中国提供了一个非常重要的途径。由此我们可以看到，构建一个"以人为本"的政府门户网站，在电子政务建设中具有多么重要的意义，也成为信息网络技术和政府管理结合中最关键的要素之一。未来在电子政务建设中，不仅要重视政府门户网站的理念、风格等，而且还要高度重视国内网站的整合。只有体现以人为本的科学发展理念，通过政府门户网站能够为社会、公众提供大量人性化、便捷的信息服务、办事服务，得到公众的认可，才标志我们的电子政务建设真正上了一个新的台阶。

第四章
电子政务的服务与应用框架

杨冰之　吴龙婷

2006 年出台的《国家电子政务总体框架》提出了"服务是宗旨"的理念，要求电子政务把服务作为出发点和落脚点。电子政务发展进入了以服务对象为中心的新阶段，充分体现出以人为本、打造服务型政府的新方向。本章旨在初步分析我国电子政务服务及其应用的基本框架。

一　电子政务的服务框架

（一）树立服务意识是电子政务发展的关键

服务通常是服务主客体双方的一种交易行为，服务主体通过向受服务方（客体）提供某一行为、内容或信息，以满足其需求，而受服务方通常提供金钱或其他形式作为回报。随着社会的分工进化，以及大量新技术的诞生，服务已成为社会生活的基本内容，甚至出现了服务经济和服务型社会等观点。按服务的提供者来划分，服务通常可以分为商业服务、政府服务和非盈利机构提供的免费服务。电子政务为政府提供了前所未有的发展、改善和提升服务的机会，使政府服务发生本质性变化，使政府服务从过去规范、僵化和迟缓的服务，变成迅速互动、高效的个性化服务。也就是说，电子政务可以使政府在服务提供前，准确有效地了解公众的需求偏好以及期望的服务方式和服务内容。特别是通过电子政务可以灵活、方便、快捷地获取需求信息，并通过信息的快捷性、网络的交互性、过程的透明性和服务形式的多样性等，使服务更个性化。

现阶段我国电子政务建设中存在的问题都与缺乏服务的意识、态度和能力密切相关。例如重建设轻应用；重内部网络，轻门户窗口；重投入轻维护；重部门建设，轻跨部门合作，等等。问题的根源是很多政府部门还没有真正建立"以公众为中心"的服务意识，缺乏必要的服务意识、态度和能力。此外，近年来在电子政务建设中出现的各种观点、争论，有些地方在电子政务政策上的摇摆、混沌和盲目，在较大程度上也是因为没有很好地把握住服务这个关键环节。

（二）电子政务的服务对象分析

随着电子政务的逐步发展，它的服务对象也逐步清晰和细分，从政府内部扩展到其他政府部门、企业和公众。

目前国际上通常将电子政务的服务对象划分为四类：公众、企业、非盈利组织和政府内部。公众是政府服务的主体，是一个非常复杂的群体，可以细分为多种类型，例如在我国就可以分为农民、工人、知识分子和在校学生等，也可以按照年龄特征分为老人、成人、青少年、儿童等，还可以按照职业与职业状况分。对象的不同，对政府的服务要求差异也非常大。企业也可以分为两类：一类是与政府电子采购招标相关的企业，政府部门对于他们来说是客户；另一类是其他从事生产经营的企业。电子政务为企业服务是为了提高办事效率、减轻企业负担，促进企业发展。非盈利组织是指那些不以盈利为主要目的，旨在完成某项事业或使命的机构。在我国，非盈利组织主要有两大类：一类是群众团体组织，如专业学术团体、业余爱好者协会、消费者协会、个体经济协会、工会、妇女权益保护协会、同乡会等；另一类是事业性组织，包括学校、医院、图书馆、新闻媒体、出版社、文艺团体、科研院所、体育机构等。非盈利组织是公民社会中一个非常大的群体，而且随着社会的发展，这部分机构越来越多，情况也越来越复杂多样，对政府服务的需求差异也非常大。政府对非盈利组织的服务内容和形式也有别于其他对象。政府内部电子政务主要对上下级政府、不同地方政府和不同部门之间提供服务。它的主要目的是指打破各政府部门的垄断和封锁，加速政府内信息的流转和处理。还有其他一些特殊群体，如外国投资者、旅游者等，这些服务对象是根据不同国家的国情、不同政府的开放程度和地理环境决定的。比如一些旅游资源丰富的地区，当地政府专门开设了旅游服务，为世界各地的旅游者提供本地旅游的各种信息，如气候，交通路线、景点、住宿等。

我国现阶段电子政务服务对象有三个主要特点：一是服务对象数量巨大，服务需求种类繁多。这是我国人口数量以及电子政务服务对象自身的差异所决定的，这就要求电子政务的基础设施建设、通信网络建设能够承受大流量的同时服务访问，电子政务的应用系统能够针对不同服务对象的要求提供差异化的服务。二是服务对象覆盖范围偏小，虽然我国网民绝对数量很大，但是占我国人口比例偏小，而且大多数网民集中在东部沿海和少数发达城市，18～35岁的青年是我国网民的主力军，广大农民、产业工人所占比例很小。作为电子政务服务对象重要组成部分的农民和城市贫困居民等弱势群体大部分不能够上网，不仅不能享受到电子政务提供的便利和权利，而且缺乏有效的意见表达渠道，从而使电子政务服务效果大打折扣。三是服务对象的信息化意识有待提高。电子政务不仅仅是利用现代信息技术手段实现政务工作的电子化，更重要的是实现了政府业务流程的再造和优化，真正实现"服务型"政府的创新体制。现阶段我国公众、企业和政府部门中很大比例人员都存在对信息化和电子政务的接受度、参与意识及配合程度不高的现象。这也会极大地妨碍电子政务服务发挥效果。

（三）电子政务的服务体系

经过多年的发展，我国的电子政务服务理念已经从简单的政务公开向通过互联网面向公众提供集成化政府服务等深层次服务发展。

1. 电子政务服务内容的基本结构

（1）按服务内容的层次划分

基础性服务：是指把过去非电子化服务的内容搬到网络上。例如各种会议通告信息，在过去通常是通过报纸、电视、广播和宣传墙等方式，现在也可以通过网络来发布。这就是传统政府服务网络化。

创新性服务：是指基于网络的新增标准化服务，这些服务是在传统政府中找不到的，或者是很难提供的。例如在过去很难提供"一表式"服务，即到不同的部门需要填写不同的表格。当前还有些服务是基础性服务与创新性服务的结合，例如网上地图（GPS）系统。

个性化服务：通常是指基于个性需求的一对一的特殊服务，这是服务的最高阶段。体现了服务的本质特征与要求。

（2）按服务对象的种类划分

面向公众的服务：如公共信息服务、教育培训服务、电子医疗服务、就业服务、社会保障服务、交通管理服务、电子税务服务和电子证件服务等。

面向企业的服务：对于与政府电子采购招标相关的企业，需要从政府部门获得采购和招标信息及有关的政策和程序，中小企业参与政府采购竞争还需要政府部门提供必要的帮助。对于其他普通企业，则需要提供创办企业有关的服务，与纳税有关的服务，电子证照办理、信息咨询服务，企业年检等监督服务，员工招聘、培训、福利措施等服务，市场规范、市场运行秩序管理等服务，企业价值评估、信用评估服务等。

面向非盈利组织的服务：与面向公众和企业的服务内容有相似之处，如主要是公共信息服务和相关办事服务。

面向政府部门的服务：如政府本身的各种内部办公信息，公文流转、档案保存与共享、政府部门财务管理、针对公务员的各种培训和业绩评价服务等。

2. 电子政务服务形式多样

电子政务的服务主要通过互联网和其他通信网络完成，其服务形式比传统政府部门有了多样化的发展，现阶段电子政务的服务通常可以分为三大类：信息公开类服务、网上办事类服务、互动交流类服务。

信息公开类的服务工具主要有：

（1）网页，主要是各种政府网站上的信息呈现；

（2）数据库，主要提供数据内容服务，如信息查询；

（3）信息亭，主要用于查询城市公交、道路、旅游信息等，以及逐步增加的基本购买服务，如购买电影票、电话卡等；

网上办事类的服务工具主要有：

（4）网上业务处理系统，主要实现面向公务员、公众和企业的网上办公；

互动交流类的服务工具主要有：

（5）邮件服务，主要有针对性地提供信息发布、通知与通告，同时提供用户反馈渠道；

（6）短信，主要是消息通知；

（7）呼叫中心，主要是信息通知和客户服务；

（8）热线电话，主要是提供信息咨询和反馈渠道。

（四）电子政务建设中服务与应用的关系

电子政务的服务和应用是密不可分的两个方面。一方面，应用系统的规划和建设应当以服务需求为指导，以服务需求为基础的应用系统可以减少不必要的冗余、提高系统运行的可扩展性和运行效率，增强应用系统与业务的配合程度。另一方面，服务需求的满足又是以应用系统作为支撑和工具。没有功能完善的应用系统，就没有进行服务的工具，更谈不上高质量高效率和高满意度的服务。

电子政务中服务与应用的关系可以用图 1 表示。

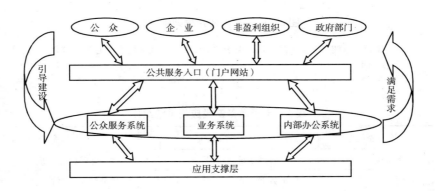

图1　电子政务中服务与应用关系图

二　建立面向对象和服务的电子政务应用框架

（一）电子政务应用系统框架

对应用服务平台进行更加细致的分析，可以将电子政务应用框架表示为图2。

本文关注的重点在于顶层的应用服务平台。该平台主要包括面向社会的公众服务系统，面向政府决策支持、日常业务的内部办公系统，面向各部门应用的业务系统，以及电子政务网站四大类。

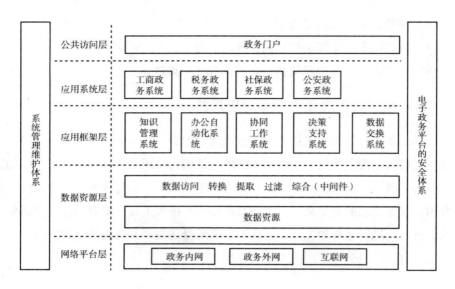

图2 电子政务应用框架细分图

资料来源：宦鸿兴、陈宁撰《浅议电子政务网络平台及应用体系框架》，《江苏水利》2005 年第 7 期。

表1 电子政务三类应用系统组成

公众服务系统	内部办公系统	业务系统
1. 信息发布系统	1. 财务管理系统	1. 社会保障信息系统
2. 信息查询系统	2. 档案数据中心	2. 税务纪检监察管理信息系统
3. 医疗信息系统	3. 人力资源管理系统	3. 市场监管系统
4. 网上审批系统	4. 决策支持系统	4. 环境保护系统
	5. 电子公文系统	5. 土地管理系统
	6. 业务流程系统	6. 城市建设管理系统
	7. 个人办公系统	7. 防汛指挥系统
	8. 规划管理系统	8. 保险业务系统
	9. 内容管理系统	9. 税收管理系统
5. 呼叫中心/语音中心	10. 应急联动系统/突发事件处理系统	10. 预警信息系统
	11. 视频会议系统	11. 公安综合管理系统
	12. 电子培训系统	12. 电子采购与招标系统
	13. 业绩评价系统	
	14. 协同办公系统	

资料来源：国脉互联信息化研究中心整理，2006。

（二）电子政务应用框架中的关键环节

1. 以政务信息资源开发利用为主线

应用系统能够顺利运行，产生服务实效，就要打破"形式大于内容，一般多于具体"的局面，要重视政务信息资源的建设和共享，信息资源不足，必将严重制约应用工作的开展和深入，更谈不上电子政务服务。现阶段和未来一段时间对政务信息资源开发利用这一基础工作提出了很高的要求。所以电子政务应用系统的建设应当以政务信息资源开发利用为主线。

2. 梳理业务流程，统筹规划应用系统建设

电子政务应用系统的建设，不能在部门和地区内部，按照行政机构的组织和要求实施，否则容易加剧部门条块分割和管理维护系统上的难度，形成信息孤岛。应当以业务为单位，在仔细梳理业务流程，正确描述当前政府业务和应用系统现状的基础上，跨地域、跨部门统筹规划建设，明确规划未来实现电子政务之后，政府业务和应用系统的远景，克服盲目性和急功近利性。从而为政府部门流程再造、管理创新和机构重组提供机遇。此外，还有应用系统的"纵强横弱"问题，在注意信息的垂直化流动的基础上，重视不同部门之间的横向系统接口和信息共享问题。

3. 完善已建应用系统，强化已建系统的应用

经过多年的电子政务建设，已经建成了一批功能齐全的应用系统。但是这些系统并没有完全发挥作用。因此在建设新的应用系统的同时，还需要投入较多的精力完善和强化已有的应用系统，提高系统的应用率，重点是推动互联互通和信息共享，促进部门间业务协同。避免重复建设、资源浪费的现象发生。

（三）应用系统建设的重点领域

目前政府门户网站、办公自动化系统等在我国大中型城市已经基本普及，正在向深入应用方面转移。"十一五"期间，电子政务的应用将深入到部门工作的所有方面，各种功能的应用系统将进行大量的集成处理，"一站式"电子政府服务理念将面向全国推广，具体来说，以下系统将成为电子政务应用系统建设的工作重点。

1. 网上审批系统

网上审批系统的重要性已经被各级政府认识到，也已经明确列入各地电子政务或信息化建设的"十一五"规划中，部分发达城市已经拥有了建设的成功经验。它的物理组成包括：网站平台、网络转换服务器、身份认证系统、网上申报系统、审批业务系统等。

2. 协同办公系统

又称为网上政务办公系统、办公业务资源管理系统等。是在已有的办公自动化系统之上的改进和扩展。政府办公的协同不仅仅需要部门间公务员之间的协同，部门之间的协同，而且还要求机关与机关的协同。电子政务协同办公系统必须能够跨地域地实现网络办公、协同办公，解决部门间协作问题、决策过程分散问题，实现机关之间的互联互通、资源共享。

3. 应急联动系统

又称城市应急联动与救助系统建设工程、应急防灾减灾联动指挥系统、减灾安全应急管理信息系统、重特大事故应急救援与指挥调度系统、公共危机处置管理信息系统、城乡应急联动指挥系统、突发事件信息处理系统等。它的物理组成包括数据交换平台、GIS 系统、卫星导航系统、数字集群系统、灾害备份系统和网络通信平台等。我国第一个应急指挥系统于 2001 年在南宁投入运营。在南宁应急联动系统获得初步成功的鼓励下，全国各城市逐渐加大对应急指挥系统的投入。未来几年，由于国家对城市安全和社会保障机制的高度重视，加之数字奥运建设进入关键阶段，政府对应急指挥系统的投入将会持续增长。

4. 电子采购与招标系统

又称政府网上招投标系统、网上政府采购系统、政府采购网络化系统、政府电子采购系统等。它的物理组成包括：电子数据交换、电子招投标、电子洽谈、交易、管理监察等系统。为配合政府采购制度在全国范围开展，越来越多的地方政府将政府招标采购工作纳入了日常工作范畴，电子采购与招标系统将推进政府工作公开、透明及高效运作，降低政府建设成本，提高政府和社会其他资源的优化配置。

5. 电子政务网站

目前，大多数政府机构都初步建立了自己的网站，但是对门户网站的完善和建设仍然是许多省市未来几年电子政务工作的重点之一。比如，《广东省电子政务"十一五"规划》中的发展目标是"到 2010 年，省、市、县各级门户网站普遍建立，政务公开和信息更新不断完善，面向公众提供便捷、高效的各项政府服务"。《浙江湖州市"十一五"电子政务规划》提出"进一步完善门户网站，建设电子地图、网上审批办证中心等直接服务市民的内容。"而在《山东济南市"十一五"电子政务规划》中关于门户网站的目标是"完善市政府门户网站的网络与服务功能，整合建设以'中国济南'门户网站为枢纽、以部门和县区政府网站为节点的政府网站群系统。"今后几年，我国政府门户网站建设重点主要在三个方面：一是扩大门户网站的涵盖面；二是增加门户网站的多语言版本和多渠道访问途径；三是增加网站的服务性功能和互动性栏目，并逐步创建更多有地方特色的栏目。

三　国内外电子政务服务和应用系统建设经验和启示

（一）国内经验：以上海和深圳为例

1. 上海市电子政务服务建设经验[1]

上海市的电子政务建设水平居于全国前列，被《2006 中国电子政务发展水平测评报告》评为国内第一；在联合国有关机构对全球 100 个最大城市的电子政务测评中，上海在全球的排名也升至第三。其建设经验有诸多值得学习借鉴之处。

目前，上海在提高政府公共服务水平方面有三个典型案例。

第一，以政府门户网站为依托，方便公众知情办事。2002 年开通的"中国上海"政府门户网站，连接 47 个市政府委办局、19 个区县政府，以及人大、政协、社会团体等 140 多个网站；到 2005 年，"中国上海"门户网站累计访问量已破 3545 万人次，累计页面访问量高达 3.5 亿人次，目前月均浏览次数超过 1000万人次。该网站网上办事和服务项目近 1600 项，其中可直接受理的办事审批逾

---

① 资料来源：刘亚东撰《上海电子政务实践》，http：//www2. ccw. com. cn/04/0430/a/0430a22_8. asp；《中国电子政务地区经验上海篇》，http：//www. ccw. com. cn/cio/research/zf/htm2006/20060220_ 10Z4A. asp。

700 项，约占 45%，此外还提供 6700 多张有关办事和服务表格下载。

2004 年 5 月 1 日起上海开始施行《上海市政府信息公开规定》（以下简称《规定》），按照"公开为原则，不公开为例外"的要求，以政府网站、公共查阅点、政府公报等为载体，主动公开除涉及国家秘密、商业秘密和个人隐私以外的各类政府信息。据上海市信息委统计，自 2004 年 5 月 1 日《规定》实施至 2005 年 10 月底，上海各政府机关网站的页面总访问量达 9800 万人次，"基本满足了社会对政府信息的需求，节约了政府信息在全社会流动的总成本"。

第二，以社会保障卡为载体，方便市民享受便捷服务。上海市用信息化的手段和理念，把各类社会保障与市民服务相关信息，整合为可容纳 2000 万人的信息系统。市民持有的具有 4000 个汉字存储容量的 IC 式社保卡，成为进入信息系统办理 20 多项公共服务的钥匙。

第三，从街道信息资源共享入手，促进政府公共服务"一体化"。街道办事处作为区级政府的派出机构，直接面对社区居民进行公共管理和提供公共服务。以前，上级政府部门把各自已建的管理信息系统延伸到街道，但没有实现互联互通，致使信息多头重复采集；同时，所采集的信息没有在街道落地，产生了严重的管理信息不对称，在很大程度上加重了街道工作负担，限制了社区公共服务效能。改进后，在前台以服务对象的需求和监管需要为导向，形成业务统一受理平台；在后台构建协同工作平台和信息交换平台，实现资源共享和工作协同，支撑前台的"一体化"服务。

2. 深圳市行政服务大厅建设经验[①]

深圳市行政服务大厅信息系统为企业和市民提供互动的"一站式"政务服务，实现了进驻市行政服务大厅的 29 个单位的 60 多套系统（349 项行政审批和相关服务）的协同工作，将分散在政府各职能部门的、面向社会的行政审批及办证事项集中到一个场所办理，变分散审批为集中审批、变分散监管为集中监管。

系统投入运行以来，累计受理 42 万多件审批和服务业务，采用"一门受理，

---

① 资料来源：马潮江撰《电子政务提升公共服务的基本经验和趋势》，《中国信息界》2006 年 11 月 15 日；《深圳市行政服务大厅信息系统实施案例》，http://www.echinagov.com/echinagov/fangan/2005 - 1 - 17/5016. shtml。

抄告相关"的工作模式，实现跨部门的联合审批业务，审批流转在政府部门内部自动进行，改变申请人到多个部门或多个窗口"跑批文"的情况，大大方便企业和市民。在不改变原有审批系统业务运作模式的前提下，实现了大厅系统"管进管出"，即监控进驻审批系统业务受理环节（进）和结案环节（出），所有审批和服务项目实行全程监控、统一收费，实现了高效、便民，是全国首个城市级、涵盖全市范围的电子政务联合审批系统。

行政服务大厅还针对办事企业和公众，实现了办理状态多途径实时主动发布和被动查询手段。同时系统还对公众提供了合理、丰富的咨询手段，方便市民通过互联网、呼叫中心、E-mail 以及大厅内触摸屏等途径获得信息帮助，了解办事指南、法律法规、通知公告等信息，充分体现了行政服务大厅的全方位服务手段，使广大市民足不出户，就可以享受 7×24 小时全天候的、规范的信息服务。

同时还建立了统一的数据交换规范，基于 XML 的交换标准，构建了数据交换平台，各进驻审批系统通过数据交换向大厅系统上传业务受理信息和办件状态信息，各进驻单位的审批事项的基本数据集中存储，为今后实现各单位的互联互通和信息共享打下了基础。

（二）国外经验：以新加坡和加拿大为例

1. 新加坡电子政务建设经验[①]

新加坡是全世界最早推行"政务信息化"的国家之一，也是全球公认的电子政府发展最为领先的国家之一，连续五年在埃森哲《全球 IT 报告》中被评为全球三大最佳电子政府（美国、新加坡、加拿大）之一。

在 2000 年 6 月，新加坡启动了首个电子政务行动计划（eGAP），该计划有效地改造了公共服务的提供方式以及政府、公民和企业之间的互动交流方式。通过此计划，100% 的公共服务（超过 1600 项）可通过互联网进行。2003 年 7 月，电子政务行动计划之二（eGAPII）公布。该计划放眼于建立一个领先的电子政务系统，以期在数字化经济中更好地为国家服务。

[①]　资料来源：程振杰撰《新加坡电子政务建设经验（1）：政府将公民当作客户》，http://industry. ccidnet.com/art/43/20041229/196811_1.html；《新加坡：电子政务为公民整个生命周期服务》，http://www.cnii.com.cn/20050801/ca335208.htm。

据新加坡资讯通信发展管理局介绍，新加坡的电子政务主要面向三大目标对象：公民、企业和公共机构雇员。

为公民服务的电子政务主要通过电子公民（eCitizen）中心的门户网站实现。建立于 1999 年的电子公民中心是一个三维虚拟社区，在这里可以实现所有政府机构的信息与服务的完整、集成的传递。为了便于公民获取电子政务服务，新加坡中央公积金局（CPF Board）与财政部和 IDA 于 2003 年 2 月共同投入推出了 SingPass（新加坡通信证）。它是公民获得不同政府部门网上服务的共用密码，用户只要记住一个密码，就可以从不同部门得到不同服务。目前，用户可以使用 SingPass 获得 25 个政府部门 400 余项电子服务。

为企业服务的电子政务主要通过政府电子商务（GeBIZ）等项目实现。GeBIZ 为买家及供应商提供一个统一、安全、连续 24 小时运作的平台，便于他们进行电子采购及投标活动。

为公共机构雇员服务的电子政务体现在完善基础设施、技能培训等方面。通过先进的宽带互联网等基础设施，政府部门的雇员可以安全地进入政府网络，以取用机构信息及应用程序。

另外，在新加坡没有人会被排除在电子政务便捷的享受之外。例如，2001年 6 月政府就开始 IT 普及计划，以培训加速网络普及和使用。为了让所有的公民如家庭主妇、老人等接受培训，政府投入了很多补助，普通公民花 7 新元就可以参加一个课程培训。为了让工厂工人接受培训，设立了大巴车课堂，让工人们下班后就在车里学习。到目前为止，共有 30. 4 万人接受了培训，其中包括家庭主妇、工人、无业者和老人等。

2. 加拿大电子政务建设经验[①]

作为世界上信息技术应用最普及的国家之一，加拿大在电子政府服务建设方面有许多值得借鉴之处。2001 年，加拿大对国家电子政府网站（www. canada. gc. ca）进行了重新设计，新设计的门户将政府所服务的群体分为：加拿大公民、加拿大企业和国际客户三类，体现了以客户为中心的服务理念，改变过去政府网站按照部门或机构的职责划分组织信息的形式。每一个入口严格按照主题、客户需求或

---

① 资料来源：《加拿大：实施电子政务充分听取民意》，http：//www. cnii. com. cn/20050801/ca335209. htm。

者生活周期事件分类进行信息、服务传递。

政府在网上提供的服务包括：建立国家网站作为所有联邦网站的总入口，提供一站式接入点；建立加拿大医疗健康网络，将全国460家医疗机构连接在一起，资源共享；建立就业信息资源网站，每天公布35万个就业机会，该网站每天有10万次点击，成为加拿大最忙碌的网站之一；发展电子报税及退税；推动旅游、文化、环保事业的发展；建立"加拿大企业服务中心"网站，市民可以从该站点获得所有联邦、省区出台的商业计划、服务举措和相关规定等数据和信息。

为了最大限度地满足客户的需求，加拿大所有的网上服务都是在对用户进行广泛的市场调研的基础上推出的。联邦政府在实施电子政务的过程中，不断听取民众的反馈意见，反复测试各种构思和设计，而不是像过去那样，只考虑政府内部机构的设置，而较少考虑国民的需求，其目的是使电子政务带来的改变真正有利于加拿大公民。

（三）借鉴与启示

从以上案例可以看出，成功的电子政务建设有以下几点经验值得借鉴。

（1）都是以"公共服务"为建设的出发点和中心环节，围绕社会公众的需求和选择来发展和提供服务。首先满足的是数量最多的公众最普遍的需求，如基本的信息获取、医疗、公共交通、行政审批等内容。这样有利于迅速扩大电子政务的影响力，获得社会对电子政务的认可和支持，为进一步的纵深发展扫清障碍。

（2）以"服务型"政府理念统帅电子政务的服务与应用框架。电子政务建设首选需要一个全局的和长远的规划蓝图，而"服务型"政府就是这个蓝图体现的核心思想。与传统的政府行政管理相比，电子政务凭借信息网络的全天候性、超地域性、公开性等特点，更好地体现"以人为本"、"为民服务"的本质。

（3）逐步淡化部门职能的概念，透明型政府开始隐现。透明型政府的涵义之一借用自计算机网络领域，是指普通公众和企业办事不用详细了解政府内部错综复杂的部门和业务职能，政府内部对普通公众和企业来说就像透明的一样，他们只要将需要处理的事务统一提交到一个窗口，就可以安心等待处理结果，不用费心事务的处理需要经过哪些流程和部门。最突出的体现就是政府门户网站开始成为所有政府机构及其各类信息与服务的综合门户和统一入口。

第五章
政府门户网站与电子政务服务

赵建青　唐　志

经过本世纪初头几年的快速发展，我国政府门户网站建设取得了重要进展，全国性的政府网站体系基本形成，网上政务信息公开工作逐步推进，在线公共服务数量不断增加，与公众互动栏目应用效果明显，政府网站的建设、运维和管理水平全面提高。进入"十一五"，政府门户网站建设将围绕促进建立服务型政府这条主线，全面提升政府门户网站的服务能力。本章将回顾近一年来我国政府网站的发展状况，介绍部分先进典型，总结成功经验，展望发展趋势。

一　我国政府门户网站发展的最新进展

（一）全国性的政府网站体系已基本形成

我国政府网站的建设和发展已走过近十年历程。其间，中国电信和原国家经贸委联合四十多个部门的信息主管单位于 1999 年发起政府上网工程。电子政务建设的不断推进和政府上网工程的实施，有力地促进了政府网站的建设。我国政府网站已经成为面向社会公众提供信息与服务的重要平台，在促进政府职能转变和管理创新方面发挥了积极作用。据中国互联网络信息中心的最新统计，截至 2006 年 6 月，使用". gov. cn"域名的政府网站总数发展到近 1.2 万个，近 96%

的国务院部门建立了政府网站，约 90% 的省级政府、96% 的地市级政府、77% 的县级政府也都拥有政府网站。

2006 年 1 月 1 日，中央政府门户网站正式开通，标志着我国全国性的政府网站体系基本形成，填补了我国政府网站层级体系中国家级门户的空白，成为我国电子政务建设的重要里程碑。我国政府网站已基本形成了涵盖中央政府、省级政府、地级市政府和县级政府的政府网站体系。

（二）中央政府门户网站的示范和推动作用日益显现

中央政府门户网站开通以来，围绕政府工作，结合公众关注的热点，组织发布热点政务专题、政策法规解读等权威信息，发布国务院文件 500 多件、国务院公报 250 多期，直播国务院及有关部门会议近 60 场，日均发布中英文稿件约 1000 篇，已成为国内外人士获得中国政务信息的重要窗口。

中央政府门户网站的建成，为各级政府网站的服务创新提供了成功范例和有益的经验，在一定程度上发挥了中央政府门户网站在政府网站推动公共服务创新中的标杆和示范作用。在信息发布方面，合理规划政务公开栏目，及时更新栏目内容；在办事服务方面，梳理整合分类科学、层级简单的导引性服务，强化服务类信息发布，为公民和企业提供便捷、高效的公共服务；在互动交流方面，配合国家重大政策的颁布做好解读性报道，通过多样化的互动交流渠道，使越来越多的社会公众有机会直接与政府进行交流沟通，参与社会经济活动。中央政府门户网站的建设有力地推动了各级政府网站的建设和管理工作，在中央政府门户网站开通的一年里，相当多的政府网站按照中央政府门户网站的内容保障要求，梳理栏目内容，创新栏目形式，建设和管理逐步有了比较规范的模式和发展方向。

（三）我国政府网站和电子政务建设进入发展的关键时期

经过几年的快速发展，政府网站建设已初见成效，我国政府网站体系架构基本建立。政府网站已经成为执政能力的重要体现，成为全面展现电子政务建设成果的主要窗口。各级政府网站的信息内容日趋丰富，服务功能逐步增强，公共服务水平不断提升，逐渐成为政府部门发布政务信息、提供办事服务、实现政府与公众互动交流的主要渠道。在具体的实践过程中，政府网站建设体现出以下几个方面的特点。

1. 政务信息公开的规范性和公开深度逐步提高

上海市、广州市等政府网站以"政府信息公开规定"为依据，强调依法公开政府公共管理过程信息，市政府及各部门、各区县政府不断提高信息公开深度和覆盖面。政府网站重点公开群众关心的计划规划、财政与公共项目投资、人事任免、行政许可等政务信息，并提供公众依申请获取政府信息的服务。

2. 在线服务的实用性与客户意识得到加强

上海市、青岛市、武汉市、杭州市等政府网站率先探索"以用户为中心"的建设思路，越来越多的政府网站能够从用户的实际需求和使用习惯出发，规划网站架构，面向公民提供从出生到死亡、面向企业提供从登记注册到破产注销的全生命周期服务。农业部、国土资源部、国家食品药品监管局等部委大力整合服务资源，服务深度上已从单纯提供办事指南等信息服务，扩展到提供表格下载、办理状态查询等高级综合性服务。

3. 公众互动栏目的应用效果明显改善

各级政府网站积极通过多样化的渠道，引导社会公众参与公共政策制定过程，不断加强联合共建，保证公众参与效果。北京市政府网站联合纠风办共建"政风行风热线"栏目；商务部、北京市等政府网站紧密围绕工作重点和热点，调动业务部门积极性，推出访谈和民意征集栏目。

4. 运行维护工作模式更为有效

商务部等政府网站积极创新"单位组网、网站组栏"的运行维护模式，通过加强子网站建设，逐步实现部门信息资源的有效整合，不仅分解了政府网站运行维护工作量，而且充分调动各业务单位的积极性，较好地解决了普遍存在的网站建设与业务工作"两张皮"的问题。

5. "以评促建"的管理方式得到普遍重视

商务部、北京市、上海市、山东省、杭州市、青岛市等已经形成较为完整的绩效评估管理制度，不断引导政府网站规范发展，逐步形成科学合理的竞争与激励机制。

当前，政府网站和电子政务建设面临极为有利的形势和难得的发展机遇，我国政府网站的发展已进入到重点提升内容和服务质量的关键阶段。首先，信息化建设上升到国家战略层面，电子政务建设受到高度重视，近年来相继出台了一些法律法规和规范性文件，为政府网站建设提供了良好的法律和政策环境。第二，加快政府网站建设是政府自身改革的需要和社会公众的期望。政府网站建设是创建服务型政府的有效手段，对促进政务公开，改进公共服务，促进政府建设，提高行政效能具有重要意义。同时，广大社会公众对政府网站的要求和期望值越来越高。第三，经过近十年的发展，我国政府网站建设已有了良好的基础，面临进一步发展完善的契机。

二　政府门户网站服务功能定位

我国早期政府门户网站建设的发端多是出于对外宣传、展示形象的需要，在表现形式上，多以单向信息发布为主。随着时代的发展和技术进步，现代信息网络技术将政府公共服务的内容和形式都引向了更广阔的领域。基于互联网提供公共服务，将可以推动解决电子政务发展中"有效需求不足"的问题。当前，我国电子政务建设正面临重要的跨越，促进政府职能转变和管理创新是对今后一个时期政府门户网站建设的基本要求。2006年6月召开的全国电子政务工作座谈会明确提出，"十一五"时期电子政务建设的主要目标是：到2010年，基本建成覆盖全国的统一的电子政务网络，初步建立信息资源公开和共享机制。政府门户网站成为政府信息公开的重要渠道，50%以上的行政许可项目能够实现在线处理。电子政务要在提高公共服务水平和监管能力、降低行政成本等方面发挥更大的作用。由此，作为电子政务建设重要抓手和龙头的政府门户网站，将在建设服务型政府的进程中扮演更为重要的角色，逐步成为公共服务供给的主要载体和渠道。"政务公开、办事服务和公众参与"这三大功能是未来一个时期政府门户网站和电子政务建设新发展的主要功能定位。

（一）政务公开功能

我国政府门户网站的首要功能就是及时发布各级政府的重大政策、行政法规、规范性文件等政务信息，便于公众在第一时间知悉重大决策和了解政府动态，确保公众的知情权和参与权。

（1）在政务公开的内容上要"以公开为原则，不公开为例外"，不仅公开办事结果，而且公开办事过程；在公开方式上要做到经常性的工作定期公开，阶段性的工作逐段公开，临时性的工作随时公开；在质量上要确保信息内容的准确权威、及时全面。

（2）以信息公开目录为基础，强调公开的规范性。政府部门应当全面梳理政务信息，建立信息公开目录，按照目录体系及时提供信息，落实责任制度。加大政府原创性信息的公开力度，尽量避免完全依靠转载报刊和其他媒体的信息进行政务公开，力争使政府网站成为发布政府权威信息的主要供给渠道。

（3）政府网站的信息发布应围绕政府业务工作开展。政府网站的信息发布应以政务信息为主，以政府机构介绍等概况类信息为重要补充。政务信息又可以行政过程为主线，按照"工作计划、工作过程、工作结果"进行梳理整合。

——对于工作计划类信息的公开，主要包括：近期工作计划，如年度计划、季度或月度工作计划等，以及中长期规划等。

——对于工作过程类信息的公开，主要包括：反映政府日常工作的动态信息，如政府会议报道、政府的通知公告等；以及与政府工作相关的动态信息，例如国民经济和社会发展中的重大、热点和突发事件的处置信息等。

——对于工作结果类信息的公开，通常体现为四种基本形式：一是以行政法规、规范性文件形式公布的各项决策、规定；二是以政府公报、政府工作报告等形式对政府阶段性工作结果的总结；三是以统计数据的形式公布国民经济与社会发展的相关信息；四是对人事、财政、行政事项等关键性政务信息的公开。

（4）在表现形式上，可以固定栏目发布日常信息，以专题专栏形式归类整合重点和热点信息。对各地区、各部门普遍需要公开的政务信息，通过固定栏目展现，逐步形成各级政府规范性的政务信息公开目录，以方便用户使用。对于各地区、各部门开展的专门工作，可以采用专题栏目的形式，以体现特色性。信息检索功能，是政务信息公开的功能要求。在分类设计理念的指导下，将中央政府部门、地方政府部门的政务信息分级分层，部分信息在本级政府门户网站直接发布、部分信息进入本级政府系统门户网站的检索数据库、部分信息保留在本级政府门户网站的链接网站内，从而实现全国范围内各级各类政务信息的分布式联合检索。

（5）案例介绍。上海市政府门户网站"中国上海"（www. shanghai. gov. cn）以《上海市政府信息公开规定》作为制度保障，以各部门《政府信息目录》和《政府信息公开指南》作为依据，遵循"能公开的必须公开，必须公开的第一时间公开"原则推行政务公开。网站专门开设"政府信息公开"版块，集聚"近期公开信息"、"申请公开"、"市政府新闻发言"、"政府公报"、"政府规章"、"政府文件"、"政府会议"、"机构职责"、"办事规程"、"信息公开指南"、"信息公开指引"、"信息公开目录"等20多个子栏目。截至2006年8月，"中国上海"通过"近期公开信息"栏目发布的政府信息共4385条；发布政府规章784条；政府文件323条；办事规程1273条；人事任免70条。为规范通过政府网站实施政府信息公开工作，制定了一套切合市政府各部门和区县政府网站建设政府信息公开专栏的指导性意见和制作规范。除主动公开外，市民可通过"申请公开"在网上进行依申请公开，从2005年5月至2006年8月，依申请公开表格已下载7406人次。

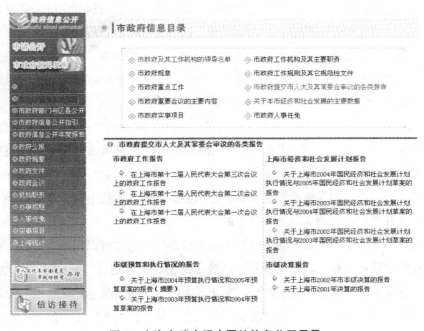

图1　上海市政府门户网站信息公开目录

（二）办事服务功能

办事服务功能作为政府门户网站服务公众的主要内容，体现了政府门户网站的核心价值，反映了建设服务型政府的本质要求。政府门户网站办事服务功能，要求深化对公众服务需求的认识，完善公共服务，改进政府内部服务提供机制，推动内部业务流程和机构调整，增强政府管理能力和服务水平。

（1）办事服务可分为办事指南和在线办理两个层次。办事指南主要提供各类行政行为的设定依据、办理制度、工作程序、主办机构及其联系方式和相关办事审批表格的下载等。在线办理，直接提供在线的受理、办理、查询和反馈等。现阶段，要以行政许可内容上网为重点，完善办事指南服务，并逐步探索在线办理模式，实现行政许可的网上直接办理。跨越多部门的办事服务，可随着体制改革的深化和后台政务协同的推进逐步进行整合和调整，分阶段地加载到本级政府门户网站。

（2）办事服务内容范围，以政府服务为主，以社会服务为重要补充。政府服务应当是政府网站在线办事服务项目的主要内容，社会机构提供的服务可以作为政府网站在线办事服务内容的重要补充。同时各地区、各部门政府网站在线办事的实现过程应当充分考虑到本地区和部门政府工作的特色，较重要或社会公众经常需要的服务应当优先提供，部分比较成熟稳定的由单个政府部门就可以提供的办事服务，可作为政府门户网站办事服务的首选。

（3）以用户为中心整合资源，打造"一站式"的服务平台。在资源整合上，坚持树立"客户意识"，充分考虑用户的使用习惯，打破部门界限，按照用户对象及应用主题聚类公共服务，提供覆盖用户全生命周期的"一站式"服务。围绕服务事项整合不同深度的服务资源，提供办事指南、表格下载、在线咨询、在线申报及办事状态查询等不同深度下的"一体化"服务。

一个普通公民的生命周期中会经历的重要事件和阶段可以用图2表示，可考虑设立的主题：生育、教育、兵役、就业、结婚、离休退休、死亡殡葬；纳税、住房、社保、职业资格、知识产权；文化、医疗、交通旅游、邮政通讯、公用事业、证件办理；消费维权、社会治安、出入境、司法公证、民族宗教等。

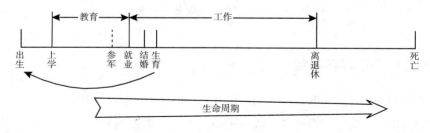

图 2　公民的生命周期示意图

如图3所示，一个典型的企业的生命周期包括企业的设立（变更）、经营和注销等阶段，可考虑设立的主题：企业准营、设立变更、年审年检和企业注销；知识产权、质量保证、安全防护、环保绿化、公安消防、交通运输、企业纳税；人力资源、商业市场、金融投资；资质认证、对外交流、建设改造、司法公证等。

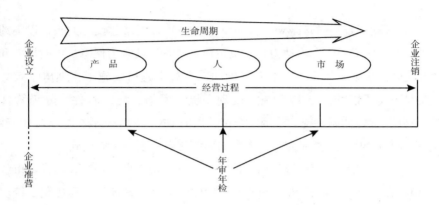

图3 企业的生命周期示意图

按照"生命周期法"进行公共服务的规划和设计，是一种较为理想的建设方法，符合"以人为本"的思想。但同时也应注意到，要将全部涉及企业和公民的服务性业务同时上网，对后台支撑的要求非常高。因此，在具体推进过程中，要坚持以需求主导的原则，统一规划，分步推进。重点规划出符合多数用户的多数需求的服务项目，"有所为有所不为"，重点推进，以点带面，来实现政府服务性业务的上网。

（4）案例介绍。国家食品药品监管局网站（www.sfda.gov.cn，简称SFDA网站）是目前国内办事服务功能较好的一个典型范例。该网站经历了从信息发布，到提供各种表格下载，到接受公众网上申报的简单在线互动服务，并逐步实现网站与部门业务系统实时联动的高级交互的发展过程。食品药品监管系统共承担行政许可项目67大项。其中，由国家局直接审批的行政许可项目有43大项。为配合统一受理工作，在SFDA网站上，开设了"行政受理服务中心"专栏，在栏目设置、内容组织和页面设计等方面都着力体现"以人为本"、"以服务为中心"和为行政相对人提供最大便利的目标理念。在扩展网站服务功能方面，为满足社会公众对药品生产企业和相关产品信息的需求，建设基础数据库。SFDA

网站建立了数据交换整合平台和信息查询引擎，通过数据交换平台连接、整合现有软件平台、数据库和应用系统，将信息从各个分散的系统抽取出来，进行清洗、整理、加工，通过门户网站呈现。通过内容管理技术以及数据交换平台的建立，使得分布在各个业务系统的政务资源得以有机整合，为实现信息共享打下基础。

青岛市政府门户网站（www. qingdao. gov. cn）以网站建设为龙头，以集约化模式为基础，以资源整合为动力，以决策协调督查三结合为保障，不断扩展和完善网上政府公共服务体系。"十五"期间，青岛市先后实施了三期电子政务工程，探索形成了以统一机构、统一规划、统一网络、统一软件、分级管理的"四统一分"管理体制，统一建网、全市共用的 GNSP 网络运管模式，集中资源、全市共享的 GASP 应用模式为主要内容的集约化电子政务发展模式。2005 年上半年，青岛市政府决定，依托政府门户网站和一网式协作办公系统，建设全市统一的网上审批平台，以 GASP 方式为各部门构建网上审批受理和流程控制系统。经过近一年的努力，包括网上申请受理、流程管理、电子监察三大系统的网上审批平台建设完成并投入试运行。2005 年 11 月开始进行网上审批应用试点。截至2006 年 9 月，全市 65 个审批主体 349 项行政许可事项的办事指南已全部上网发布，其中 224 项可进行表单下载，120 项可在线填报，55 项可实现内部流转。青岛市计划用两到三年时间，基本实现行政许可事项信息发布、受理登记、内部流转、结果反馈和监督考核等环节的网络化；推进市、区（市）两级联动办理和跨部门联合办理，整合政府管理和服务，实现网络环境下"一体化政府"和"一站式服务"的目标。

（三）公众参与功能

电子政务建设，为社会公众参与公共治理提供了更多的便捷渠道。通过政府门户网站，政府能够加强与社会公众的沟通交流和民意征集，让社会公众更大范围地参政议政，确保社会公众有效行使参与权和监督权。

（1）公众参与功能，主要是按照执政为民，科学决策、民主决策的要求，提供社会公众与政府交流互动的渠道，包括三方面的内容：一是就政策制定引导公众进行参与，为政府制定科学、合理、公正的公共政策提供决策参考；二是就经济和社会发展中的各种热点问题、政府工作、重大事件处理等征集公众意见建议，答复公众投诉咨询；三是接受公众对政府行政和服务绩效的监督评议，促进政府职能转变与提高绩效。

（2）公众参与的内容要与政府实际工作相结合，保证公众意见和建议真正对改进政府工作产生作用。及时、有效地处理和反馈是确保公众参与功能实现的关键。对社会公众提出的合理化建议的采纳，对投诉意见和反映问题的及时解决，是服务型政府的重要体现。对公众意见建议的处理和反馈的及时程度，反映的是政府的责任性。

（3）公众参与的渠道，可以采用领导信箱、公众留言、在线访谈、调查评议等多种形式，引导社会公众参与政府公共管理过程。

领导信箱是目前政府门户网站建设中较常见的公众参与栏目形式。截至2006年9月，在72个国务院部门网站中有33个开通了领导邮箱，占45.8%；31个省区市中有28个开通了领导邮箱，占87.5%。如何处理大量的信件，确保后台及时有效的支撑是领导信箱建设的关键。在具体操作上，需要明确责任部门和工作职责，及时办理和答复公众来信，公开各级政府和部门信件回复情况。

公众留言是政府网站互动栏目形式中较为便捷的一种公众参与方式。据统计，在72个国务院部门中，有30个开通留言论坛，占41.7%；在31个省区市中，有19个开通留言论坛，占59%。各地区、各部门政府网站开办留言论坛的主要用途，一是接受社会公众咨询、投诉、举报；二是就法律、法规、政策出台征求社会公众的意见、建议；三是征集在线访谈问题和其他用途。关键要素包括：征集留言的主题选择要紧密围绕政府工作和社会公众需求；同时注意调动部门积极性，整合部门资源；征集到的意见、建议应及时送交相关部门作为决策参考依据。

在线访谈是政府领导与社会公众直接进行沟通交流的渠道。关键要素包括：一是要提前确定并公布访谈时间表，便于公众参与；二是拟定访谈主题和提纲，便于政府领导和工作人员准备相关内容和素材；三是要实现在线的文字和视频播发；四是访谈后的汇总。

网上调查，技术手段包括电子投票系统、电子问卷等。关键要素包括：主题的选择必须结合政府职能和业务特点；调查问卷的设计要简单明确、容易理解、具有代表性和针对性；通过统计分析为决策提供支持。

（4）案例介绍。北京市政府门户网站"首都之窗"（www.beijing.gov.cn）

从 1998 年建站起，首先推出"市长信箱"；2003 年又启动"社情民意平台"，从政府议题发布、公众意见收集、数据分析、民意上传等环节形成了一条链；2005 年，又进一步推出"北京市政风行风热线"。热线的建立使首都之窗的公众参与发生了质的飞跃，实现了政府与公众的直接交流。热线内容包括"留言板与反馈栏"和"走进直播间"两部分。热线开通一年多以来，共收到网民来信 46510 封，平均日来信 120 余封；信件回复办结率达到 100%；共计 6773 位网民参与了满意度调查，有 4506 位网民对信件办理质量表示满意，满意率达到 66.5%。栏目总点击量超过 1.3 亿人次，浏览量平均每天达到 68985 人次。共计举办 54 期直播，共有 36 个部门参与，257 位嘉宾走进直播间，7436 位网民在线参与，提出问题 7603 个，政府部门解答问题 1891 个。市民对"热线"的认可程度日益提高。热线将处理过程公开透明，将行政资源和信息化资源有效结合，通过网络技术整合全市纠风工作资源，建立起纵向、遍及全市 74 个单位的日常纠风网络，各级纠风部门通过同一个工作平台受理网民投诉和咨询。通过利用纠风办的行政资源，将网站公众参与功能与纠风工作有机结合起来，使首都之窗的公众参与功能提升了一个新的层次。

三　政府门户网站建设与运行管理

（一）网站建设与运行管理的组织保障

政府门户网站的建设和管理不仅涉及信息技术的应用和系统创新，而且跨越多个政府部门，将会涉及政府部门职能、业务分工和利益调整。在全国或者本级政府范围内顺利推进门户网站技术规范，规范政务信息发布和办事服务流程，协调和整合跨部门公共服务，其协调工作量非常大，甚至还会遇到政府改革、机构设置、业务重组、流程再造等体制层面的问题。因此，政府门户网站的业务协调和工程建设，需要强有力的组织保障。在建设和管理过程中，必须要有专门的、垄断性的组织机构，实施强有力的组织领导，否则涉及各部门的工作难以推动，规范无法统一，资源难以共享。就现实的行政体制而言，各级政府办公厅（室），具有综合协调、联系各方的职能，在推进政府门户网站和电子政务建设过程中，由本级政府的办公厅（室）牵头组织，有利于业务协调与资源整合，再加上政府行政领导的直接关心和推动，容易在行政体系内的职能部门和一线政府工作人员中达成广泛的共识，从而推动政府门户网站服务内容和形式的创新与发展。

（二）政府门户网站的内容保障

政府门户网站的内容保障，包括信息和服务资源的采集、编审、分类、发布、共享等环节。内容保障主要依靠各级政府和业务部门，要逐步建立在政府部门间合理的信息保障分工负责和协作制度，在信息保障方式上主要有报送、抓取、链接和共建等。在实践过程中，以栏目共建为基础的子网站建设模式取得了较好的成效，商务部"单位建站，网站组栏"就是其中的成功范例。商务部网站自建设以来，充分发挥各业务单位的积极性，使网站工作真正融入到业务工作之中，由少数人办站变成各单位共同办站。部机关 30 个司局、16 个特派员办事处、207 个驻外经商机构、31 个省区市商务主管部门都可以在商务部网站群这一平台上发布相关商务信息。通过统一网站平台的建设，使得各个部门拥有独立的信息发布与提供服务的窗口，实现了各部门政务工作与网站工作的有机结合。

政府门户网站的内容保障，重点是机制建设。一是信息保障和发布的机制，明确各级政府和政府部门必须公开的信息及公开的渠道。二是网上服务的机制，建立行政事项在线受理制度，规范和优化行政事项流程，促进各部门将行政服务事项上网，保证对用户的网上申请进行及时处理。三是建立公众参与处理反馈制度，政府网站负责接受公众意见建议，后台各部门必须及时处理并进行反馈。四是建立绩效评估制度，加强督促引导，定期将所涉及部门的信息公开程度、在线办事能力、公众参与效果进行考评，建立合理的激励机制。

（三）经费保障

目前，政府门户网站和电子政务建设费用通常是纳入基本建设投资支出，作为一次性开支。当政府门户网站由工程建设转入常态化的运行维护阶段后，内容组织保障、技术系统升级、后台资源整合和服务项目开拓等将成为日常性的工作，需要较为稳定的工作经费支持。在现行财政体制下，相当多数的地方或部门很难将网站或其他信息化项目的维护经费在日常财政预算中列支，只能占用其他项目资金，或再次以其他名目申请新建项目资金，从而造成"重建设、轻管理，重开发、轻应用"的现象。因此，在今后的发展中，统筹考虑建设和维护经费支持，是确保政府门户网站服务能力提升的重要保障。

（四）网站服务工作绩效评估

在政府门户网站建设和管理中引入绩效评估机制，将网站信息维护和网上服务开展逐步纳入各级政府机关目标考核，加强督促检查，是发挥各级政府利用政府网站提升公务服务能力积极性的有力手段。工作绩效评估可以考虑将公众服务结果作为绩效评价体系的主要内容，重点放在栏目访问量、用户覆盖面、内容满意度、服务认同度等指标方面，建立起持久改进的激励机制，以此激励各级政府部门的建设自觉性。在具体的操作上，可由政府网站主管部门和第三方中介组织联合设定政府门户网站评价指标体系，开展各级政府门户网站的评比。各级政府门户网站新上项目都可经由第三方中介进行评估，评比结果作为各级政府的考评依据。

四　未来政府门户网站与电子政务服务发展趋势

经过二十多年的行政体制改革，我国政府职能正由管理型向服务型转变。随着市场经济体制的确立和完善，政府管理体制的改革和创新将是一项长期任务，政府职能的转变，行政效能的提高，公共服务的改进和政府机构设置的完善必将是一个渐进式的过程。政府管理体制改革创新的长期性和艰巨性，也对我国的电子政务建设提出了更高的要求。不仅需要电子政务建设随着行政管理体制改革的推进不断完善，同时也期望电子政务建设为改革和创新提供新的动力。作为我国电子政务建设重要内容的政府门户网站建设，在扮演政府和社会公众之间的联系桥梁角色的同时，也将处于体制改革和社会公众关注的"风口浪尖"之上。未来，政府网站建设与电子政务服务将呈现以下几方面的发展趋势。

（一）以人为本，由偏重政府自我服务向注重公共服务转变

政府门户网站以服务公众为中心，是建设服务型政府的内在要求，也是网站自身发展的必然要求。为建设公众满意的政府门户，彻底消除政府"门难进、脸难看、事难办"的现象，各级政府必须进一步解放思想，换位思考，牢固树

立以人为本的科学发展观，树立"用户中心"意识，建立"以服务为中心"的原则。初期的政府门户网站和电子政务建设，很多是以政府领导、政府机关为中心，偏重为政府自身服务。以政府和政府部门为中心的网站设计思路，不但难以提升政府的管理和服务水平，而且损坏了政府自身的管理能力和服务效果。目前我国政府门户网站普遍存在用户使用率低、用户满意度低的现象，要解决好这个问题，必须树立"以服务公众为中心"的意识，做好用户的需求分析。

用户需求是政府门户网站可持续发展的动力，用户满意是门户网站的落脚点，是维持政府门户网站生命力的保障，对用户需要的把握是保证用户满意度的基础。因此，用户需求既是政府门户网站建设的出发点，也是落脚点。如果公众通过政府门户网站能够方便享受政务信息服务，能够快捷办理办事服务，自然关心网站的建设和发展，积极主动地配合推动服务型政府的形成，从政府系统外部为行政管理体制创新和政府管理改革提供一定的支持。

（二）由政府信息上网转向政府服务性业务上网

与传统实体政府相比，政府门户网站取代了窗口式和部门式的政务信息服务方式。目前，我国的政府网站在发展阶段上，处于单向的信息发布向网上信息交互过渡的阶段，政府网站的公共服务多体现为发布法律法规、政府文件，提供办事指南、表格下载。随着电子政务的发展，社会公众对于政府公共服务的期望值在不断提高，不仅要求在线服务的数量，而且要求在线办事服务的质量（包括办事服务的方式、程序等）相应地提高。社会公众期望在任何时间、任何地点，都能以多种渠道获取自己所期望的办事服务。在发展趋势上，表现为由政府信息上网逐步转化为政府服务性业务上网，用户不仅可以从政府网站下载表格，还可以在网上进行相关的流程操作，进行在线事务处理。

（三）以核心业务和资源整合为主线，推进"一站式"服务

政府门户网站要以整合资源尤其是跨部门、跨区域资源为重点，通过门户建设，促进地区跨部门、跨区域的电子政务应用，切切实实发挥"门户"的功能，为社会公众提供"一站式"、"一窗式"的信息和服务。政府门户网站的建设重点是内容建设，门户内容需要相关政府部门的协同共建，协同共建的基础是信息资源共享体系。政府门户网站可作为整合政府部门可公开资源的纽带，各级政府

要加快建设政府网站信息资源共享目录体系，根据法律规定和为社会提供公共服务的需要，明确相关政府部门信息资源共享的内容、方式和责任，形成政府门户网站信息资源整合共享、共同维护的规定或制度，彻底解决政府门户网站资源匮乏、维护不力的局面。

（四）推进普遍服务，由服务网民转向服务全体公众

互联网已对我国经济和社会发展产生了巨大的影响，中国互联网络信息中心的最新统计显示，截至 2006 年 6 月 30 日，我国网民人数超过了 1.2 亿，网民平均每周上网 16.5 小时，其中，两亿中小学生中上网人数已达 3000 万。互联网正在成为我国公民，尤其是新一代公民的基本生活方式。但同时，我们也应看到，当前我国电子政务的建设基本上依赖于互联网和计算机，借助电话、电视等其他渠道的电子政务开发相对滞后，就服务对象来看，仍有大多数人接触不到互联网。依赖于互联网的电子政务仍存在相当的局限性。在发展电子政务时，既要看到信息化对政府公共服务的改善，同时也需要重视"数字鸿沟"带来的负面效应，既要注意解决电子政务服务内容的问题，也要重视电子政务服务渠道问题。

为统筹城乡发展和区域协调发展，缩小"数字鸿沟"，要在电子政务的基础上大力发展社会信息化，实现电子政务与社会信息化的融合，通过社会信息化将政府公共服务提供给偏远地区人群和特别需要政府关注的人群，提高公共服务的普遍性。政府门户网站需要由服务网民逐步转向服务全体公众。通过技术手段融合、市场机制运用、社会公益力量参与等方式来扩大网站服务对象，延伸网站服务的涵盖范围。对于一般城市用户，可以积极拓展手机、电话、数字电视、呼叫中心、信息亭等多种渠道；对于欠发达城市和农村地区，可以积极发展电话、广播等普通手段，还可以通过人工方式将传统的纸介质或黑板报与信息渠道进行对接，实现普遍服务。

第六章
政企合作推进电子政务服务
进入新阶段

卢朝霞

围绕政府职能转变和构建和谐社会，电子政务建设正在进入以公共服务为主的新阶段。在这一阶段，政府和企业的合作关系将更加紧密，政府应当为企业提供更多参与电子政务公共服务建设的机会，企业应当提高自身素质，提高参与政府事务的能力，通过构建新型政企合作关系，大幅提高电子政务投资效率，有效改善公共服务质量。本章将围绕提高电子政务公共服务能力这一主题，讨论构建和谐政企合作关系的问题。

一 政企合作共同推进电子政务公共服务
正在进入新阶段

推进公共服务，实现政府职能由管理型向服务型转变已经摆上了构建和谐社会、提高社会管理水平的重要位置。2006 年 6 月，温家宝总理在全国电子政务工作会议上指出"加快电子政务建设，推进行政管理体制改革，提高政府工作效率和公共服务水平，为公众参与经济社会活动创造条件"。温总理的话对电子政务建设提出了新的更高要求。推进电子政务公共服务是公众参与经济社会活动最基本的前提，基于此，公众服务将成为今后一个时期电子政务建设的重点内容。

过去的电子政务项目几乎全部由政府投资建设，电子政务工作的重点主要是提高政府监管及内部工作效率，这些项目大多不适合社会投资参与。电子政务公共服务则不同，它面向公众提供服务，其业务面非常广阔，有极大的创新空间也有极大的服务费回收空间，这一特点实际上为电子政务公众服务系统的建设提出了一种新的资金获取模式。通过政府与企业的合作，广泛地调动社会资源、吸收社会投资，将会大大加快公共服务信息化的发展，迎来公共服务高速发展的新时代，让公众更早、更多地得到电子政务公共服务的实惠，促进社会的和谐发展和可持续发展。

二 引导社会力量积极参与电子政务公共
服务建设应成为一项基本政策

动员社会力量参与电子政务公共服务，形成政府主导，社会各界参与，专业公司运营，政府法规管理和社会公众监督的电子政务公众服务运行机制，是加快电子政务公共服务建设，创新社会管理体制，整合社会管理资源，推进政府职能转变，保证电子政务公众服务得以持续发展的一项重要措施，应当成为电子政务建设的一项基本政策。

政府与企业合作推动电子政务公共服务建设的有效性来自于双方的优势互补以及电子政务公共服务巨大的发展空间。

从政府的角度看，政府在推动电子政务公共服务建设中经常碰到的难题有以下几点。

1. 政府资金不足

尽管经济发展使各地财政状况有很大改观，电子政务公共服务的投入有所增加，但毕竟政府财力有限，要做的事情太多，公共服务可投入资金还是普遍不足。

2. 行政机制难以为公共服务创新提供有效激励

政府的经费与项目管理模式适合于开展稳定的、成熟的规范业务，缺少对创新的激励和对风险的承担，电子政务的公共服务是一个新领域，恰恰需要创新激励与风险承担机制。

3. 政府的组织特性不便于随需扩展

由于编制与管理的需要，政府的组织机构不可能随意扩充、变化。电子政务公共服务是一个新拓展的领域，新服务、新业务需要新组织、新机构，这在政府机构内部很不容易实现，将新业务的运行外包给企业将是十分现实有效的方式。

从企业发展的角度看，企业的进一步发展需要寻找新机会，拓展新空间。目前 IT 产业的发展趋势是制造业在向软件发展，软件业在向服务发展。IT 企业愈发把为用户提供长期稳定信息化专业服务作为长久立身的基础，因而普遍十分重视政府公共服务提供的长久的、可持续的业务机会。政府在推动电子政务公共服务中碰到的问题恰恰是企业可以展示其融资能力、创新能力和组织机构因需而变的灵活性的空间，政府与企业的合作将成为一种优势互补，对于加快电子政务公共服务的建设有着重要的意义。

三 政府与企业合作推动公共服务已成为
发达国家电子政务的普遍方式

以"混合经济"的模式推动电子公共服务是发达国家早已提倡的模式。克林顿政府在建立国家公共信息基础设施（NII）的报告中就强调在信息基础设施建设中吸引社会投资的重要性。在英国 2000 年 9 月发布的《21 世纪的电子政务服务》中清楚地描绘了建立吸收私人企业和社会团体参与电子服务市场的重要性。[①] 这一新的混合经济市场将有利于促进电子政务服务中的竞争，有利于改进服务质量、降低成本并能够鼓励创新，带动新的以公众为中心的服务。

政府、企业合作共推电子政务公共服务成功的案例很多，典型的例子如美国亚里桑那州的汽车驾照的发放系统，[②] 州交通局将该系统完全外包给 IBM 公司，政府不出钱，系统建设直至建设后的运营维护全部由 IBM 公司出资，IBM 公司从驾照发放中收取一美元费用。新系统使得居民办理驾照平均等待时间由 45 分钟降至 3 分钟，州政府为每一驾照办理付出的费用由 6.6 美元降至 1.6 美元。这一系统很好地实现了政府、企业、公众的三满意。

香港特区政府的公共服务网站也是一个很好的例子，[③] 特区政府网站有两个

---

① 章祥苏、杜链：《电子政务及其战略规划》，附录 D，科学出版社，2004。
② 周宏仁、唐铁汉主编《电子政务知识读本》，国家行政学院出版社，2002，第 156 页。
③ 胡小明：《香港政府信息化公共服务对深圳的启示》，《深圳信息界》2006 年第 4 期。

服务平台，其一是政府资讯平台，由政府自己来做，其二是公共服务平台则通过招标，外包给企业完成。政府提出的条件是该平台在完成230万次电子交易后，政府将按每一交易5.5港元付费并支付每月4万港币的管理费。该系统做得非常成功，方案一出台就获得斯德哥尔摩科技挑战奖，到2006年4月已完成1150万次交易，日浏览数逾50万次，也成为一个政府、企业、公众三满意的系统。

在我国同样出现了政企合作推进公共服务的尝试，例如在医疗保险系统中，医院端系统常采用专业公司维护的方式来保证医疗保险系统实时性的要求；在有的地方还出现了免费为医院提供软件，依靠对医院系统收取相对较低的服务费的方式来保证系统的正常运行，这种做法一方面减少了政府和医院对计算机专业人员的需求，保证了系统的正常运行，另一方面也减轻了医院的一次性投资，同时使企业获得了稳定的收入来源。又如，在社会保险信息查询服务中，社会保险经办机构提供社保信息，企业提供短信查询服务平台，通过合作，方便了公众，企业也获得了相应的回报，做到了政府、企业和公众的三满意。

政府与企业合作共推电子政务的公共服务还存在着很多困难，会出现这样那样的问题，需要政府提高对这种政企合作模式的政策管理水平，也需要企业提高对合作模式的认识，从长远看，政府和企业共同建设电子政务公众服务的前景是十分广阔的。

四　鼓励企业参与电子政务公共服务的建议

鼓励企业和其他社会力量参与电子政务公共服务建设对多数政府部门还是个新事物，政府部门不仅需要在思想上有所准备，而且在政策上、管理制度上都应当早做准备，以利于政企合作公共服务的健康发展。

（1）政府应当认识到，动员企业与社会团体的力量投入电子政务公共服务是加快电子政务公共服务发展、提高公共服务质量的重要措施。重要的并不是谁投资而在于公共服务能否让公众受益，让公众真正受益的服务越多、公众越满意、社会就越和谐。

（2）政府要支持企业发展。企业越发展、电子政务的公共服务就会越持久，服务质量才能不断提高。企业需要通过技术、知识、创新在服务中创造利润，政府应支持与维护企业的合理利润，以促成政府、企业、公众三满意的局面。

（3）政府支持企业最重要的措施是维护信用。要维护市场的信用，政府应带头讲求自身信用。信用良好的外部环境能够提高未来利益的可预见性，使企业敢于投资，敢于合作，电子政务公共服务也会因企业的积极参与而倍添活力。

（4）给更多的企业以参与机会，维护市场的公平竞争。电子政务公共服务对企业是一个重要的市场机会，政府应当注意创造机会的公平。香港特区政府对政府与企业的外包合作规定了年限，不允许一家企业把持这种政府名义的公共服务时间过长，时限一到就需要重新招标更换合作企业。这些规定主要用以防止政企合作中的不公平行为，也有利于保持电子政务公共服务中的竞争压力，促进服务质量的持续提升。

（5）在电子政务公众服务建设中继续推动软件企业做大做强，特别是对于重点软件企业，在推进政企共建电子政务的初期，要充分利用重点软件业务的经济实力和信誉，给予积极的政策支持，调动和发挥他们在电子政务公众服务领域里的积极性和创造性，在促进电子政务快速发展的同时推动国家软件产业进一步壮大。

五　企业应做好准备，迎接电子政务公共服务中的新机会

电子政务公共服务对 IT 企业是重要的发展机会，电子政务服务是面向大众的服务，不可能成为暴利行业。但公共服务是一种稳定的、可持续的服务，能够成为企业长久生存发展的支柱，这对于 IT 企业特别是软件、服务类企业是非常重要的，企业要利用这种机会求得更稳健的发展，应做好各方面的准备。

1. 经营理念应有长远眼光

IT 企业要做好电子政务公共服务一定要有长远的眼光，要通过自己的技术优势、知识优势在公共服务中创新，在为社会创造更大价值的同时，创造自己的利润，企业的利润必须要从服务改进创新中来。有些企业想的不是从业务改进与创新中实现利润，而希望依赖行政垄断、政府特殊关照来获利，这是一种错误的意识，其业务既不能发展更不能持久。

2. 企业要注重积累电子政务建设与服务中的知识与技术优势

提升专业水平才能适应电子政务公共服务市场的竞争。企业的竞争优势是通

过专业化的技术、知识、经验积累机制来实现的。沈阳东软在社保电子政务领域中能够占有国内一半以上的市场，与东软在这一领域中长期积累业务知识与经验、提升专业化服务水平密切相关，良好的知识财富积累机制是企业提升竞争力的关键。

3. 以专业化的服务能力促进不同地区、不同行业电子政务服务水平的提高

专业化的业务方向不仅有利于企业积累该行业的技术业务知识与经验，而且有利于推广该行业先进技术的普及，促进行业内的电子政务公共服务水平的提高。能够提供多种专业化公共服务的企业将是知识与技术交流的中介，将有利于提高合作部门的服务质量并降低成本，这样的企业由于能够满足政府与社会的多重需求将会备受欢迎。

第七章
无处不在的网络与无处不在的
电子政务服务

宁家骏

随着宽带网络和无线上网等基础设施环境的不断发展，人们对"无处不在（u-ubiquitous）的网络"一词已不再陌生。无处不在的网络正逐步深入到人们的日常生活中，正逐渐影响全球信息技术发展方向，也必然影响到我国的信息化建设和电子政务发展。如果说电子（e）时代主要侧重技术发展的话，U 时代则更关注实际应用，其充分满足用户需求，即最大限度地满足广大公众随时随地获取信息、处理信息的需求，方便、廉价地交换和共享信息，打造一个全新的服务型信息社会。近年来，业界学者纷纷在提出了拓展的"5U"战略，所谓"5U"是指 unite（融合）、universal（普及）、user（用户）、unique（独特）支撑的 ubiquitous（无处不在）。2006 年公布的国家信息化发展战略已经把重视 IT 基础设施建设转向了重视促进应用，在电子政务中也把流程再造、为民服务、政务信息开发作为核心。

"无处不在的网络"理念对我国正在飞速发展的信息化和电子政务建设意义重大。一方面，我国已有 4 亿手机用户，1.37 亿网民，在电信规模上已成为世界第一大国，各类信息技术推广与普及发展势头迅猛。另一方面，我国一批重大电子政务工程正在推进，急需网络环境的支撑。本章重点讨论并提出当前我国应当逐渐推广无处不在的模式，重视 U 时代中国电子政务建设面临的挑战和机遇，研究 U 战略在电子政务中的应用和实践。

一 无处不在的网络环境是一个创新与融合的理念

无处不在的网络一词最早出现在美国，后来被日本、韩国等业界进行了延伸。最初，无处不在的网络发展重点是从窄带（低速、小容量）基础设施向宽带（高速、大容量）基础设施的转移，目的是促进无处不在的网络基础设施的发展，使任何人都能在任何时间方便地上网。无处不在的网络提出的三个基础设施是：①宽带整合网络；②无处不在的传感网络；③IPv6（因特网协议版本6）。实施 U 战略要从三个方面推进：无处不在的网络；无处不在的应用；无处不在的安全。在无处不在的网络社会中，网络在生活与社会的各个方面都得到了充分的使用，这是因为用户希望更好地连接的普遍愿望推动着网络的普及。在这样的社会中，新的价值，即实现用户的期望和解决社会问题，被一个接一个地创造出来。

进入 21 世纪以来，一些发达国家先后把 U 战略提升到国家信息化战略的高度，提出了信息化面临从 e（电子）战略向 U 战略转变的观念。一些国家开始制定关于 U 战略的国家发展规划，日本和韩国是具有代表性的国家。早在 2004 年 5 月，日本总务省就提出了 U-Japan 的构想，并计划到 2006 年年底，日本国家信息化战略完成从 e-Japan 向 U-Japan 的转折。"无处不在的网络"成功替代 e-Japan（电子日本）战略，成为日本下一阶段的国家 IT 发展战略，简称"U-Japan"。韩国于 2004 年推出了 IT839 战略，目的是建立 U-Korea 社会。

经过数年的探索，U 战略正在成为全球信息化的普遍共识，无处不在的网络社会将使任何人都有可能在任何时间和任何地点，通过客户友好的设备和服务，方便、廉价地交换和共享大量信息。一般认为，现在涌现出来的各种新技术如环境智能、普适计算、网格计算、移动计算等，都可以纳入无处不在的网络范畴。例如，1999 年兴起的手机上网服务、无线 LAN 和蓝牙等技术，使得无处不在的网络更加丰富，满足了用户可以随时随地上网的需求。

WiMAX、Wi-Fi、3G 都是无处不在的网络社会中的重要技术组成部分。但是，构筑无处不在的网络不光要有这些无线网络技术，主要还要依托包括 ADSL、FTTH 这样的宽带网，数字化放送网，ITS 这样的移动网以及电子标签、射频网络这样的实物网络。这些网络相互串联，给用户提供更有效的服务。

RFID 以及射频网络是无处不在的网络社会的重要组成部分，对单一物品，只要运用该技术，即便在远距离也能用读取器将物品的信息读取出来。电子标签和数字式家电等技术使人与人、人与物、甚至物与物都能紧密地联在一起。电子标签系在牛肉上，消费者就能知道该牛肉产于何时、何地、由谁加工的、几时摆上货架的，除了使消费者放心购买外，还可以及时提醒冰箱里的牛肉消费期限，并及时报警。这样，人类信息获取或传递都不只局限在电脑前。"随时随地上网"的IT 利用环境就是无处不在的网络社会，这种变革将信息化、网络化推向了新的阶段。

电子政务一般是借助电脑在工作，而在无处不在的网络社会可以不分时间、地点，随时通过网络更有效地进行电子政务活动。因此，无处不在的网络不仅有有线网络，还有无线网络，如移动网络和无线局域网（LAN）、数字化广播系统和传输网络，并通过 ITS（智能传输系统）提高传输的安全性和方便性。另外还要开发实物网络。简言之，无处不在的网络是一个宽泛的概念，其内涵可能不仅局限于上述内容。重要的是营造一个真正在任何地方都能接入网络的环境，开发不同的平台，使无处不在的网络成为应用依托的支撑环境。

二 无处不在的网络为实现数字民主创造了环境

首先，从本质上，电子政务的 U 时代反映了当今社会对数字民主的诉求。选择、竞争、多样化、平等机会、自由表达、公平接入、自主决定，这些都是数字时代对我们的政务系统产生影响的基本价值要素。电子政务必须与满足公民和社区需求环境相适应，反映我们社会的多样性，使我们大家都能分享改革开放和信息化带来的成果。同时面对 21 世纪初头 20 年这个重要战略发展机遇期和构建和谐社会的重大任务，必须采取更加开放、公平的方式来处理社会发展中新出现的各种问题。必须开发出一批适应新形势的服务水平较高的电子政务系统，充分利用无处不在的网络环境，使得社区及其公众能够有权利和能够直接参与满足公共需求的政府决策过程。

新时代构建和谐社会，包括了要充分利用政府为主体投资的基础网络环境，特别是充分利用互联网保障广大公众的数字民主权利，这些权利包括以下几个方面。

1. "无歧视通信"和"享受数字普遍服务"的权利

所有公民都有权享受无处不在的网络服务，要让低收入人群、农村居民、偏远地区居民都能享受同样的网络服务。按照普惠制的思路，应用因特网，可以使任一方向另一方发送信息。这个原则也应推广到无处不在的网络环境之中，使广大公众可以通过任何终端设备，享受信息服务和数据传输通信。政府部门应该支持让他们利用各种终端以多种方式共享各类政务信息，接受政务服务。

2. 依法发展社区网络的权利

随着通信技术的进步和通信能力的提高（例如把更完善的数字电缆系统接入家庭），社区网络应该得到更加迅速的发展，信息应该更加丰富和及时，服务也应更好，收费应该更加低廉。在城市，这个问题愈益引起人们的重视。

3. "享受数字电视利益"和"频谱共享"的权利

要利用无处不在的网络环境，为公众能够平等地享用新技术和公共资源创造便利。正在普及的数字电视将使电视台即时编辑节目的能力大大提高，必须将主要内容用于公共服务（例如教育、就业指导与培训、社会保障、社区医疗与保健等），同时创新服务模式和服务内容。政府管制的数字广播电视通过频带拍卖得到的收入，应转移用于支持公共服务。

4. 网上隐私权受保护的权利

对无处不在的网络下的信息交流和传输，需要有保护措施来保护信息安全，包括保护公民信息的隐私权。

5. 设备独立的权利

应使用户能以他们认为合适的任何方式使用自己的终端设备访问网络。网络服务供应商要最大限度地降低用户使用网络的费用，降低使用门槛，把用户从复杂的设备购置和配置中解脱出来。

6. 自由使用软件的权利

版权保护和相关的数字权限管理手段以及接入控制技术，不能妨碍公平使用和公民的合法权利，特别是政务信息资源及其开发后形成的信息产品，要尽量成为广大公众可以免费或低价浏览、查询及应用的服务。要在版权法的限制之外，严格控制政务信息资源及其开发产品版权持有者的权力范围，在政府部门、开发者和公民的权利之间达成公平有效的平衡。

7. 使用公共虚拟空间的权利

正像我们在现实世界中建立公共空间一样（例如公园、沙滩、城市空地），也要保护广大公众建立非商业性网上公共论坛的空间，同时制定规范和法规，加强管理，避免舆情偏激和误导。

三　依托无处不在的网络环境，创新电子政务的"U 模式"

创新无处不在。从 2002 年开始，各部门、各地方纷纷围绕机制创新、体制创新、观念创新和工程技术创新进行了大量的研究和探索，并在电子政务实践中取得了一些成效。笔者认为，创新电子政务的"U 模式"，主要是指用户只需借助互联网以及其他多种终端服务模式，就可完成对政务公开信息的查询、浏览，享用政务部门提供的各种政务服务。基于互联网的电子政务方式，相当于把每一部手机、小灵通、固定电话、电视和计算机都变成随身"电子政务终端"，进一步推进了电子政务的无处不在。实现"服务无处不在，无需东奔西跑"，令广大公众充分享受"及时、便捷和丰富"的电子政务服务所带来的方便体验，真正为快节奏的现代社会广大公众带来全新的服务方式。最近几年出现了一批具有典型意义的成功案例。

（一）利用互联网推进电子政务公共服务的济源模式

济源市大胆探索，积极创新，通过技术集成创新，基于互联网构建了安全的电子政务平台，探索出了一条电子政务建设的新路子。

2002 年 11 月，济源市民史文波打开了济源市刚刚开通不久的政府网站"济源之窗"，或许是心存希望，或许就是一次不经意地试验，史文波给时任济源市市长的周春艳发了一封电子邮件，建议加强对该市某广场的管理，改变其脏乱差的状况，使广场真正成为老百姓休闲的地方。令史文波意想不到的是，他的建议很快变成了管理办法，不久广场面貌焕然一新。如今，像史文波一样能与市领导直接聊天对话的济源市民越来越多，只要你有问，官员就必答。如今，展现在我们面前的是一个崭新的"数字济源"，这个地处中原西北地区的地级市正在因其"电子政务"的普及开展而引起关注，他们的工作因为主要基于互联网被人们称为适应电子政务发展趋势的开创性的"济源模式"。这种模式形成了如下几个特色。

1. 构筑便民公共服务体系

在济源行政许可便民服务中心，有涉及百姓生活近30家行政许可单位会聚于此，各单位之间通过互联网实现信息共享，老百姓在一个窗口就能把事情办妥。过去办理民办教育证、项目建议书、民办非企业证、机构代码证等证件没有半年或几个月根本不行，如今在网上办理，一周内就可全部办妥，效率非常高。网上审批系统的运行，创新了行政审批的方式，增加了审批过程的透明度，对内提高办公效率，对外更加方便群众。便民、规范、廉洁、高效，已成为当地老百姓对行政许可便民服务中心的共同感受。

2. 构筑高效行政管理体系

济源市作为河南省直属管理的地市，每天要召开大量的会议，要进行大量的公文交换。过去虽然60%的政务部门建有局域网，但由于没有统一的电子政务网络平台，各个部门之间不能实现互联互通，资源不能共享。建立统一平台后，有效地整合各种信息资源，方便各级部门的使用。原来政府下发的文件，各乡镇每周二、周五下午都要派人来取，像王屋山等山区乡镇距市政府近70公里的山路，每周都要下来两次专门拿文件，几乎要固定一辆车、一个司机、一个文秘人员，并且遇到雨雪天气，还不能下来，给工作带来不便。现在办公人员每天动动鼠标，看看系统就可以完成公文的传送、分发，大大节省了人员、车辆和时间，提高了办公效率。

3. 构筑公众监督体系

截止到2006年10月，济源市12345便民热线从2003年9月1日开通以来，共接到群众反映问题的有效电话26.6万余个，成功转办率达50%以上。市民向便民热线反映的渠道有三种：电话、互联网、手机短信，内容涉及人民群众生产、生活领域内的咨询、投诉、求助和建议等方面的问题。这些问题绝大多数得到了解决、答复和解释。济源的经验充分表明U战略完全可以用于推动我国的电子政务建设。济源的经验可以总结为：以实际应用为导向，以互联网为依托，以信息安全为保障，以资源整合为手段，以体制创新为动力，以便民高效为目标。这就是在信息化建设和发展的过程中，济源人根据本地的实际情况探索出的"济源模式"。

（二）利用互联网构建农民信息服务网的陕西模式

基于无处不在的网络，可以助推社会主义新农村建设。新农村信息服务系统是国家电子政务建设的重点之一，是政府为农村提供服务的窗口。

从 2005 年下半年开始，陕西全省已建立起 11 个市区 104 个县级电子农务信息服务中心，并在 566 个乡镇建起了电子农务、农业信息服务站，向农民提供 6 大类 123 个栏目的农村信息服务，基本形成了省市县乡四级联动的电子农用推广服务网络。2006 年元月，省政府专门发出通知，指导全省的电子农务工作。紧接着省农业厅与联通陕西分公司以会议方式推广两家在澄城和大荔的成功经验，连通接入各乡镇网络线路 556 条，组织了培训信息员 7000 多人次，建立了拥有农业专家 1000 多人的电子农务专家库，涉及种、养、储运及经营等行业，农民只需通过手机短信或声讯便可与专家沟通，得到方便及时的服务。据不完全统计，全省农村电子农用服务网络已发展用户 45 万户，促成农产品交易上千宗，实现交易额超过 10 亿元，受益农民上百万人。

一些市县还使乡镇政务中心和市政务中心联网，实现网上传输，缩短中间传送资料的时间。不少村镇，40% 以上的村民已经学会上网，能够在新农村信息网上发布农产品销售、大型机械租赁、招商引资、旅游宣传等信息，提高了村里的知名度，增加了村民收入。这些新农村信息服务系统所依托的就是"市有中心、乡镇有站、农村有点"的三级信息服务网络平台。新农村信息服务系统建立有农业科技、涉农专家、政策法规三大资源库，能够连接市、乡镇、村、企业、种养大户的信息员网络，面向"三农"，开辟了免费信息服务渠道，搭建了农村政务互动平台，是农业发展、农民致富的好帮手，是加快社会主义新农村建设的助推器。

（三）利用互联网构建电子政务平台的南宁模式

南宁市近年来不仅抓紧了政务网络平台的建设，同时也更加注重网络的应用。如果想查看图书馆资料，你不必去图书馆；如果想知道马山黑山羊的原产地和价格，你也不用去马山县跑一趟。决定这一变化的，是南宁市电子政务网络平台的建设和不断升级。目前南宁电子政务网络平台已接入 98% 的政务部门，汇集全市 80 多个政府部门及 6 县 6 城区主要机构的信息资源，在工业、农业、教育、社保、交通等十多个领域，提供了986项办事信息服务。近年来，南宁市已完成了电子政务一、二期工程。基本建成了政务网络平台、网上政务服务平台、数据共享与交换平台、政务信息发布系统、政务资源库、政府公共信息服务呼叫中心、中国－东盟博览会客服中心、市长热线等一批电子政务项目。政府门户网站共接入全市12个县区及市属各委、办、局二级网站82个，实现"一站式"网上为民服务，成为市民了解政务信息、办理有关事项的网上窗口。南宁市电子政务网提供986项办事及信息服务项目。这些服务包括行政审批、工商办理、政府招标等政务服务；住房公积金查询、社保查询、医保查询、违章车辆查询等网上查询服务以及网上投诉服务等。特别是针对广西和南宁面向建立东盟自由贸易区开放的需求，新建了"服务导航"、"行政许可证"等21个特色专栏，开设了"三会一节"信息服务网、食品安全监控网等系列专题网站，极大地方便了客商、市民、企业、旅游者快速准确地查找需要的信息，并在历年东盟贸易博览会上提供无处不在的信息服务，使客商及时获得各项网上政务服务，获得了好评，为南宁招商引资发挥了主要作用，充分体现了无处不在的网络的支撑作用。

以上这些案例仅仅是近几年来涌现出的利用互联网提供无处不在的电子政务服务的典型代表，还有很多其他成功案例这里就不一一列举了。可以说，我国电子政务经过长期的努力探索，正在迎来属于我们的 U 时代。U 战略应该成为我国电子政务的一种创新发展模式，对我们来说，网络的普遍性应该成为普及电子政务应用具有决定性意义的环境要素。

四　推进三网合一，逐步构建与形成无处不在的网络环境

如何用尽可能少的投资，构建无处不在的网络环境，为人们提供包括语音、数据、图像的综合信息服务，必须形成无处不在的综合信息服务网络。可以肯定，"三网合一"将满足这种需要。"三网合一"是指将电视、电话和计算机三种网络融合为一体，一改长期以来电视、电话和数据传输各自成网，处于"三网分离"的状态，以避免重复投资，使网络利用率得到充分发挥。

当前，三网融合的条件更加成熟，主要表现在以下几个方面：一是数字化技术的全面发展，使电话、电视和电脑等"电"家兄弟在数字化大旗下集合在一

起。电话、电视和电脑各有自身的优势和传输体制，有的是模拟的，有的是数字的，有的则是数模兼容。长期以来，它们独立运营，互不相融，但又都汇合于每一个家庭。经过数字化技术处理后，它们可以在同一个网络上进行传输。二是光纤通信技术的发展，为综合传送话音、数据和图像等各种业务信息提供了一条理想的高速率、宽频带的信道。三是电信和广电体制改革的推进，正在为"三网合一"扫除障碍。四是采用可以为三大网共同接受的通信协议，使得在三大网络上传送的各种以协议为基础的业务都能实现互相通达。目前在电子计算机数据网，特别是因特网上广泛使用的 TCP－IP 协议，就是一种通达三网的"绿卡"。此外，计算机软件技术的发展，使得网络所要求的特性和功能可以不必改动硬件就不断变化和升级，都能支持各种业务功能的实现。

在国家信息化发展战略中，已经明确提出，未来五年内，在 IT 业启动一项重大改革："三网合一"。在刚刚公布的"十一五"规划中，首次将"三网融合"这一重大技术动态写入其中："加强宽带通信网、数字电视网和下一代互联网等信息基础设施建设，推进'三网融合'。"这发出了一个重大的政策信号：国家决心打破横亘其中的体制壁垒。虽然只是简单的一句，但对中国电信业的走向却是一个极其重要而敏感的变革征兆。

长期以来，我国电信与广电分水而治，但技术日新月异，产业迅速走向融合，原先的行业壁垒已难以维系。IPTV、手机电视都在潜行，固有体制的羁绊已相当明显。目前我国'三网合一'在技术上已经不成问题，关键是体制分割矛盾如何解决。

五　无处不在的网络，无处不在的信息安全

无处不在的网络将带来最大的网络便利，同时也最容易受攻击，容易引发信息安全事件。无处不在的网络也存在负面问题，包括病毒泛滥、垃圾邮件和网络诈骗等问题。所以，在发展无处不在的网络的同时，还要有效地处理这些负面问题。

安全问题自 1990 年代因特网开始普及以来，一直很突出。无处不在的网络，意味着不可或缺的无处不在的安全，意味着隐私权的保护和防止网络犯罪措施。网络社会将会随着无处不在网络的发展，使这些问题变得更严峻，而且还会有新的问题产生。现在，一方面电子政务的本质特性需要开放和互联，需要利用无处

不在的网络环境，没有网络带来的便利，就无法便捷地提供服务；另一方面无处不在的网络环境能否放心地为人们使用也是十分重要的问题。用户常常对病毒、垃圾邮件、网络诈骗和个人信息的泄漏等深恶痛绝。这给电子政务依托的网络环境带来了严峻的挑战。

在国家信息化发展战略中已经明确了构建信息安全保障体系的任务。不解决好这些被称为"安全和隐私权"的负面问题，就无法保障信息化的健康发展。

在安全和隐私权方面的事件和事故发生时，重要的是"追踪攻击者"。未经授权的侵入就是犯罪，是要依法受到惩罚的。在无处不在的网络环境中，重要的不仅仅是采取适当的防范措施，保护信息网络和用户，而是要形成信息安全和守法的全民氛围，健全法律体系，用户也需要建立起安全共识和社会责任观念，自己采取防范措施，增强对隐私权的保护意识。所以，"安全、隐私权和网络犯罪的预警和防范措施"应当被列为发展无处不在的网络的重点研究领域，以全面防范网络攻击并严惩网络犯罪。

在济源市推行依托互联网建设电子政务系统中，就做到了这一点。该系统已经具备了安全可信的特点。系统通过为移动办公人员配发具有数字证书和加密功能的智能电子钥匙，保证了移动办公的接入安全、传输安全，解决了领导因出差不能处理急务的办公瓶颈，实现了政务工作人员的安全移动办公和贴近式主动服务，使得电子政务办公无处不在，大大提高了政府办公效率和服务质量。"济源模式"最大的特点就在于基于互联网，通过加密技术，既提供电子政务服务，又保证网络安全。在2006年底召开的全国电子政务信息安全试点总结暨现场交流会上，"济源模式"通过了国家电子政务信息安全试点专家组的验证，受到国家有关部门的肯定。所以可以说，无处不在的网络与无处不在的安全并不是对立的，是可以互相促进、共同发展的。

综上所述，从今后我国经济、社会发展来看，构建并利用无处不在的网络环境意义深远。用"U"来取代"e"，虽然只有一字之别，却蕴含了整个战略框架的深刻转变。无处不在就是3"w"——world wide waiting（世界范围都在期待着）；就是 you（你），it is you! 就是强调由你做起。应该说无处不在的信息社会将成为中国信息化与电子政务未来的发展目标。

第三篇
服务导向的政务信息资源开发利用

Part III
Service-Oriented Development and Utilization of
Government Information Resource

第八章
面向服务的政务信息资源
开发利用

刘家真　赵　宁

技术并不决定服务，公民、企业与政府自身的交互结果才是公共服务的驱动力。更好的政府信息管理、完善的政务运行过程是满足公民与企业服务的最佳途径，也是政务信息资源开发可持续运行的根本原因。

信息资源开发需要利用技术，但技术不是推进或制约信息资源开发的决定因素。目前的信息技术手段已经很成熟了，信息技术的发展为信息资源开发提供了良好的技术准备和物质基础，信息资源开发的重心是如何使其产品适合市场需求，信息资源开发的创新点不是信息技术的原创和研发，而是如何开发、整合和共享信息资源，提高信息资源的利用率。

从经济学的角度看，信息资源的开发是信息产品的生产，信息资源的利用是信息产品的消费。因而，驱动信息资源开发的根本原因是"需求"，"需求"是"开发"的目的、动力和归宿，也是信息资源开发效果的最直接与最有效的检验因子。需求也直接关系到政府开发信息资源的"活力"，被开发的信息资源、数据库如果不用或无人使用，就会变成呆库、死库。被开发的信息资源库也只有在不断的使用中，依据用户意见不断修改、提高、完善，才能使之成为真正有价值的信息资源。

一　信息资源开发应以需求为导向

信息资源的开发是个基础性工程，需要长期的积累与很高的投入。没有明确需求的开发，将陷入开发的困境。

无论是国家还是第三方开发者，一次性地投入开发若干数据库都是可能与必要的，但若被开发的信息资源无人问津或收益很少，甚至入不敷出，持续开发的建设性投入就会出现困难。无论是公益性信息的开发还是服务性资源的开发，资金投入都是很大的问题。从市场的角度看，若资源开发者无法从被开发的信息资源中收回投入，是难以计划投资或再投资的，无效益的信息资源开发不仅会影响资金投入的积极性，也是不符合经济学规律的。开发信息资源所需的资金往往直接限制了信息资源开发的数量和质量，而后者又会影响市场需求，如此恶性循环必然会使信息资源开发难以为继。因而，如果全方位地、无明确需求目的地开发，信息资源的投资成本会很高，资金投入就会制约信息资源开发的进程。

信息资源的标准化是制约信息资源开发的另一大因素，但重要的仍然不是与技术本身而是与用户需求密切相关。如果没有一个统一的标准，被开发的信息在技术上就不能共享，质量上参差不齐，或者是低水平重复开发。但若所制订的标准不是以用户为本而是仅仅从信息共享的技术角度定义，信息消费者的需求率也会受到影响，因为被开发的信息资源最终是要被信息消费者所接受的。因此，最终评判信息资源的标准选择是否合理的也应是用户，信息资源的标准是否符合用户的需求才是最重要的，这不仅与用户应用体验的软标准建设相关，也与信息资源开发的底层技术标准相关。仅仅考虑技术需求的标准，被开发的信息若得不到市场承认，争取再投资的可能性也会降低。标准的定位不可能是十全十美的，当它考虑某一方面利益时，就有可能削弱另一方面利益，资源的开发者必须要明确信息资源开发的目的，将其定位于关键用户的利益。

在信息资源并不匮乏的今天，只有应用目标十分明确的信息资源开发项目才有可能在市场环境下生存。因而，信息资源开发必须首先明确需求者，这是可维系信息资源开发的关键。

二　政务信息资源的开发与需求

政务信息是政府行政机关在其执行政府行政职能过程中产生的信息。政府信息资源不仅是政府决策及行政的基础，也是企业、公众进行社会经济活动的基础。全体社会成员都对政府信息资源有着巨大的需求，也是政府信息资源的主要使用者。

一方面，政府在提供公共物品和公共服务时首先必须提供政府信息，通过政府信息的提供，公众、企业以及其他的政府信息用户才可能获得相关的政府服务。另一方面，政府信息资源与政务活动密切相关，在政府提供公共服务的政务活动中，政府部门在履行职能、办理业务和其他事项中随时都需要和产生政府信息资源。因而，政府内部也需要大量使用政务信息进行决策与运行公务活动。由此可见，政府信息的需求者是广泛的，其需求量是巨大的，应具有可观的市场。

美国的政府信息系统种类繁多，资源含量丰富，多年来在政府投资下建立了许多数据库群、相关的数据交换体系与交换平台，但其中不少被开发的信息资源状况是令人堪忧的，其主要问题有：一是投入效益比低下。由于缺乏统一规划和管理，信息资源多头采集、重复建设、浪费巨大；大部分数据库不共享或只在有限范围内共享，使用成本太高。二是重要数据无法共享。数据不是完全共享，特别是一些该共享的重要数据无法共享，无法共享就导致数据不一致或重复，造成缺乏可比数据，缺乏分析，缺乏管理。三是标准规范不统一。政府各部门业务系统相互独立，自成体系，各自有自己的标准规范，信息资源共享与交换困难。

从表面上看，以上问题我国同样存在甚至更为严重，单纯归咎于政府部门的纵横割裂、系统异构以及数据归属等原因是远远不够的，其实质原因更为深刻。

1. 闭门造车

现今，大多政府部门还在从"管辖"向"服务"的职能转变过程中，服务功能尚未定位。长期以来，传统的政府服务仅有一种通用形式，即由部门制定用户的服务范围与服务方法，用"自内向外"的方式提供用户服务，将政府认为最重要的作为最基本的服务推向社会全体成员，迫使大家按照一种模式获得政府信息与接受政府服务。尽管多年来政府机构一直都在制订服务标准与规范，评选优秀的公务员，但都没有去研究、探讨与发现公众所认可与期望的服务是什么，希望获取的信息是什么。

传统的政府服务是"由内向外"推出的，服务的各项指标都是基于不同级别的政府部门或其他非政府公共部门提出的，公民寻求自身需求的政府信息与政府服务是十分困难的，而这些困难的过程是传统政府难以关注与发现的。因而，要让政府在既定模式下去改进服务，查找服务中的屏障是困难的。这就是为什么不少已有的政府信息资源或服务系统一厢情愿地提供服务，却利用率低下的原因之一。

结论是：真正有用的政府信息资源不可能由一方"建造"出来。

2. 服务鸿沟

我国的政府体制属于多头管理，部门间分割严重，政府信息资源为各个部门所有、由各个部门所垄断。这就造成了过去政府所开发的各种应用系统只是为解决某个部门问题而独立设计，尽管一时可以解决本部门的某些现实问题，但地方之间、部门之间却难以协同共享应用系统的政府信息资源。

用户的需求与政府部门设置是不一致的，用户需求并非一个部门就可以满足，往往用户的一个诉求就会涉及多个机构、多个部门或多个级别的政府。公众通常会因为无法辨别，找不到对口的政府部门，无法获得所需的服务。受既有体制限制与服务理念的局限，现有的政府信息资源开发模式是难以满足用户需求的，由此服务鸿沟产生，即公众希望的服务与现实中已有的服务存在差距。

倘若现有的政府信息开发模式仍不转变，支持用户服务的信息资源库与政府信息资源管理系统仍分属不同部门，就会造成投资越大、开发越多、浪费越大。规避这类体制风险的最好选择是，将用户需求最多的、与公众联系最紧的服务项目统一有效整合，以避免各自为政、盲目开发、多头建设带来的巨大浪费与无效劳动。

结论是：服务鸿沟是闭门造车、各自为政开发资源的恶果。

3. 信息的静态整合

从政府信息资源特点和应用需求看，大部分的政府信息（特别是政务信息）都是随政府活动的展开不断产生与变化的，是一种与政务活动变化相关的动态信息流。长期以来的"官本位"、"政府本位"与"权力本位"的思想约束了我们对公众需求与政务活动的动态认识，造成了在政府信息资源开发上将许多不断变化的政务信息静态地、固定地捆绑在一起，与现实工作和用户需求差之千里。

实例：人口基础数据库

人口基础数据库应按人的生命活动周期而变化。公民出生登记信息在公安部门，受教育信息在教育部门，就业或失业信息在社会保障部门，退休后的信息记入社区信息。若将人口信息固定在某一数据库的某类别中，该数据库是无法满足人生各个阶段的利用需求的。

由上可见，政府信息资源库应围绕服务而改变，以需求与应用为动力进行动态整合。只有动态整合，才可能使数据转变为有用的信息，被开发的信息才可能被人使用后而体现出资源的价值。

结论是：有效的信息资源不是"建造"出来的，而是用出来的。

从以上论述可以得出我国政府信息资源难以共享的根本原因不在技术，而在于政府管理体制与政府服务理念存在缺陷的结论。目标不明确的政府信息资源开发是难以共享与进行数据交换的，因而，尽管经过多年的建设，我国政务信息资源开发已经取得一定的成绩，国家投入经费开发了一批重大基础信息库，不少已经投入了应用。但高质量的政务信息资源库还比较缺乏，离公众对政务信息资源的需求还有相当的距离。

随着政府管理职能从管制型向服务型转变，公众对政府的关注不断增加，对政府的透明度与服务质量要求不断提高，政府只有通过以公共服务需求为动力拉动政务信息开发，才能满足政府内外对这类跨组织、跨部门和以公众需求为对象的服务的挑战。

政府实现职能转变是第一位的，政府服务理念应从"由内向外推出"转变为"由外向内拉动"。由外向内拉动政府服务的理念是建立在全体社会成员的需求与期待的基础上的主动服务，即公众需求第一，以结果为导向的服务理念。这需要建立在大量的调研基础上，鉴别什么才是社会全体成员的主要需求与个性需求，在此基础上提出政府信息开发策略。

三　政府信息资源的开发必须面向服务

政府服务是需要信息作为支撑的，有的放矢的开发政府信息资源极为重要，政府信息资源开发必须面向服务。

面向服务的政务信息资源开发，即开发政务信息资源应围绕公共服务需求，应给公众以被服务的选择权；由公共服务拉动政务信息资源开发，用公众需求的政务信息资源来满足政府的公共服务；在信息资源开发过程中贯穿"为民服务的理念，全面实现打造服务型政府的目标。

面向服务的政府信息资源开发是服务型政府的信息需求，也是在当前政府体制状况下，改革服务递送方式的必须。

1. 政府转型与信息需求

从政府发展的历史趋势来看，从管制型政府向服务型政府的转变已经是不可逆转的动向。服务型政府是在公民本位、社会本位理念指导下，在整个社会民主秩序的框架下，通过法定程序，按照公民意志组建起来的、以为民服务为宗旨并承担着服务责任的政府。表 1 是管制型政府与服务型政府的比较。

表 1　管制型政府与服务型政府比较

	传统管制型政府	现代服务型政府
理　念	对社会实施管制	实现社会公共利益的最大化
政府行为的后果	随意性与责任心不强	对自己的行为和所提供的服务负责
管理手段	单一	便捷、高效的为民服务途径
职能范围	职能无限与越位	职能有限
运行机制	政府强制性提供	依法行政

资料来源：赵会撰《论政府创新与服务型政府的构建》，《前进》2006 年第 1 期。

政府的服务转型将涉及到服务愿景、基础结构、政策、人力资源和系统等因素，其中围绕用户需求提供具有高影响力的服务与利用现代信息通信技术建设精干高效的政府是第一位的。

在政府服务转型上，加拿大政府的实践与经验是：①依据客户的偏好与效率提供受欢迎的服务，并按照客户是否满意的结果为改进服务的目标；②对客户进行分类以便明确服务方向，建立共同的服务框架向客户提供服务，并创建服务成熟度模型作为服务的目标。③以关键的催化性项目推动政府服务转型进程。

实例：加拿大政府服务转型的愿景与对策

表2　加拿大政府服务转型的愿景与对策

服务愿景	应对策略
进入点——用户知道从何处开始获取服务	将一项特定的业务事项的有关方面标示出来
畅通的流程——简单的表格与较少的限制，服务能够自动地提供而非必须请求	政府部门间多个层面的整合
及时的服务	提高响应能力
无缝的集成式服务	整合各种政府处理流程的账号、及时更新与整个服务相关的所有信息；所有政府部门及各层级政府以集成的方式进行工作
服务多渠道的选择	建立单一接治点：将面对服务、呼叫中心和集成互联网门户构建成集合、高效、综合、横跨多级政府部门的分布式网络

服务型政府要求各级政府和公务员必须树立"民本位、社会本位、权利本位"的思想，为了实现社会公共利益的最大化，利用多种手段为公众服务。市民需要以结果为导向的工作方式，倡导与加速政府服务，将"为民服务"放在首位。"为民服务"不仅体现在政府决策时首先的思考，而在于其建立的服务方式是否满足了公众最大需求，给公众带来哪些实实在在的利益，还体现在处处以民众需求为导向上。

以民众需求为导向就是要将民众需求作为政府服务与行为起点，将民众对政府服务满意为终点，终点与起点都在民众需求点的空间位置上重合，不断总结民众服务经验，在新的起点上运行，并在满足民众需求的空间位置上形成一个不断上升的、具有共同轴心的同心圆柱，不断在提高服务质量的平台上螺旋上升。

要满足公众需求，首先就体现在政府信息的提供必须以公众为中心上，而不是以政府为中心；注重结果效用，而不在于形式；以市场为基础而不是以机构为基础。由此，政府信息资源开发必须确立以服务为先导的原则。

下面是芬兰市民手册实例，它是政府打造服务型政府，以公众为中心，需求拉动政府信息资源开发的佐证。

实例：芬兰《市民手册》

为使政府行政部门对公众服务具有服务意识，便于市民获得芬兰国家与各级地方政府提供的各类服务信息，1992 年芬兰政府出版了《市民手册》，以指导市民通过电话获得公共服务的咨询。

该手册的特色是，从市民思考问题的角度来组织政府信息，它告知市民，在与政府接触中如何根据需求寻找入口点，如找工作应求助谁，儿童的权利与义务是什么，当遇到问题后如何寻求服务等。

该手册除提供给市民以简略的介绍说明外，详细地指出公民权利、公共服务、服务项目与行政部门的日常事务，以便公众能了解政府可提供的公共服务与个人权利。

该手册还设有推荐栏目，对市民可能遇到的特殊问题，向他们提供第一联系部门的相关信息。

该手册还制成电子版，以便在网上提供快捷信息服务。

芬兰市民对《市民手册》的反映非常积极。首次印了 20000 本很快被销售一空。

由此可见，以民众为导向的服务方式代表着政府处理政务的方式已经发生了根本性的改革。政府提供给公众的服务至少要满足三个基本要求：①服务从设计到实施都应体现或达到"由外到内"的市民需求拉动，而不是"由内到外"政府主观安排。在服务理念上，市民的满意才是政府服务的目标。②政府服务的对象大多数是"自发性的客户"，他们与政府服务之间的关系是源于作为一个市民的义务或者权利。③政府应坚持将提供服务作为市民与政府间的沟通、信任和信心的纽带，是促进民众参与的桥梁。

全面地改进政府服务，使它以人为本，并非简单的信息共享或互联互通就可以达到目的的。盲目的互通互联、信息共享不仅会使投资膨胀，也难以带来效益。因为从信息的采集、组织开发与管理，都需要大量投入，若等待用户使用或使用率不高，就会造成极大的资金浪费。因此，如何组织制定信息资源的开发的策略，成为全面改进政府服务质量与提高政府服务效率的关键。

加拿大政府以客户或公众的需求作为政府信息管理和服务的出发点，对此加拿大财政委员会秘书处（TBS）是这样总结的。

"这种方法建立起工作的推动力，并促使部门从各自业务为导向的方式转向以客户为中心的方法。其次，倾听客户的期望也促成了跨部门的工作方法。横向间的工作成为提供服务所需的自然结果。系列化服务也指出横向联系中的问题及所需的跨机构间的工作。最终使我们更加清楚了政府营运工作的变革机会。为了推动用户为中心及政府一体化方法，我们现在必须改变信息与服务的固有组织方式，使其能够相互适应以抓住转型与合作的机会。"

可见，服务型政府只有以服务为导向地开发政府信息资源，才能满足政府向社会提供高效、高质量的公共服务需求，才能拉动公众的积极参与，才能达到政府的公开与透明。面向服务的政府信息资源是在"以人为本、需求导向、共建共享、服务社会"的原则指导下开发的，因此除可满足公众需求外，还具有跨机构、动态的政务事务处理功能，能适应业务流程改变与技术的变化，多渠道地整合服务来改进客户服务的愿景。

2. 政府服务交付方式改进与信息需求

公共服务的前景必须是围绕公众而非服务提供者的需求来进行的个性化服务设计，运用技术可给公众以更多选择权。

技术并不决定服务，但可以通过改进服务交付方式来达到提高服务质量与完善政府信息管理的目的，以满足政府高速运作及全社会的更多需求。通信和计算机系统联结的技术进步为政府服务的交付方式变革提供了可能，以民众需求为导向的政府服务与现代技术嫁接，有利于实现对公众的直接服务与沟通，以达到改进服务效果与提供优质服务的目的。

我国服务交付方式的变革是从网上审批开始，逐渐向更多的服务延伸与扩展，直到政府服务的全面上网。服务交付改进的高级阶级就是利用 Web 提供网上的综合服务。综合好的网上服务按照公众的服务需求，打破了传统的部门界限，将服务于某项需求的各项业务有效地整合起来，依服务项目、专题、服务对象或人生中重要事件安排信息服务与组织业务，为公众提供更多的服务选择。通过自助服务方式，社会全体成员可利用政府网站各取所需地、超越时空地从系统中得到自己的信息，并依此获得政府服务。

技术改进了政府服务交付方式，使其可以达到以下服务愿景：①公众在政府门户网站的用户终端可获得多种所需的政府服务；②为公众提供超越时空、多渠道与多途径的政府服务；③公众与政府可实现高效与经济的双向交流；④高效率与高质量的政府服务；⑤便于随时调整服务策略，便民利民，有求必应，让公众100%满意。

这不仅可以促进政府与民众的直接交流及加强公众对政府的信任，还可以提升政府自身的能力，使其更好地发挥作为执行政府政策、制订法规及处理公众关心的焦点问题的责任人的作用。

技术给服务带来的第二点变革是：可按需组织信息，经组织的信息可使分散的管理趋于集中。这可使服务业务更易从某一部门转变成跨部门流程的综合管理，使信息从部门所属的专网过渡到共有的信息网络与安全基础结构。这不仅便于服务打破传统部门障碍，还使其更易于与其他机构或合作者共享。使政府信息资源可能实现以服务为驱动力的开发。

技术并不决定服务，但能在正确的理念指导下改进服务，可促进政府更快地走向服务型政府，即便于政府从信息与服务上网阶段跨向一个更全面、更综合的将技术应用于政府信息利用、服务获取和科学管理的阶段。但这一切成为现实的真正驱动力不是技术而是政府职能的转变。

应用政府门户网站，以人为本地提供政府服务面临的问题是，如何使政府网站的前端服务与后端信息系统相协调的问题，这仍然不是一个纯粹的技术问题，而更多的是服务与信息资源的整合问题。

服务交付的改进不仅促进了政府职能的转变，也为政府信息管理带来挑战。这种服务交付方式会涉及多个部门、多个机构与多级政府，它需要详细地规划新的服务交付所面临的各种问题。

当政府服务前端发生变化后，政府信息的后端管理必须做出相应调整，否则前端服务就会与后端处理程序脱节，造成前端服务系统出错或不可靠，无法保证服务质量与可信度。

因此，政府服务交付方式变革不仅要求传输技术、传输文档的标准化，更要求政府信息的共享，即消除拥有同一服务元素的多个政府之间的信息占有的屏障。在政府服务交付方式改变的同时，以服务为导向的政府信息资源开发迫在眉睫。这不仅要求建立一些横向机制支持服务交付方式变革，还要按公众需求的服务类别来构建网上虚拟"部门"。

四　面向服务的政府信息资源开发与利用

（一）基本原则

面向服务的政务信息开发的基本原则是：以人为本，需求导向，共建共享，服务社会。要实现以上基本原则，在政府信息资源开发过程中，必须做到以下几点。

1. 以客户需求为导向

这里的客户是指政府信息服务需求者，它包括政府、非政府公共组织、社会团体、企业与公众等。满足"客户需求"要考虑到社会全体利益，即普通公众与特殊群体，特别是弱势群体利益。作为政务信息资源开发的驱动力与基本原则，满足客户需求不仅是要考虑信息需求者对信息对象的需求，还要考虑由此派生出的技术指标也要以客户需求为主，让被开发的信息资源更易被人截取。满足客户需求的原则应贯穿到政务信息资源开发的全过程中，指导政务信息的采集、加工、传输、存储与分析等过程。

2. 支持政府服务的一体化

在政府信息资源开发中，被开发的信息资源应适于在网上实现政府服务的虚拟整合，而不是单纯从某个部门、机构的局部应用为主，从支持政府服务一体化的整体角度来考虑开发原则，使其从外部满足社会全体的需要，有利于政府提高服务质量与效率；对内可成为政府服务业务整合的基础，使信息能够为通畅的政务运作提供基础。

3. 科学评价

应建立政务信息资源开发的科学评价体系与评价工具，使有限资源实现最优绩效。在这方面做得较为成功的是加拿大政府。加拿大政府通过"市民服务中心研究所"（ICCS-Institute for Citizen-Centred Service）创建的通用评价工具（CMT-Common Measurements Tool），对全加九个省及五个城市的政府服务进行评价，以量度广大人民对政府服务的满意度以及期望政府服务的项目，通过该工具可识别出政府服务排序的优先程度。

4. 成本－效益原则

要以最少的成本获取最大的政务绩效，包括政府服务功能的扩展、柔性与敏捷性，以及信息获取与共享能力的提高。这就要求开发前应认真规划，使政府内部各系统信息可实现有效共享、相互协作与支持，关键数据应能够被多种业务重复使用。

（二）建设性意见

1. 创新政府的服务文化

在现有的政府体制与政府架构下，要建立面向服务的政务信息资源开发机制，技术并非关键因素，政府首先应变革现有的政府文化，使其适于服务型政府的理念。因为基于"存在"的政府与基于"服务"的政府，公务员的角色及其与信息、公众、政府部门、相关部门的关系在发生变化。

对于服务型的政府，政府的IM/IT（信息管理/信息技术）、共享信息系统以及共同的业务与信息架构将发挥越来越重要的中枢作用，以支撑政府服务所需求的协同业务及业务活动的范畴、规模与效率。因此，必须创建真正的服务文化，在政府部门内必须灌输以下品质：①团队合作；②高度的内部沟通；③明晰的执行标准与责任；④灵活的工作机制与组织结构；⑤强调业务流程与项目管理；⑥不断学习的文化；⑦在岗位培训、信息与工具方法等方面进行高投入；⑧以不断吸收民众反馈意见来支持政府服务的持续改进。

新的服务文化必须在三个关键部分加大创新与管理力度，即提供服务的最终效果、需求与共有部分的共享、虚拟组织结构的安排。所谓"共有"，是指针对服务所拥有的共有的业务架构、共有的基础结构、共有的信息系统、共有的流程等方面。共有是基础，没有统一与协调、没有整合的基础结构与强制性的服务规则。由于所提供的服务在物理上位置是分散的，没有这类总体协调机构，就难以取得成功。

2. 合理地整合服务元素

我国政府部门设置多、部门之间的职能交叉以及政府职能转变迟缓等，也为政府服务的网上交付带来困难。部门设置越细，部门之间的职能交叉的概率越高，一项行政事务的处理程序越复杂；涉及的部门越多，支持某项服务的服务元素的分布就越散，整合难度也就越大。

这就是要求我们了解用户需求，探索和发现与政府服务相关的元素以及它们在各部门与各级政府中的分布，以服务项目为主线将相关服务元素捆绑为一体，以便于政府服务的网上交付。

合理整合服务元素应以政府实现公共需求为出发点，剖析政府的职能与业务，梳理政府提供服务的公共项目与产品，按服务类别整合服务，如老人、年轻人、找工作者、旅游者、计划移民者，它将打破传统的部门界限、将服务按照同一组客户的业务有效地组合起来，根据专题、服务对象和一生中的重要事件安排信息与处理业务。

3. 定义各级政府的客户群

各级政府应定义本级政府的客户群并建立信息需求分析，探索出与本级政府打交道最高的客户群并深刻理解它们的需求。利用这些信息，绘制出用户需求图，据此针对本级政府工作职能及本地区的相关问题，有目的地开发政府信息资源，满足客户需求。

4. 建立面向服务的政府信息分类体系

政务信息资源的使用者有公民、企业、各种社会团体和政务部门自身，各种角色对政务信息资源有不同的应用需求，需要采用不同的分类方法对政务信息资源进行分类，以满足从不同的角度去组织、揭示、识别和使用政府信息资源的需要。

政府信息服务应关注政务信息资源与公共服务的关联性，以满足政府服务对信息资源进行整合和实现共享的需要。

5. 确定优先开发的领域

政府服务应在广泛的社会架构以及利益的范围内，协调不同的团体和各种用户及市民的利益和需求，平衡局部群体和整体公民之间的利益关系，为此有必要在众多的客户需求中确立优先服务领域与服务项目，以指导政府信息资源开发，这需要政府以及一线工作人员持续开展公众需求调研，多渠道地倾听对各种服务的优先次序需求与期望。

一般说来，优先开发的服务信息资源，应当是那些对公众来说会产生最大影响的领域：①办公量和用户数目很高的领域；②需要相互交流而不是单方面发布信息的领域；③服务具有跨机构属性的领域。

6. 个性化服务

个性化的服务即保证政府服务是根据特定需求者量身定制的。

政府应围绕公众的个性化需求组织商业性开发并设计商业化服务，以确保有效地将特定需求的服务提供到位。

这需要政府与公众、商业开发机构及政府服务一线的工作人员一道，系统地理解与细化个性化服务要求。政府应向企业学习，必须依靠市场力量，吸收社会投资来创造大规模的个体化服务与咨询服务，仅靠政府力量是难以完成这类大量的信息服务与咨询的。

7. 增进对用户需求与用户行为的理解

不断进行广泛的公众调查研究，多渠道、多途径地倾听公众对各种服务的期望。因此，应利用每一个机会倾听政务信息服务对象的呼声与反馈，这有助于我们发现公众对政府服务部门的信息需求范围以及需求量，便于发现客户群与优先服务领域；便于我们了解公众对政府服务不满意的主要原因，以考虑如何提高服务质量，特别是一些新的举措和改革拟出台前，更需要进行广泛的用户需求调查。

让公众参与政府服务决策，可以使政府了解同一问题的不同思考方式，促进对公众需求行为的深刻理解与改进服务方式，例如，加拿大税务局让民众参与制订其战略与业务计划的起草，不仅帮助政府减少了履约成本，还显现出税务局应针对不同的民众组（诸如进口商、雇员、老人等）采取不同的战略。

听取用户意见的方法有：举办论坛、专题学术讨论会、会议、培训班以及各种规模的会议；利用各种会议、调查重点人群、填写意见卡片、互联网的反馈以及其他方式来倾听客户对政府服务的意见。

最普通的就是面对面的讨论、电话、会议和其他形式以及信件，也可以从其他信息资料、视频、网站信息或者电子邮件、报纸、电台和电视谈话节目以及新闻中找到含有对政府服务反馈的观点。许多客户的互动博客也可以是倾听客户谈论政府是否满足了他们需求的直接机会。

第九章
服务三农的信息资源开发利用进展

杨冰之　吴龙婷

随着新农村建设工作的启动和深化，服务三农的信息资源开发利用工作也取得了重要进展，农村信息服务体系进一步完善，服务水平普遍有所提高，资源整合力度不断加大，服务模式日益创新，涉农信息服务工作正在进入新的以用户需求为导向的发展阶段。这一章将回顾近几年来我国涉农信息服务取得的主要成绩，总结发展经验和模式，并对下一阶段服务三农的信息资源开发利用工作提出建议。

一　涉农信息资源的基本特征

（一）农业信息资源的分类

农业信息资源是一切与农业生产生活相关的信息资源的总称。按农业信息资源的用途分类，主要有以下四大类。

（1）农产品生产/市场信息资源：这部分是农业信息资源开发利用的重点工作对象，包括农业生产资料信息、与农产品相关的信息、农业生产社会服务体系信息、与农业市场经济相关的信息、相关信息服务机构和信息服务工作人员等。

（2）教育信息资源：包括农业科技信息、农民素质培养信息、农民法制信息等相关信息服务机构和信息服务工作人员等。

（3）生活娱乐信息资源：包括农民日常生活管理信息、农民娱乐资源信息、相关的信息服务机构和信息服务工作人员等。

（4）农民工相关信息资源：外出务工的农民群体已经成为我国农村和城市社会生活中不可忽视的一部分。与农民工相关的工作供求信息、交通信息、城市环境生活信息、管理政策信息、权利保障信息、相关信息服务机构和信息服务工作人员也成为农业信息资源的重要组成部分。

（二）农业信息资源的特性

（1）真实性：真实可靠是农业信息资源辅助决策的先决条件。如果缺乏真实性，农业信息不但不能起到正面作用，还有可能给农民带来损失。

（2）准确性：农业信息资源，尤其是市场信息，必须有高度的准确性，才能对农业生产和销售具有指导意义。以价格信息为例，不同时间段、不同品种、不同交易地区的价格差别可能很大。如：2005 年 7 月 29 日中国农业信息网①上，北京昌平地区的国光苹果大宗价为 1.80 元/斤，而富士苹果则为 2.60 元/斤。

（3）及时性：农业生产具有较强的季节性，无论是农产品市场还是农民工就业市场，都是不断变化的，为了保证信息的有效性，必须及时地把信息传递给农民。尤其是多数农产品具有难以储存的特点，如果市场行情信息的传递滞后于市场的实际情况，农民就很可能在不知情的情况下将农产品贱价出售或者错失销售农产品的最佳时机。

（4）地域性：我国国土面积广大，气候和土地类型多样，农业人口分散，农作物种植方式、品种分布等均呈现明显的地域性特点。农业信息资源也需要切合农业地域性的特点才能够有针对性地发挥作用。

（5）可用性：信息资源最后能否发挥作用，取决于利用信息进行决策的主体——农民。因此必须更加注重农民的特性，有针对性地提供农民能够理解、易于利用的信息资源。

---

① 中国农业信息网，http：//www. agri. gov. cn/。

二 服务三农的信息资源开发利用工作进展

（一）近年来的总体进展

近年来，我国农业信息资源开发利用情况总体进展较快。

1. 农业信息化工作体系逐步完善

来自农业部市场与经济信息司的统计，全国目前各省级农业部门，97%的地（市）和80%的县级农业部门都设有信息管理和服务机构，64%的乡镇设立了信息服务站点，发展了20多万人的农村信息员。已经建立起了从中央到地方的农业信息工作体系。"十五"期间，全国农业信息体系实现了"服务方向由注重为政府决策服务到为政府决策和生产经营服务并重、服务内容由侧重生产信息到生产市场科技等综合性信息并重、服务渠道由注重计算机网络到网络与常规媒体相结合并重"三个重要转变。[①]

2. 农业信息网络体系粗具规模

我国已经拥有深入到县级的各种农业广播电视节目，也已经初步建立起以中国农业信息网为核心、集20多个专业网为一体的国家农业门户网站。全国有3000多个网站与此网站建立了链接，日均访问量近200万次。全国31个省级农业部门、80%左右的地级和40%左右的县级农业部门建立了局域网和农业信息服务网站。[②]

3. 农业信息资源覆盖范围更为全面

截至2006年7月20日，在中国农业信息网上自愿登记注册的农业网站已达4713家。根据国务院新闻办公室网络局的有关资料，我国农业网站已经有1万多家。宏观方面，我国已有涵盖农业科研和生产各个环节的数据库群及网站群。比如包括农业科技基础文献数据库群、农业专业领域科技数据库群、农业科技动态数据库群、农业综合实力信息数据库群、网上农业科技基础信息资源数据系

---

① 《农业部发布十一五时期全国农业信息体系建设规划》，http://www.gov.cn/gzdt/2006–12/28/content_ 481804.htm，2006年12月28日。

② 国务院信息化工作办公室：《中国信息化发展报告2006》，2006年3月17日。

统、农业科技机构、人才与经费数据库群、农业科技在研项目与科技成果数据库群、农业高新技术与产业化数据库群等全国范围内的大型农业信息数据库。微观方面，各级政府农业部门也推出了有针对性的数据库和专业网站。各省市相继建成了农业政策法规数据库、农产品质量标准数据库、农用生产资料数据库、农产品批发市场数据库、农业专家人才数据库、农民经纪人数据库等区域性的、针对不同使用对象的数据库。此外，近几年传统的广播电视节目，各地也涌现出一大批有特色，并实实在在服务于农村的专栏节目。如中央电视台的《金土地》、吉林电视台的《乡村四季》、湖南电视台的《乡村发现》、山东电视台的《乡村季风》、广东电视台的《摇钱树》、北京电视台的《京郊大地》等，以农业信息为核心，全方位为农民服务。

4. 农业信息服务工作成效显现，服务模式不断创新

我国整体上建立了较为系统的农业信息服务工作流程，信息采集、处理和发布渠道健全。我国的农业信息队伍建设不断加强，全国 333 个地（市）中有 260 个设立了农业信息服务机构，占地（市）总数的 78%。尤为突出的是，近年来各种创新服务模式层出不穷，如 2004 年底国家 23 个部门联手以中央农业广播电视学校为依托构建的我国农业现代远程教育公共平台；在部分省市试点推广的通过电话、电视、电脑三种信息载体有机结合，实现优势互补，互联互动的"三电合一"农业信息服务模式等。各地也相继探索出了具有地方特色的创新服务方式，如中国联通的"农业新时空"；[①] 山东省济南市的"市、县、乡、村"四级网络共享信息服务模式；广东省高要市的农业科技信息点播频道；甘肃省的"金塔模式"等。

（二）近年来的成功应用典型

1. 手机农业网站

为了充分利用现有的信息网络资源，简化农民上网的难度，降低农民获取信息的门槛，提高农民获取信息的时效性，我国部分省区市出现了结合电信通讯和互联网络的双方特点，经营模式独特的手机农业网站。

典型的代表有如下项目。

---

① 农业新时空，http://www.10109555.com/。

（1）2005 年陕西省农业厅与中国联通陕西分公司合作，利用联通的网络和服务平台将农业信息通过"手机短信"发送到农民手里。目前，陕西省各市和90% 的县与联通公司进行了广泛合作，为农民传播农业技术、提供信息服务、指导农业结构调整，为农业生产和农民增收发挥了积极的促进作用。

（2）2004 年，衢州联通和衢州市农业局合作开发的衢州农技 110-CDMA 掌上信息平台也正式启动。农户可以通过 CDMA 手机直接浏览农业动态、农产品价格行情、农产品供求信息、农业技术及当前农事等信息；农业科普短信发布系统可以为短信定制或登记的农户提供免费的农业科普服务短信，及时地把当前农业信息通知到农户；农业技术咨询服务通过建立服务热线，使所有联通手机用户都可以免费拨打该服务热线咨询技术问题。

（3）浙江省的"绍兴数字农业"项目：绍兴市农业信息中心与绍兴市联通公司合作以最小的投入，建成 WAP 网关和应用平台，用户只要拥有一款CDMA1X 的手机，就能免费查看绍兴农业网中的"当前农事、供求信息、市场行情"等各种信息。从而找到了一条解决农民信息服务"最后一公里"问题的有效途径。

2. 农村党员干部现代远程教育

2003 年由中组部主抓的全国农村党员干部现代远程教育试点工作，在山东、湖南、贵州三个试点省和安徽省金寨县累计建成现代远程终端站点 16 万个；在9 个新开展试点工作省区的 25 个试点市（地）共建成终端站点 2.2 万个，占乡村总数的 50%。2005 年以来全国农村党员干部现代远程教育继续推向深入。2005 年 1 月，中央将农村党员干部现代远程教育试点扩大到江苏、浙江、山西、河南、四川、新疆、黑龙江、吉林、辽宁等 12 个省区。在教学资源建设方面，新扩大试点省区加强学习和调查研究，稳步推进教学资源建设工作。整合丰富了平台教学资源，实现了农村党员教育与农村新闻、普法教育、农村基础教育、农产品供求、农技咨询、文化娱乐等增值信息服务的综合开发利用。

典型代表如：浙江省截至 2006 年 11 月，建成了以省级中心资源库为核心，广电和电信两大前端播出平台为基础，辅助教学网站和信息管理网络为支撑的省级服务系统。教学资源建设粗具规模，省中心资源库已拥有八大类 7000 多个小时的教学课件。同时，组建了一支由 155 人组成的省级专家咨询组。在建设过程中，浙江省突出了"因地制宜"的特色，各地在完成省远程办下达的课件任务的同时，还根据地方经济结构和产业分布状况，制作具有地方特色、符合当地实际的"乡土教材"，受到农村党员干部群众的欢迎。比如丽水市青田县根据华侨多、出国公证多的实际情况，制作了涉外公众知识课件，深受群众欢迎。

3. "三电合一"工程试点

2005年，农业部在全国选择了部分地级和县级农业部门开展"三电合一"农业综合信息服务试点项目建设。通过推广电话、电视、电脑"三电合一"的信息服务模式，面向"三农"搞好信息服务，努力打通信息服务"最后一公里"，把农民急需的农产品市场和科技信息传播到乡镇村屯。

"三电合一"工程主要是利用电脑网络采集信息，丰富农业信息资源数据库，为电话语音系统和电视节目制作提供信息资源；利用电话语音系统，为农业生产经营者提供语音咨询和专家远程解答服务；利用电视传播渠道，针对农业生产经营中的热点问题和电话咨询过程中反映的共性问题，制作、播放生动形象的电视节目，提高信息服务入户率。[①]

在利用电脑网络传播渠道方面，目前试点单位通过农业部门信息采集渠道、涉农网站的互联互通，建立了涵盖农业政策、实用科技、农产品供求、市场价格等信息数据库，河南三门峡、河北藁城、四川都江堰的数据库信息量都已超过1.5万条，基本能够满足当地信息服务的需要。在利用电话传播渠道方面，各试点单位采用了集中式呼叫中心系统服务，用户拨打当地专线电话就可以得到自动语音系统或专家咨询服务。在利用电视传播渠道方面，各试点单位基本上都在当地电视台设置了固定的农业栏目，定期发布科技、供求、价格等信息。具备条件的试点单位，如江苏丰县、湖南浏阳、四川金堂县、阆中市都建立了农业电视节目制作中心，集摄录、编辑、制作于一体，在本地电视台固定农业栏目定期播放。

4. 农民信箱工程

针对难以满足农民尤其是种养大户、购销大户、农民专业合作社、农业龙头企业等农业经济主体对信息服务的需求，农民使用信息、产销对接存在实际困难的现状，浙江省于2005年9月全面启动了"百万农民信箱工程"，利用互联网技术，依托浙江移动通信等通信运营商的技术设备，统一规划建设可管理的免费实

---

① 农业部：《2005农业部"三电合一"农业信息服务试点项目实施框架方案》，2005年4月30日。

名制信箱，并与手机相连，使注册用户能够借助电脑和手机短信进行网上双向交流，快速、便捷地获得科技、市场信息和系统提供的服务，是一个集通信、电子商务、电子政务、农技服务、办公交流、信息集成等功能于一体的面向"三农"的公共服务平台。到 2006 年 10 月，农民信息注册用户已达 116 万户，经过一年的运行，农民信箱已经在产销对接、农业技术服务、电子政务、移动办公、防灾预警、信息获取、政府和农民群众沟通、网上调查等方面发挥了积极作用。通过应用农民信箱促成农产品成交 3.3 亿元，农业防灾挽回经济损失 5.5 亿元。

"农民信箱"的创新之处一是在于将互联网络与手机结合起来，即利用了最为广阔的信息源头（互联网），又利用了最便捷、不受时间和空间限制的信息获取渠道（手机）；二是在于信息传播渠道的多样化，即可以一对多进行广播，也可以一对一进行单独服务，还可以多对一获得信息反馈；三是农民在利用信箱获取信息的同时，还可以向农技人员、政府工作人员进行信息交流，从而形成了一条双向沟通的渠道，也有利于信息提供方实时掌握农民的信息需求变化。

5. 农民工信息服务平台

农民工是中国最庞大的弱势群体，除了制度因素外，信息不对称导致的数字鸿沟是造成这种现象的关键因素。国务院信息化咨询委员会副主任周宏仁指出我国农民工面临的主要困难可以归结为八大问题，即就业、培训、社会保障、权益维护、子女入学、生活文化、土地流转以及政治参与。在这八大难题中，都包含信息采集不足、流通不畅、利用不充分等因素。

2006 年 3 月，国务院发布了《国务院关于解决农民工问题的若干意见》，明确指出："充分利用和整合统计、公安、人口计生等部门的资源，推进农民工信息网络建设，实现信息共享，为加强农民工管理和服务提供准确、及时的信息。"

2006 年 10 月，浙江省杭州市政府成功举办了"首届中国农民工信息化论坛"，在以信息化手段服务"农民工"、服务弱势群体，在缩小数字鸿沟方面做出了有益的尝试。

第一家农民工信息服务平台"新农门"① 已于 2005 年 8 月诞生。它整合了互联网、移动通信、固定通信功能，最大限度地整合了中国培训机构、工业园、企业、服务机构等信息资源，针对农民工就业、培训、维权等迫切需求开展服务。

---

① 新农门网站，http://www.chinaxnm.com/。

三　服务三农的信息资源开发利用工作的特点及模式

（一）现阶段农业信息资源开发利用的特点

1. 自上而下推动与自下而上相结合

"农村党员干部现代远程教育"、"三电合一"工程、"12316 新农村热线"都是由国家有关部委统一规划，统一实施。先选择部分条件成熟的地区作为试点，验收成果之后，吸取经验教训再在全国有步骤地推广开。比如"农村党员干部现代远程教育"2003 年 4 月首先选择了山东、湖南、贵州和安徽省金寨县四个试点，至 2004 年底，先期试点工作顺利结束。随后，2005 年初开始在全国大范围内铺开，在 12 个省区扩大试点。

还有很多创新经验首先是由地方探索出来的，在当地取得不俗的成绩后，被其他地区仿效和改进，从而在全国类似条件的地方广泛推广开来，成为带动农业信息资源开发利用的有效工具。比如手机农业网站，浙江省的"百万农民信箱工程"，杭州的"新农门"农民工信息服务平台，以及各地根据地方农民群体的实际情况和信息化情况创造出的信息服务与利用模式，如"金塔模式"、"农业信息服务超市"等。

2. 信息服务体系的综合性更加突出

近几年的农业信息资源开发利用越来越呈现综合性的趋势，基本形成了面向"三农"的综合信息服务体系。

综合性主要体现在两方面：一是农业信息资源的开发具备综合性，由一个入口或平台提供农民生产生活的各种信息，如上海市建成包括上海农业网、农委政务网、科教兴农网、华东农业网、农民远程教育网和农科热线在内的"五网一线"信息平台综合提供各种农业信息资源；二是农业信息资源的传播利用途径也具备综合性，同一地区通常利用多种信息传播渠道，鼓励农民通过多种途径利用信息资源。如将农业网吧、农业手机短信、热线电话、中介信息服务入户等多种途径综合运用。比如 2005 年 9 月北京市科委启动的"信息助农工程"，充分利用现有网络资源，将宽带光纤通到遍布村镇的每个信息化站点上，各个信息化站点再通过短信平台和呼叫中心，利用无线通信网连接到每一个农户。在应用服务上，面向北京"三农"工作的实际需求出发，整合各类资源，推出了四大应用系统，分别冠以"富农信息配送服务"、"助农远程教育服务"、"便农电子支付服务"和"乐农数字文化服务"，打造了"综合服务三农"的新理念。

3. 各方力量协同推动

政府处于推动农业信息资源开发利用的主导地位，站在战略的高度统筹规划、适时引导。农业信息化方面"十五"期间重点领域的战略目标之一是建设发展中国拥有最多的农业信息资源系统。2005 年中央"一号文件"明确要求"加强农业信息化建设"，2006 年中央"一号文件"把"积极推进农业信息化建设"作为现代农业和社会主义新农村建设的一项重要内容。2006 年农业部出台《关于进一步加强农业信息化建设的意见》，明确指出要"加大力度，推进农业信息资源开发与利用"。

同时政府动员、统筹、整合了社会各方面的力量，如电信运营商（中国移动、中国联通、中国网通等），大型的信息技术厂商（Intel、AMD 等）、其他社会团体，资源优势互补，合力推进农业信息资源开发利用。初步形成了全社会合力推进农村信息化建设，农业信息资源开发利用的良好局面。

4. 充分利用各类接入终端

近几年，无论是国家实施的大型农村信息化工程，还是地方涌现的综合信息服务体系，无一例外地充分发挥了网络和移动通信技术的优势，如网络和通信基础设施建设、网络多媒体终端的应用、以各类农业网站为主体的信息服务平台、手机短信服务、智能语音服务等，甚至出现了农民特别是农村经纪人应用即时通讯工具如 QQ 等寻找商机的事例。对于我国农业生产规模小、农户分散、经济发展水平不高、农民知识水平较低的基本情况而言，网络和移动通信技术确实在克服时间和地理空间限制方面有着不可替代的优势。

5. 强化涉农信息资源开发利用

据统计，我国九亿农民中，农民工约为二点五亿，加之其子女，共约五亿人。这是一个不容忽视的庞大数字。我国社会已经开始认识到：农业信息化必须要为农民工服务，农业信息资源的开发利用也离不开农民工群体，必须尽快建立以农民工群体为目标用户的信息服务体系，这是创建"和谐社会"、缩小数字鸿沟、提高国民信息素质的重要组成部分。现阶段，针对农民工群体的信息服务平台已经初步投入应用。农民工群体有着巨大的潜在信息需求，而且他们的信息需求与传统农民和农业相关群体的信息需求差异较大，需要对如何开发利用信息资源以满足他们的信息需求进行专门的研究和实践。

（二）现阶段服务三农信息资源开发利用的主要模式

模式一：多媒体终端 + 农民

多媒体终端主要指手机、电脑、固定电话等现代设备，这种模式直接将各种农业信息资源送到农民手中，主要出现在各省经济比较发达的农村地区，较有特色的形式有以下几种。

语音电话：随着科技的发展，计算机技术和电话相结合开发的电话语音服务系统，已经成为一种新的为农民提供信息服务的有效方式。如江苏省的"农业一线通"，又如吉林省的在全国首先开通的推进信息进村入户的"12316 新农村热线"，提供直接拨号查询、语音提示查询、专家电话咨询等服务，将信息资源直接送入每村每户。

农业网吧：在乡、镇等农业人口相对集中的地区开设"农业网吧"，成为基层农民的"培训基地"。在农业网吧中，可以让农民免费（特定日）或低价上网，或给农民一定的补助，并配有专业的信息管理员培训和辅导农民上网查询、发布信息，或通过计算机点播服务器上农业实用技术多媒体光盘的内容。

手机短信：这个实时便捷的方式在全国较多地区得到普遍利用。如陕西省、河北省、四川省、青海省、上海市、温州市等地都与移动通信运营商、当地农业信息服务站点联合，开通了农业手机短信服务，随时随地为农民提供需要的农情信息，并逐步探索个性化信息推介服务。

农科 ATM：以上海地区的"农民一点通"农业综合信息服务终端为代表，该综合信息服务终端放在村里，通过宽带网把多个市级农业信息系统送到村口，农民只要在触摸屏上一点击，就可以看到农业科技、市场行情等多种信息，还可以通过可视电话与专家对话。

"农业信息服务超市"：以河南省洛阳市为代表，农业信息服务超市主要是依托农资连锁经营网点，通过配备电脑、打印机、资料柜、农业杂志、科技图书、科教光盘等物资，建立农业信息服务窗口，集信息收集、发布、技术咨询、科普宣传、互联网服务于一体，成为一个专门为农民提供农业信息服务的场所。

模式二：网络平台＋信息中介＋农民

信息中介的形式多样，既有专业的信息服务者，如基层农业信息站、信息网络协会等，又有兼职的信息服务者，如农业种养大户、农村经纪人、专业合作组织、龙头企业等。该种模式的应用范围非常广泛。2006年以来较有特色的形式有以下两种。

金塔模式：利用国家农村中小学远程教育网络平台建设村级信息点，并由这些中小学学生和老师将从省、县两级网站下载的农情信息资料传递到农民手中。

虚拟龙头形式：湖北黄冈市建成了以网络信息企业黄冈网朝公司为龙头，县市区信息中心为支撑点，乡镇中介服务公司为联结点，村级农户直接上网为基础的电脑农业信息网络。

模式三：网络平台＋传统媒体＋农民

第三种模式则是在过去农业信息服务长期使用的利用传统媒体如电视、电话、广播等形式的基础上引入了网络等现代的信息收集利用手段，扩大了农业信息的来源，提高了农业信息的及时性和全面性。该种方式尤其适合在一些偏远地区、网络基础设施不健全地区的推广。比如：贵州省农经网与贵州省电信公司联合建设了贵州省农经网"96111 幸福农家"声讯服务台，提供电话声讯信息服务，将普及率极高的电话通讯设备同新兴的网络媒体相结合，同时还利用农经网信息在电视上开办节目，实现电视与网络媒体优势互补传播农业信息。此外，贵州省农经网还开通了"贵州农经网信息服务直通车"通过互联网＋专家＋农民的方式，直接到农业生产基地进行咨询服务。

四　信息资源开发利用服务三农面临的问题及建议

（一）面临的问题

1. 涉农信息资源开发利用的成本较高

农业信息资源从开发到最终为农民用户所使用，需要经过生产、收集、加工、储存、传递和使用等多个环节，每个环节都需要成本，从而导致农业信息资源到达农民手中的成本值积累很高。同时，目前的信息利用途径，如网络、语音电话、手机短信等方式的收费，在部分地区仍然偏高。而我国农业的特点是经营分散，农村规模小，农民收入有限，难以支付各种信息费用。2005 年，我国农民人均纯收入为 3255 元，农村居民家庭恩格尔系数①为 45.5%，而同期城镇居民家庭恩格尔系数为 36.7%，说明农民日常支出用于食物消费的比例仍然偏高，再加上用于农业生产资料的支出，则没有过多的支付能力为信息产品付费。因此，面向"三农"的信息资源开发利用急需探索出一条能够使农民低成本高效率地获取信息的渠道。

2. 深层次的信息服务力度不够

现阶段我国的涉农网站数量上很多，但网站里的信息，很大程度上是为政府部门自身管理需要服务的，缺乏对农民服务的针对性。宏观信息多，微观信息少；新闻性信息多，区域信息少；单一性、时效性信息多，前瞻性、综合性信息少。信息源不明确，信息真实性、可信度无法得到确认。

同时对信息增值开发、信息资源的整合处理力度不够。对信息资源的开发缺乏地区特色和行业特色，指导性、预测性的信息少，信息内容重复度高，很少能够针对农民的信息需求和信息使用习惯，开发出农民"用得上、用得起、用得好"的信息资源。此外目前农村的信息资源多数处于分散状态，各涉农部门的信息共享机制不健全，信息流动性差，存在闲置与不足并存的现象；同时农业信息服务部门的公益性服务意识较差，对上门提供信息服务，提供定制化的信息服务积极性不高。

3. 对农民的信息需求的理解和挖掘不够

经济意义上的信息需求是指信息消费者在一定价格条件下对信息商品的需要，它隐含两个条件：①信息消费者愿意购买；②信息消费者有支付能力，仅有前一条件只能被看成是信息欲望或需要。② 目前，随着市场经济的发展，信息日益成为农民生活和生产经营中不可缺少的部分，但是由于生产条件、经济实力、市场意识和信息意识等条件的限制，农民对信息的客观需要很大程度上未能转变为现实的信息需求。同时，与农业相关的各种行业、企业、组织和个人以及农民群体的信息需求存在着巨大差异。这是目前农业信息资源开发利用过程中面临的

---

① 恩格尔系数是食品支出总额占个人消费支出总额的比重，恩格尔系数是国际上通用的衡量居民生活水平高低的一项重要指标，一般随居民家庭收入和生活水平的提高而下降。

② 马费成等：《信息经济学》，武汉大学出版社，1997。

重大问题。

（1）农民对信息的使用欲望拉动不足

农民的信息使用受到其生活方式、劳动习惯和经营方式、当地的经济发展水平和当地的信息化水平等多种因素的影响。没有一个时效性和动态性强的信息利用渠道，没有让农民亲眼看到，亲身体会到信息资源对其生产生活的促进作用，是难以调动农民对信息的使用欲望的。这也是部分地区，农民仍然认为最好的信息发布方式是农技人员的田间指导和科技示范户，而非一些高科技的技术手段，如网站、远程教育等的原因。信息资源利用首先要使对信息的需求成为农民的一种自发行为。

（2）对农民最为迫切的信息需求挖掘不足

农民目前需要的信息，首先是保障其主体地位和合法权利的法制信息。比如如何在农村日常事务管理中（如税收、土地征收等）维护自身的合法权益，如何在市场交易、国际竞争中维护农民自身的合法权益，国家为促进农业发展的政策性信息，节约和集约使用土地，大力发展农村公共事业的指导思想和政策、措施等。这一点在失地农民和农民工群体中体现得特别突出，但是目前还没有得到足够的重视。

其次才是市场信息和科技信息。如新品种、新技术、本地农产品价格、提高文化科技素养和能力的教育培训等信息，这类信息需求比较容易被信息服务的提供者认识到，目前是农业信息服务市场中的需求热点。

还有一类是农产品生产和销售标准、食品安全、国际市场行情及趋势分析等相关信息。这类信息需求还属于潜在需求，但是其重要性已经逐步显现。入世以后，我国农产品想要走向世界，在国际市场上具备相当的竞争力，标准化生产是通行证。但是由于经济、技术条件的限制和宣传的不到位，多数农民还没有这方面的意识，对如何应对世界贸易挑战、经济全球化等方面的内容更是没有足够的认识。

此外，及时、有效的定制信息服务需求将会迅速增加，成为未来一段时期农村信息服务的主流。

（3）对不同农民群体的信息需求差异认识不足

农业信息的需求对象大致可分为三类。第一类是普通农户；第二类是种养大户、农业企业、行业协会、农贸市场、农产品经纪人、农业合作经济组织等；第三类是作为农业生产和经营指导者的各级政府官员及农业技术员。即使是普通用户，按不同的地域、不同的收入水平、不同的经营范围也可以划分成不同的群体。此外还有农民工这个新兴的规模不容忽视的农民群体。不同农民群体的信息需求存在很大的差距。

此外，还有一点需要注意的是单个农民对自身信息需求的表达能力不强，需求的表达往往是模糊的、概括的。事实上，农民可能不能区分出自己的何种需求是"信息需求"，更不要说清楚地将其表达出来。也就是说，农民表达出来的信息需求并不能完全代表其真实的信息需求。所以在针对农民进行信息资源开发利用的过程中，不能单纯根据对农民群体表达出的信息需求妄下论断，应该在真实的工作环境中逐渐总结。

（二）政策建议

1. 立足"三农"，以用户需求为导向

由于存在地域差异性、生产专业差异性、经营能力差异性和不同群体差异性，对农民的特点和信息需求不能一概而论。在开展农业信息资源开发利用时，必须从农业的发展方向、社会主义新农村建设方向和农民要解决的问题出发，以农民利益为前提，根据农民自身的条件，提供切实符合农民需要的信息资源和信息传播途径，提供多样化的信息服务。只有提供了农民用得上、用得好的信息，才能获得农民的接受和肯定，才能找到信息资源开发利用的价值创造点，才能找到信息资源开发利用活动的生存和发展空间。

同时还要强调信息资源开发者、信息服务者与农民在目的、积极性和可行性等多方面的统一，以实现三者的共赢。

2. 转变观念，加大信息资源的整合力度

农业信息资源的开发利用，一个重要的问题是要接近信息资源整合的难题。信息资源从开发到利用的全过程，都存在一个整合问题，包括资源的整合、渠道的整合、人员的整合和需求的整合。在各地需要有一个权威部门将分散在各涉农部门、各农业科技研究单位、各农业相关企业、各基层农业信息站点的信息资源集中起来，形成一个综合性的农业信息资源体系。在资源整合的过程中，现代信息技术如数据库技术、信息检索技术以及网络通信技术等都是强有力的支撑工具，还需要建立起涉农机构之间的信息共享机制。在渠道的整合中，需要多方面

人员和设备的配合，综合利用各种社会资源，需要形成一个统一管理、统一行动的整体。在人员的整合中，需要建立一支专业化、职业化的信息工作队伍，保证信息开发利用环节，如采集、传输、存储、加工、发布、利用等的连续性和非重复性。在需求的整合中，需要注意综合和搭配农民群体的不同信息需求，推出类似"信息套餐"的全方位信息服务。

3. 分层次、分阶段推进涉农信息资源开发利用

我国部分农村地区的信息设施基础还很薄弱，经济水平较低，农民刚刚解决温饱问题，不可能家家户户买电脑。而且农民文化素质普遍不高，对信息接受、分析、鉴别的能力还不足；同时，很多地区的基层农业服务部门的力量也有限。因此直接面对千家万户的农民，开展信息服务，促进信息资源的利用不容易做到，也做不好。因此可以大力推广目前已有的或者创新多层次的信息服务模式，将信息资源通过网络、信息中介、传统媒体等渠道一层一层地传递到农民手中。

对于信息开发力量较为薄弱的地区，开发信息资源种类也可以分阶段进行，先集中力量解决当地农民急需的信息资源或者各种时效性强、见效快的信息资源，培养农民群体的信息习惯，调动农民群体的信息欲望；然后在分阶段开发其他有市场需求的信息资源或者对农民生产生活至关重要的信息资源，既要解决农业的发展问题（农产品的数量、质量、市场竞争力，农民的收入等），又要解决社会主义新农村的建设问题，解决农民的素质问题即培养新型农民，解决农村的建设即和谐发展问题；最后为农民群体提供个性化信息服务。

4. 确立企业在涉农信息资源开发和服务中的主体地位

我国现阶段真正专门从事或者主要从事农业信息资源开发利用的企业为数很少。在一些战略性和公益性的信息资源开发利用领域，由于利益驱动，企业不愿意介入，但是它们对农业发展，对整个国民经济体系的发展具有重要影响，所以需要政府部门出面，以公共财政支出进行建设。而在一些市场价值比较大的信息资源开发利用领域（如市场行情、农民工就业信息、个性化信息服务等），政府不应当过多介入，可以通过产业政策倾斜、资金支持、税收支持等宏观调控手段，大力扶植企业发展。政府部门关心的不仅仅是能拿出多少资金，投入多少人力物力来从事信息资源的开发利用，还应该关心创造了什么样的环境、制定了什么样的政策，有利于形成一个能自我生存的信息资源开发利用市场，使从事农业信息资源开发利用的企业能够在市场条件下充分竞争，开拓出发展空间。

第十章
面向社区服务的信息资源
开发利用实践

张勇进　孙立明

　　随着城乡一体化和城市化进程的加快，社区数量越来越多，社区规模越来越大，社区服务也在不断地发展。在电子政务和电子商务的带动下，加快社区服务信息化进程已成为社会热点，社区服务的信息资源开发利用已经成为社区服务信息化建设的主要内容之一。本章将总结近几年来我国社区信息化的初步实践和基本经验，重点介绍上海和北京在社区信息化方面的成功应用，提出"整合"各类资源是未来一段时间社区信息化的发展趋势。

一　我国社区和社区服务的理论与实践

（一）我国社区建设的发展历程

　　1957 年，联合国就在发达国家开始倡导社区发展工作。美国、英国、加拿大、澳大利亚、新西兰是社区发展最早的国家。经过几十年的发展，许多国家已形成了完备的城市社区组织管理体系，社区功能得到不断发展和完善。

　　1984 年民政部"漳州会议"提出"社区服务"的概念。1986 年，我国正式开始社区建设试点工作。当时，国家民政部为推进城市社会福利工作改革，争取社会力量参与兴办社会福利事业，并将后者区别于政府民政部门代表国家办的社会福利，称之为"社区服务"。由此，社区的概念在我国得到广泛的采用。

1991 年，民政部在全国开始推广社区建设工作。1994 年，全国社区建设初步完善，进入快速发展阶段。社区居委会工作人员的年龄层次已经由过去的老年人为主转变为中青年为主。据统计，目前我国有城区 852 个，街道 6152 个，社区 79947 个。各城区、街道普遍建立了社区服务中心，各居民委员会大都建立了社区服务站，形成了区、街道、居委会三级社区服务网络。

（二）我国现阶段对社区的认识

德国社会学家滕尼斯认为，"社区"是指"由具有共同的习俗和价值观念的同质人口组成的，关系密切的社会团体或共同体"。美国社会学家罗密斯对社区和社会进行了区分，社区是自生、相对封闭、同质或异质共生的，而社会是结合、相对开放的、异质的；社区是人们感情和身份的重要源泉，而社会则是人们理性和角色的大舞台。

综合学术文献，可以认为社区是指以集聚在特定地域范围内和生活上相互关联的一定数量的人口为主体，在长期居住过程中形成的具有共同地域文化、区域归属感、公共服务设施和基本组织制度的相对独立的生活大集体。

我国所指的社区，以基层政权和群众性自治组织为依托，在城市一般以街道、居委会为单位。2000 年 11 月，中办和国办转发了《民政部关于在全国大力推进城市社区建设的意见》，将城市社区明确为"一般是指经过社区体制改革后作了规模调整的居民委员会辖区"。本文所指的社区是指城市社区，由政府的派出机构——街道办事处所管辖的区域，社区的地域界限与基层政府行政边界重合，以街道辖区作为城市的社区单位。

我国社区建设的时间比较短，社区理论建设仍然处于边实践、边总结的探索阶段。但是，社区这个概念的理解已经形成一定的共识。社区服务信息资源开发的边界，基本上由现阶段对社区的认识所决定。

（三）我国社区服务涵盖的功能范围

我国社区服务的主要内容包括政府社会管理、居民自我管理、政府公共服务、社会公益服务、企业商业服务、居民自我服务等。社区承担社区人群社会管理、区域性公共服务、弱势群体社会保障、居民教育、人际交往、体育休闲、养老保健、管理参与、环境保护等功能。社区服务，就是街道办事处、社区居委会、社区服务中心＼站、社区政府工作站、服务供应商、社区民间组织和其他社区组织或个人通过公共服务、社会管理、市场机制、公益性服务等方式为社区居民、居区企业、常住流动人口等提供生存保障、休闲生活、社区管理、社会安全、政治参与等方面的服务。

（四）我国开展社区服务需要考虑的主要因素

我国开展社区服务需要考虑居民群体结构、居民需求结构、社区工作格局、居民居住形态和居民参与意识等主要因素。这些因素不仅决定了社区服务工作的开展方式和方法，而且也会影响到社区服务信息资源开发利用工作的开展。

1. 居民群体结构

社会分层引起的居民群体结构变化对社区服务有重大的影响。一方面，我国城市居民生活水平普遍得到提高，另一方面，居民之间收入差距也在扩大，部分社会成员心理失衡，部分家庭陷入贫困状态。中国社科院 2007 年《中国社会形势分析与预测》指出，2006 年中国最高收入 20% 的人口与最低收入者，实际上收入差距达到 18 倍左右，而且收入差距在向纵深发展；我国内地的奢侈品消费者已占总人口的 13%，约 1.6 亿人。保障社区弱势群体家庭、贫困家庭、残障人士家庭、单身家庭和特殊人群家庭的基本生存权，需要做好社会救济、社区就业和社区救助等社区服务。

人口老龄化和家庭空巢化对社区服务也有重要影响。20 世纪 90 年代以来，城市社会人口结构发生严重变化。据全国老龄办 2006 年发布的《中国人口老龄化发展趋势预测研究报告》，截至 2004 年底，中国 60 岁及以上老年人口为 1.43 亿人，2014 年将达到 2 亿人，2026 年将达到 3 亿人，2037 年超过 4 亿人，2051 年达到最大值，之后一直维持在 3 亿～4 亿人的规模。老人家庭空巢化趋势明显，独居老人数量增幅较大，离退休人员社区养老达到高峰值。为老年人口、空巢家庭提供贴身的公共服务，也是社区服务的新内容。

流动人口常住化也在影响社区服务内容的选取。进城务工经商的流动人口已经成为社区的新型常住人口。社区实有人口包括流动人口和户籍人口。据国家人口计生委称，我国流动人口数量超过了全国人口总数的10%，约占农村劳动力的30%。随着户籍政策的松动，流动人口在社区的居住率还将不断上升。社区流动人口服务内容涵盖计划生育、社会保障、子女入学、社会救助、卫生保健、权益维护等内容。

2. 居民需求结构

居民需求结构的变化也在影响社区服务。随着政府、企业和社会的边界逐步清晰且得到社会的认同，大量社会事务正在逐步回归社区，表现为不同类型的社会服务，其内容和形式呈现个性化、多样化特征。

居民需求取决于服务对象。普通居民的需求，主要集中在改善生活质量层面，包括便民利民、医疗保障、体育健身、文化娱乐、科技教育、网络购物。普通居民的社区公共服务包括预防、保健、健康教育、康复、计划生育技术服务和一般常见病、多发病、慢性病的诊疗服务。除了普通居民以外，社区服务对象，还包括生活困难群体、老年群体、流动人员群体在内的全体社区居民。其中，妇女、儿童、老年人、慢性病人、残疾人、贫困居民等是服务重点，这类服务需求主要集中于生存层面，包括社会保障、社会救助、劳动就业服务。业主意识和公民意识比较强的居民，希望社区服务在利益诉求、民主管理方面有所作为。

随着居民收入和素质的变化，居民对社区基础设施也提出了更高的要求，除了一些社区公共交通、居民生活和娱乐基础设施建设外，信息化基础设施，如电话、网络、无线网络、智能监控系统、地理信息平台、自助信息终端等，也列入社区基础设施需求的内容。

3. 社区工作格局

社区工作格局的变化，也在影响社区服务的供给。传统社区工作以单位为核心，作为单位管理工作的附属内容。随着单位淡出社区，社区工作格局也在发生改变，与社区服务相关联的组织机构的职能也随之发生转变。当前社区服务相关的组织机构，有街道办、政府工作站、居委会、社区群团组织、社区民间组织、物业管理企业、业主委员会、驻区单位、社区警务站、社区卫生服务站室、社区服务中心/站、社区居民、外来常住人口、社区志愿者等。

社会治理在不断变化。参与社区治理的力量有传统行政力量、社会力量、自治力量、市场力量。这些力量以各自的方式影响社区服务，改变着社区工作格局。新的社区工作格局需要社区服务相关联的组织机构尽快适应，不断创新和完善社区服务机制，依靠信息化手段将不同力量的社区服务组织形成新的工作体系。

4. 居民居住形态

居住形态的变化对社区服务供给方式提出了新的要求，正在挑战社区服务的传统供给方式。城市居民从平房迁进楼房居住生活，缺少了直接交往的机会。北京市"十一五"期间要进行"两轴两带多中心"的城市总体布局调整，更多居民的居住形态将以楼房为主，胡同纷纷"竖了起来"。不同文化背景、不同阶层的人们迁居或共居一地，单元门洞，限制了社区直接接触的机会，社区服务供给难以达成共识。

5. 居民参与意识

居民参与意识影响社会服务的供给和使用。社区居民的参与意识不断增强，公民意识逐步深化，社区主人翁感日益增强，都给社区服务提出了新的要求。管理和提供社区服务的相关组织，在开展社区服务的过程中，需要考虑如何吸引社区居民、驻区单位、社区志愿者和其他社会力量参与其中，如何改进社区服务供给方式和评价方法，如何建立民意表达、社区公示等沟通渠道，如何组织动员社区居民开展邻里互助等群众性自我服务等。

（五）我国对社区信息化和社区服务信息化的认识

社区信息化就是运用现代信息技术，通过行政体制和管理机制创新，在社区范围内为基层派出政府、社区工作站、社区居委会、物业管理部门、业主代表机构、社区志愿者组织、社区居民、社区非常住人员、居区企业和包括企业在内的各种中介组织和机构搭建信息平台，实现网上管理和服务，实现社区和谐。

社区信息化的基本领域包括社区政务信息化、社区服务信息化、小区信息化和居民家庭信息化等。

社区政务信息化，相当于社区网上政府，主要指在街道办事处、社区居委会或者社区政府工作站等政府派出机构或者委托管理部门内部，开展网上办公、信息决策、数据报送等政务活动。社区政务信息化主要服务对象是街道办事处、社区居委会或者社区政府工作站内部的政务工作人员。

社区服务信息化是指街道办事处、社区居委会、社区政府工作站、社区群团组织、社区民间组织、物业管理企业、业主委员会、社区卫生服务站室、社区服务中心/站、服务供应商和社区志愿者利用网络信息平台进行社会管理，提供公共服务，如低保申请、就业信息、卫生保健、流动人口和出租房屋管理、网上缴费、家政服务、网上交易、网络教育、网上社区、文化休闲、志愿服务等。社区服务信息化主要服务对象是社区服务中心/站和社区中的居民、居民委员会及其他组织。

广义的社区服务信息化包括社区管理信息化和狭义的社区服务信息化。本文中的社区服务信息化为广义的概念。

小区信息化和家庭信息化是居民家庭和物业公司将社区建筑物、公共基础设施、住宅设备、家庭装备、生活设施等实现数字化、信息化、网络化，它是社区服务信息化的技术基础。

二　我国社区服务信息资源开发利用的特点及现状

社区服务的信息资源开发利用，是在社区信息化的大范畴之内进行的，主要是指社区服务信息化过程中对社区各类信息资源的综合开发和全面利用。

信息资源开发和利用是社区服务信息化的核心。信息资源的开发利用，反映了社区服务对信息资源的敏感性和依赖性以及社区服务组织机构对信息技术的理解、应用和创新能力，是让社区工作赢得老百姓支持的难得契机。

（一）我国社区服务的信息资源开发的三个特点

我国社区服务的信息资源开发利用，具有部门性、局部性、分散性的特点。这些特点的形成主要由社区服务提供者的不同特征所决定。

开展社区服务所依赖的信息资源，分别来自政府部门、社区自我管理或民间组织、商业企业、社区个人。社区服务信息资源，分散在由政府、企业以及其他社区成员通过信息化的方式建成的各类信息系统中。而且，有些服务在网络上还是跨系统、跨平台的，需要依靠其他部门的配合才能完成全流程。比如社区内流动人口和出租房屋管理这类信息系统，社区民警工作室所掌握的流动人口的信息资源，物业公司、业主委员会的信息系统并没有与其实现信息交换，计生、卫生、民政、劳动等部门的信息系统也是各自独立建设和使用。这就是社区服务的部门性、局部性、分散性的特点的体现。

（二）我国社区服务信息资源的五类服务对象

社区服务信息化系统的服务对象，包括社区内外的居民、公众、企业、社团组织、政府机构和公务员等。社区服务信息资源的开发利用必须以这些服务对象为中心，研究其特点。社区服务信息化系统能否取得成功，服务对象是关键。即使是依靠行政力量强制推行的社区信息化系统，也不例外。

1. 居民

居民是指对社区服务信息资源开发利用有需求的社区常住居民、在外地或海外的本社区户籍人员、在社区区域内生活和工作的其他人员、社区常住流动人员。

社区居民，还可以进一步细分为儿童、中小学生、老人，工薪家庭、困难家庭、残障人士家庭、单亲家庭，常住流动人口、租房户等特殊人群。社区居民服务需求的个体差异性大，信息资源开发利用需要多元化。

2. 公众

公众也是社区服务信息化的服务对象，主要是指其他社区的人群。公众主要是希望获取政府公告、社区公共信息公示、各类社区信息资源的在线检索查询等信息服务。

3. 企业

与社区服务信息资源的开发利用相关的企业有社区物业公司、服务供应商、居区企业等。社区物业公司、服务供应商希望通过提供优质服务实现盈利。居区企业希望通过社区政务信息化系统协调社区管理机构，享受到审批、纳税等行政性服务，也希望通过社区网上交易系统，获得商机。

4. 社团组织

与社区服务信息资源的开发利用相关的社团组织，主要有居委会、社区群团组织、社区民间组织、业主委员会等。居委会属于居民自治组织，有时也承担基层政府派出机构委托或交办的社会管理和公共服务职能。业主委员会属于业主利益代表机构。社区民间组织包括社区义工组织、兴趣爱好者协会、互助自助组织等。

为社区居民提供更好的社区服务，是各类社团组织的共同目标。社团组织提供的社区服务具有关联性，服务对象相同或者相近，如果实现数据、信息、资源的交互与共享，可以提高各自的工作效率和服务质量。

5. 政府部门

与社区服务信息资源的开发利用密切相关的政府部门，主要是指街道办事处、社区政府工作站、社区警务工作站等政府派出机构及其下属事业单位，如社区卫生服务站室、社区服务中心/站。

从事社区服务信息资源的开发利用的政府部门多数属于条条与块块的关系，部分职能部门还属于不同行政等级的垂直管理。

与社区服务信息资源开发利用有关的政府部门、垂直管理的政府部门、基层政府派出机构、政府部门下属事业单位，都是依靠社区政务信息化系统实现网上办公、内部人财物管理、政务协同和资源共享，拓展公共服务渠道，吸纳社区民智，提高政府决策的科学性。

（三）我国社区服务信息资源利用开发的进展情况

我国社区服务信息资源的开发利用是伴随着城市信息化进程逐步深化的。支撑社区服务信息资源的开发利用的技术基础和社会基础在许多城市也已经具备，如社区网络、社区网站、具有计算机使用能力的社区居民、信息化支撑的社区政务等。而且，以企业为核心的电子商务和以政府为核心的电子政务也带动了以居民为核心的社区信息化（电子社区）的发展，推动社区服务信息资源的开发利用。

多年来，信息技术在社区的应用逐步深入，全国社区信息化工作取得历史性突破，社区服务信息资源的开发利用已成为城市和全社会信息化的重要基石。信息化也渗透到社区生活的方方面面，各地社区纷纷建立社区网站，依靠各类信息系统为居民提供信息服务，不少城市社区居民已经完全习惯了网上抄表、小区宽带视频点播、网上购物、网上论坛等数字生活。

1. 国家社区服务信息资源开发利用的发展

民政部作为社区建设和管理的职能部门，在推动全国社区服务信息资源的开发利用方面发挥了重要作用。2001 年，民政部制定颁布了《全国民政系统信息化 2001～2005 年发展规划纲要》，提出以社区建设为中心，以信息技术为手段，以社区服务为切入点，建设集热线电话、因特网查询、单键呼叫为一体的智能呼叫中心，为社区居民提供全方位的信息和服务，实现现代化社区管理和服务。

2006 年 5 月份的全国部分省市社区信息化工作经验交流会透露，在全国范围的社区信息化状况调研的基础上，将出台全国社区信息化标准体系，实现资源共享。据 2006 年民政部信息化建设领导小组办公室和国务院信息化工作办公室推广应用组联合主办的"全国社区信息化建设论坛"上公布的消息，"十一五"期间，全国社区将普遍建立一体化政府公共服务平台，使社区公益性服务种类在现有基础上大幅度增加，服务质量大幅度提高。

我国地方社区信息化和社区服务信息资源的开发利用的实践起步于 20 世纪 90 年代末，主要集中在东部地区和经济发达地区。

2. 上海社区服务信息资源的开发利用情况

上海社区服务信息资源的开发利用起步较早，条件较好。上海市民政局主要依靠成立于 1997 年 6 月的上海市社区服务中心来推动全市各区社区服务信息化建设的推广。上海市社区服务中心通过上海市社区服务热线、电脑服务亭、上海社区服务计算机网络和上海市社区服务热线电话网络开展社区服务信息化工作。1998 年 12 月，全国第一家街道社区服务计算机网络系统在上海市静安区石门二路街道建成。

2002 年，上海市确定从 2002 年开始到 2005 年把社区信息化作为城市信息化的重点工作之一加以推进，要求到"十五"期末，全市 80% 的街道实现社区信息化，并把静安区石门二路街道和卢湾区五里桥街道作为社区信息化试点工作单位，从社区管理、社区服务和小区信息化三方面开展试点，对全市社区服务信息资源的开发利用进行初步的探索。

2003 年，上海市各区都选择了部分街道展开社区信息化工作，进一步探索社区服务信息资源的开发利用。通过试点，石门二路街道社区服务信息化实现了网上政务公开、双向互动、居民办事等功能，建成了社区政务管理系统，初步达到让市民"少跑一趟路，少迈一道门槛"的目的；五里桥街道在街道层面整合了人口、户籍、民政、劳动、计生、残联的部门数据资料，简化和优化了居民办事流程，整合社区事务受理中心和各个居委会的网络资源，建成街道公共信息平台，实现了网上社区服务的功能。

2004 年，上海市提出了"社区党建全覆盖、社区建设实体化、社区管理网格化"的要求，并在全市六个街道中进行社区管理网格化试点，这是上海市将网格化首次引入社区服务信息资源的开发利用中。黄浦区有两个街道列入此次试点。黄浦区通过建立区人口信息资源库和社区事务服务系统，实现了户籍、求职、失业、残疾人、老年人、育龄妇女、帮教人员等部分信息的跨部门整合，达到了"一数一源、一源多用"的目的，同时依托区人口信息资源库，可在网上协同办理城镇居民最低生活保障、协保人员生活补助、知青子女生活补助、医疗救助、廉租住房、支内退休返沪人员生活补贴等社会事务，实现社会救助事务"一口受理，内部协办"，为社区服务信息资源的跨部门综合利用奠定了基础。

2005 年，上海市社区服务信息资源开发利用的技术设施基本建成。全市 95% 的街道建成内部局域网，基本建成市、区、街道三级信息基础网络。90 个街道建成社区政务管理系统；79 个街道建立了政府网站或网页。18 个区（县）的街道（镇）累计建设东方社区信息苑 200 个。上海社区服务网日均更新信息 261 条，社区服务热线年均接听市民来电 30 万个，服务项目达 30 类，服务队伍包括 2908 个非盈利性服务组织、1138 个盈利性服务组织和近万名志愿者，推出了针对独居及纯老家庭的"安康通"远程援助系统。2005 年元旦，上海市静安区石门二路街道社区服务信息系统正式开通，对外提供服务。市 - 区 - 街道（镇）- 居委四级社区服务中心在上海市已经基本建成，这为上海社区服务信息资源的开发利用打下了组织基础。

3. 北京社区服务信息资源的开发利用情况

北京社区服务信息资源的开发利用在全国处于先进水平，成效显著。"十五"期间，北京市完善社区服务的方式和方法，深化社区服务信息资源的开发利用。北京市在街道层面开展"一站式"服务，社区层面普遍开展了为社区居民的"代理代办"服务。建立了社区公共服务信息平台，初步形成了贯通市 - 区 - 街 - 居四级的社区服务信息网络系统。在全市 2000 余个社区设立了社区警情电子显示屏，并在北京市社区服务信息网上进行了每日警情播报试点。

北京市主要依靠社区公共服务网络系统，整合各类社区服务信息资源，为社区居民提供公共服务。社区公共服务网络系统是全市社区服务信息资源开发利用的技术基础，由网络系统、网站系统、热线呼叫系统组成。北京市社区公共服务信息网络系统自 2000 年 8 月开始建设，2001 年年底开通运行，2002 年 12 月正式开通北京市社区服务热线，2003 年进行第二次改版。北京市民政局负责社区公共服务信息网络系统的组织领导和业务运营，市民政局下属单位北京市社区服务中心进行日常管理。2004 年，该网络联结全市 175 个社区服务中心和 2400 个社区居委会，在市、区、街道、居委会设有 170 个网站，连接全市 151 个分散独立的街道热线呼叫系统，已经形成了覆盖全市的社区公共服务网站群。目前，北京市社区公共服务热线，覆盖了市－区－街－居四级社区服务，依托这一网络系统，可以调动 2000 家品牌服务商的服务资源，向社区居民提供政务咨询、家政服务、综合修理、文体娱乐、租赁服务、日常用品配送、中介服务等 200 多项服务。北京市社区服务热线系统与北京市社区服务信息网络系统和网站系统构筑起全市统一的公共服务平台，覆盖了全市范围，渗透到了各街道、居委会以至直接深入了每个家庭。社区居民可通过电话、呼叫器接入北京市社区服务呼叫中心或街道呼叫中心系统，要求社区中心提供服务。

2006 年 1 月，海淀区依托北京市社区公共服务信息网，建成了海淀区社区义工一卡制网上信息化管理系统并在区内 22 个街道进行试点，表明社区义工服务的信息资源开发利用正式启动。2005 年下半年海淀区开展的一项专项普查显示，全区老年人 195551 人，残疾人 20745 人，低保户 13943 个，下岗失业人员 31595 人，义工具有广阔的服务空间。截止到 2006 年 3 月底，海淀区义工注册登记人数已达到 6 万人。借助于该系统，海淀区的全部义工可以查询服务时间和服务内容等信息。

2006 年 7 月，北京市社区警务工作站计算机联网正式启动，标志着跨社区警务协同方面信息资源开发利用条件基本成熟。截至 2006 年 6 月底，全市 2189 个社区警务工作站中，具备联网条件的 1972 个警务站已全部联入公安网，实现了社区警情信息的实时共享。据首都综治委透露，今后将逐步把专职巡防队、治安志愿者队伍同社区民警、巡警及其他承担城市管理工作的各类专兼职队伍整合起来，综合利用各个口径的信息资源；社区警务信息资源的全市联网，改变了民警的工作方法，为民警以派出所为工作地点转变为以社区警务站为主要工作平台提供了信息支撑，而且丰富了民警下社区后的警务工作内容，延长了社区民警下管片的工作时间。

2006 年 11 月，北京市民政局会同市发展改革委联合发布的《北京市"十一五"时期城市社区发展规划》，还首次把家政、物业服务纳入城市社区管理服务范畴，提出要以北京市社区服务平台为载体，扶持家庭清洗、保洁、保姆、小时工、维修以及老年人专业护理等多种类型的家政服务品牌企业，形成家政服务信息网络体系和连锁加盟服务体系，初步展示了全市社区服务信息资源开发利用的前景。

　　杭州、宁波、天津、深圳和扬州等许多城市的社区服务信息资源开发利用也富有特色。社区服务信息资源的开发利用在其他地区也取得了明显的效益。某地街道办事处通过社区信息化系统掌握本街道辖区内的写字楼分布及其商户入住信息，通过统计分析人员流量和周边快餐供应站点数量，调整和新增写字楼周边的快餐供应站点，不仅解决了写字楼商户的就餐问题，而且还增加了社区内就业机会，也实现了食品卫生的有效监管。

三　整合成为我国社区服务信息资源
开发利用的大趋势

　　我国社区服务信息资源的开发利用，已经进入整合发展的新阶段。"上面千条线，下面一根针"，社区服务具有综合性的特征，涵盖了多个政府部门的管理服务。发达地区政府部门的许多业务都开始延伸汇聚到街道社区，但是各部门业务系统条块分割，各自为政，数据不能共享，业务无法协同，社区信息化不可能按业务种类分别建立应用系统。此外，顶层设计和标准规范缺失，单靠政府开发利用信息资源的传统模式难以为继，这些都要求我国加快社区服务信息资源的整合进程。整合成为社区服务信息资源开发利用的基础和关键。社区服务这根针整合着来自各部门的信息，只有通过整合，才能高效、低成本地完成众多部门工作在社区落地的任务。

（一）社区服务信息资源整合的四个方向已经明确

　　社区服务信息资源的整合，包括技术、数据、应用和机构等四个层面的整合。每个层面的整合思路不尽相同。通过社区服务信息资源的整合，希望做到信息化公共服务设施的共享共用，建成基础性社区服务信息资源库，建设综合性社区服务资源管理大平台，调整和创新社区服务管理机制，最终实现社区管理由垂直型向网格化的转变、社区服务由粗放型向集约化的转变、居民生活由传统型向智能化的转变、社区信息资源开发利用由孤岛型向整合型的转变。

1. 网络整合

网络整合是社区服务信息资源开发利用的技术基础。我国多数经济发达地区，社区信息化基础较好，社区网络比较成熟。2006 年，北京海淀区有线电视普及率达 100%，社区宽带网接入率达 100%，计算机普及率达每百人 80 台。

统一的社区网络是信息交换和业务协同的基础，可以避免政府各职能部门在社区管理网络上进行"条线"重复建设。依靠政务外网和现有社区业务专网建立统一的政府服务网络，在区级网络平台的支持下建成街道社区统一的工作网络，解决当前条条部门专网直通街道、互不联通等问题，实现社区网络与各个政府条块网络的互联互通。

2007 年，北京东城区全部 126 个社区将完成联网工程，实现社区、街道和委办局、区政府的三级联网，建成全区统一的社区政务网络。

2. 数据整合

网络整合是信息资源开发利用的技术基础，数据整合则是信息资源开发利用的信息基础，包括基础数据库建设、数据交换两个方面的内容。

首先，社区实有人口和基本单位信息基础数据库是最为重要的社区基础数据库，是社区数据整合的重要内容。

社区人口和单位库不能仅仅覆盖户籍人口，还应包括家庭、驻区单位、外来人口、常住人口和暂住人口。通过在全市范围内整合各个部门社区管理服务信息化系统中的相关基础数据，建立集中的社区数据中心，改变数据分散的现状，同时建立实有人口和基本单位信息属地化采集、维护、交换机制和信息管理体系，掌握完整而真实的社区数据，保证数据"鲜活"。通过数据交换平台，实现社区、区（县）政府委办局和街道（乡）、省（市）人口信息和基本单位资源的整合共享，降低了社区管理中政府各职能部门在社区的重复摸查采集、社区终端软件系统开发等方面的成本，降低了政府各职能部门对社区的管理和服务成本。

在社区人口和单位库基础上，不断扩充社区基础数据，完善统一的社区数据采集存储中心，形成一套较为完善的社区服务基础数据库，支撑来自各个部门、各方单位的各项主题服务。与人口和单位数据一样，公共设施数据也是社区的基础数据，反映社区服务设施、居民需求、服务管理的基本情况。公共设施数据主要是指社区的城市重要公共设施的相关内容，包括供水管线、排水管线、电力管线、电信管线、供热管线、燃气管线等。

社区数据与空间地理结合起来，才能发挥最大效益。因为小区居民发生火灾或生病紧急救助，小区供水电力管线发生故障等，如果地理空间数据和社区数据整合在一起，可以将人口信息、单位信息与社区空间位置建立联系，标明人口、单位和公共设施部件所在单元网格编码、标准名称、主管部门、责任单位、具体位置、空间坐标等，实行网格化管理，提供精细化服务。

其次，数据交换也是数据整合的重要内容。

围绕社区而产生或存在的信息资源既包括来自政府"块"的信息资源，也包括政府不同部门的"条"的信息资源，还包括来自社区物业部门、业主委员会、社区民间组织和服务供应商等与社区服务相关联的信息资源。不同部门的信息系统彼此独立运行，数据重复录入，数据格式不一致，数据内容不完整，占用街道与社区有限的人力、物力资源。

数据交换是在尊重现有条条块块体制下实现数据依法共享的一种技术选择。传统上，可以以导盘、导库、网闸摆渡方式进行数据交换，但是存在交换不及时、安全性差等隐患。

建设数据交换平台或者交换终端，是当前数据交换的主要方式。依靠区或者街道数据交换平台或者社区交换终端，纵向可以实现与政府条块部门之间的数据交换和上级数据的返还；横向可以实现与社区内部单位、驻区单位、兄弟社区之间的数据交换，突破条块信息共享的瓶颈，促进来自政府和社会的各类服务、教育、文化资源在社区集聚、整合和广泛应用。

数据交换，需要借助政府的权威、信用和组织协调的优势，塑造社区相关组织的服务品牌和商业信誉，整合政府、市场和社会的各种与社区服务相关的数据资源，包括政府信息资源、服务供应商信息资源、志愿服务信息资源、社区联动信息资源等。数据交换，可以和资源置换、公益服务相结合，采取服务与信息资源互相置换、优势信息资源合作利用、信息权益和资本权益整合、公益服务免费供给等方式。

此外，数据交换，需要做好标准规范，打好基础。比如同一个居民的信息，在民政部门和公安部门的定义项就不同，甚至同一个服务事项，在不同社区、市区街道的名称和范围也不同。数据标准规范，不可能单独依靠单个社区来建立，需要较高级别的政府部门总结研究各地的社区服务数据种类，或者同级各个部门共同协商来加以制订。

3. 应用整合

社区服务应用系统具有跨机构、跨业务、跨平台、跨对象等特点。通常，政府各职能部门为了保证业务的连续性和一致性，经常向下属部门推广应用系统，甚至一竿子插到街道社区这一级，很少考虑如何从街道社区出发整合建设统一业务平台，通过平台来加载各自的具体业务模块。这样，社区服务应用系统，涉及众多业务部门，系统使用主体繁多，系统功能繁杂，系统管理对象不相一致，系统平台不尽相同。因此，目前，街道社区常常一台电脑一个业务系统，各自独立运行，每台电脑、每个系统都要有专人维护，每个条线都要上报数据，每个系统都要有人会操作使用。

社区信息化的应用系统必须走整合业务系统，建设统一社区信息平台的道路，实现信息共享和跨部门协作。利用社区综合应用平台整合各部门下到街道的业务系统，在一台电脑上用统一社区信息平台这根"针"串起来自各个条块的社区事务及服务的千条线，实现"一个平台，多项服务，一套数据，多个系统"。政府办事员因此也需要成为多面手，能够授权办理多个事项，从原来的"专科医生"变成"全科大夫"。

整合社区信息系统，可以实现业务协同。如民政的婚姻业务与计生的育龄妇女登记业务就可以在系统上实现协同，简化办事程序。通过统一社区信息平台，可避免不同区、街道、居委会以及小区在软件系统开发、硬件资源配置方面的重复投资，让居民在家门口享受到一门式、一口式的社区行政管理服务和社区生活服务。

整合政府所有办事项目的统一社区信息平台，难度非常大，需要党政部门加强领导，条条块块部门加大协调。

据了解，西城区2007年将构建统一的社区信息平台，实现七个街道公共服务大厅业务联网受理，这意味着西城区居民可在就近的街道公共服务大厅办理业务。业务内容包括申请民事调解、居民身份证明、办理再就业优惠证、办理低保等与居民生活密切相关的事项，其中部分事项居民可直接在家上网登录西城区政府网站的"街道网上办公大厅"申请办理，还有部分代办事项实现了从社区居委会到街道再到委办局的全程网上办理。

4. 机构整合

社区服务信息资源开发利用的过程中，整合不仅仅是技术问题，还牵涉到管理机构。管理机构整合的主要内容是理顺工作机制，并非增裁部门。

政府内部各个部门在社区的服务机构或者委托部门，需要在办事机构层面加以整合，协调各方的基础设施、信息资源和公共服务。政府部门、社区服务中心/站、居委会和物业公司、服务供应商、社区民间组织等部门之间，需要建立一个便捷的信息化工作协商渠道，通过沟通交流，达成共识，打破部门和区域界限，引导包括政府公共服务、商业化社区服务、公益服务和其他社区服务的可持续发展，实现信息资源的互联互通和共建共享。

开发利用社区服务信息资源，如果成功地实现了机构整合，那么可以提供社区的管理服务水平。比如，物业公司可以通过政府部门建设的统一社区信息平台发布信息，收集、处理并反馈居民意见或建议。政府管理部门可以利用物业公司在社区安装的摄像头，为社会管理提供图像信息，可以利用物业公司掌握的家庭人口信息完善人口数据库，可以利用电信服务供应商的电话、小灵通、短信、手机、信息亭等延伸社区服务终端。社区民间组织，可以利用物业公司、政府部门的信息资源开展各类自愿或自助服务，调解物业纠纷，实现社会稳定。服务供应商利用政府部门的统一社区信息平台、物业公司的地理信息资源开展贴身性社区服务，针对实有人口系统的失业家庭信息提供针对性的就业服务，提高服务水平，也为物业公司增加收入。

（二）整合所需政策条件基本具备

社区位于政府、社会和市场的纵横交汇点，整合难度大，需要顶层设计。只有从顶层规划抓起，才能保证在社区层面上实现网络互联互通、信息共享共用。目前国家在社区信息化相继出台一些政策文件，为社区服务信息资源的整合提供了政策保障。

2006 年 3 月发布的《国家电子政务总体框架》提出的服务体系当中，要求通过计算机、电视、电话等多种手段，把电子政务服务延伸到街道社区和村镇，惠及全民；要求面向城乡公众生活、学习、工作的多样化需求，在婚姻登记、计划生育、户籍管理、教育、文化、卫生等方面提供电子政务服务，为城乡困难群众提供更加便利的服务。

2006 年 4 月发布的《国务院关于加强和改进社区服务工作的意见》明确提出，加快整合社区资源，健全服务网络，创新服务方式，拓宽服务领域，强化服务功能。

2006 年 5 月发布的《2006～2020 年国家信息化发展战略》，把推进社区信息化列为我国信息化发展的战略重点之一。要求推动电子政务公共服务，延伸到街道、社区和乡村，增加社区服务内容，扩大服务范围，提高服务质量。社区信息化已被提升到社会信息化的重要内容的高度。社区信息化，将加快各类信息系统和资源的整合，构建统一的社区信息平台，加强常住人口和流动人口的信息化管理，改善社区服务。

2006 年，国家民政部《建设和谐社区实施纲要》（草案）要求，注重推行现代信息技术在社区管理中的运用，加快梳理和整合各类服务热线、呼叫热线，形成社区公共资源共建共享机制，逐步实现社区办公、服务管理自动化、现代化。

（三）整合的工作机制初步形成

《国务院关于加强和改进社区服务工作的意见》明确提出，要建立健全政府统一领导、民政部门牵头、有关部门配合、社会广泛参与的社区服务管理体制和工作机制。依托社区提供公共服务的教育、科技、公安、司法行政、劳动保障、建设、文化、卫生、人口计生、环保、体育等部门，要按照社区服务发展要求加强业务指导，提高服务水平。各级发展改革、财政、商务、银行、税务、工商等部门要按照各自职能，进一步制定促进社区服务发展的政策措施。积极鼓励工会、共青团、妇联及残联、老龄、慈善等组织参与社区服务，大力倡导团结互助、扶贫济困的良好风尚，形成推动社区服务发展的合力。

社区服务信息资源的整合工作，属于社区服务管理工作机制建设的基本范围。明确了社区服务管理体制和工作机制，也就是明确了社区服务信息资源整合的相关机制。

社区服务信息资源的整合，是社区信息化建设的着力点。以社区居民的服务需求为导向，整合社区网络基础设施、社区信息资源和应用系统，协调政府各部门的社会管理和公共服务，建成社区信息基础数据库和共享交换体系，构建统一的社区信息服务平台，实现政府各部门、物业公司、服务供应商和社区民间组织等社区服务机构的信息共享，从而推动社区各种服务资源的联动和协同。

四 我国社区服务的信息资源开发利用基本经验

综合分析来看，我国社区服务信息资源开发利用的整体水平还比较滞后，处于探索阶段。社区信息资源的开发利用目前主要还是停留在社区网站网页展示方面，多数社区服务呼叫网络系统没有取得预期的效果，还没有进入深入开发阶段，系统配套不足，实体服务集成不够，政企合作不深，居民参与率低，政务信息系统的功能发挥不充分，社会效益不明显，经济效益也较低。

尽管我国社区服务信息资源开发利用面临一些挑战，但是近年来还是取得了一些进步，积累了一些成功经验与方法。

（一）服务居民为导向

服务居民，是社区服务信息资源开发利用的起点。政府部门"千条线"的目标都是为老百姓服务，社区信息化服务于这个目标。社区服务信息资源开发利用，本质也是为社区居民提供更好的社会管理和公共服务，协助居民开展自助和互助服务，与政府部门的目标一致。

服务居民为导向，要求从居民的需要出发，在政府各职能部门的支持和配合下，通过网络化和信息化平台来调动社会各种力量和资源，推动政府基层工作由传统的管理模式向规范、高效的新型服务模式转变。

服务居民为导向，要求发挥政府、社区居委会、民间组织、驻社区单位、企业及居民在社区服务信息资源开发利用中的作用，利用各自优势，推进社区政务和社区管理的信息化，通过商业手段推进小区和家庭信息化，提升和规范社区服务。

服务居民为导向，要求社区服务信息资源开发利用重点放在居民最关心、最需要而通过信息化工作可以解决的问题方面，重点提供社会救助、社会救济、优待优抚、残疾保障、计生、卫生等政府公共服务、信息查询、网上学堂等公益性服务和公共缴费、电子商务等增值服务，提高社区服务水平。

（二）充分发挥地方政府和民政部门的作用

我国社区服务信息资源开发利用，必须发挥民政部门的作用。这是由民政工作的职能和性质所决定的。民政工作"以民为本，为民解困"的宗旨就决定了民政工作的重心和基础在基层社区；相对于其他政府部门而言，民政自身的业务在社区层面上集中的种类多、涉及面广、紧密度大。

民政部门，作为社区服务信息资源开发利用的牵头部门，需要加快社区信息化的顶层设计，在社区层面上加大数据的整合、挖掘和服务，整合民政服务自身的业务系统，为其他部门提供更多的信息共享资源。

各级地方政府是社区服务信息资源开发利用的推动主体。地方政府信息化工作部门作为信息化主管部门，通过制订标准规范来推动社区信息化工作。

（三）抓住核心服务

社区服务信息资源的开发利用，需要抓住重点，抓住社区工作中的核心服务。不同类型的社区，核心服务不尽相同。

离退休老人比较集中的社区，社区服务信息资源开发利用的重点需要放在养老金查询、保健卫生、休闲娱乐、一键呼、志愿服务等方面。

中青年工薪阶层比较集中的社区，婚姻、教育、理财、旅游、网上购物、水暖电气网上交费等可以作为社区服务信息资源开发利用的重点。

单位型传统社区，可以通过社区服务信息资源的开发利用为居民提供家政服务、就业咨询、房屋管理与修缮、社会福利、慈善等服务。

抓住核心服务开发社区服务信息资源，可以集中精力，取得预期效果。社区服务要想取得成功，还必须做好实质性的配套服务，有针对性地提高居民参与率，从而推动社区公共服务和公益服务由单纯的全方位的便民服务向准确的、精细的专项服务转变，推动社区增值服务由无偿福利型向低偿或有偿的市场化经营型转变。

（四）充分利用社会力量

社区服务信息资源的开发利用，工作覆盖面广、资金要求量大，需要借助全社会的力量。现阶段社区信息化建设的投资主体比较单一，主要是基层政府和部分经济实力比较雄厚的社区。而且，社区服务信息资源的开发利用，既不是单纯的政府行为，也不是单纯的企业行为和民间活动，需要处理好社区居委会、民间组织、企事业单位和居民等各类参与主体之间的关系。

社区服务信息资源的开发利用，需要理顺参与主体，保证投资各方的受益权；需要在规划初期设计好市场化运行机制，将一部分子项目的收益权适度开放给企业，减少后续运维成本，使政府信息化建设在一次性建设投入后能自负盈亏和正常运行。社区居民和社区物业公司，也可以成为部分业务系统建设的投资主体，但是要保障其投入的收益权。部分社区服务可以逐步实现由无偿福利型向低偿或有偿的市场化经营型转变。

政府可以在自行建设的社区信息化平台上为企业提供电子商务的接口，实现权限受控的数据共享，增加社区服务供应商的订单，保证企业的利益，以此来提升企业对社区服务信息化的支持力度。

政府自行建设的社区信息化平台，也需要为社区公共服务留有数据接口，为社区民间组织、业主委员会等社区组织提供数据共享的渠道，促进和谐社区的建设。

第十一章
服务科技创新的政务信息资源开发利用

黄　萃

在建设创新型国家，大力推进提升科技创新的战略思想指导下，如何利用电子政务发展的契机，有效开发和应用服务于科技创新的政务信息资源，已经成为我国面向科技创新的电子公共服务平台建设所面临的重要问题。科技创新的整合性要求科技电子政务信息服务的支持和保障，科技创新的原创性要求科技电子政务信息服务的支持和保障，科技创新的实践性要求科技电子政务信息服务在创新成果的检验反馈中的支持和保障。国家电子政务建设中的科技创新服务系统的信息保障是围绕着科技创新活动所开展的专门化、系统化和高效率的信息服务，其目标是根据科技创新用户对信息的需求和创新信息运行的特点，通过各种可能的途径和方法提供各种形式的信息服务，以确保创新构想的萌生和创新活动的顺利进行。

一　服务科技创新的政务信息资源开发与利用现状

随着信息化在全球的兴起，各国政府所掌握的科技信息成为支撑科技创新活动的重要资源，其重要性越来越明显。科学数据和科技文献是科技创新的重要信息资源，现代科技的重大突破和学科交融需要这些宝贵的信息资源。但由于信息化发展过程的不平衡性，使得政府所拥有的科技信息不能获得有效共享和利用。尤其在我国，由于缺乏完整的理论体系、统一的思想认识、相应的标准和规范、科学的规划和组织，目前存在科技信息资源整合技术缺乏系统的梳理，科技创新信息资源管理缺乏整体规划，存在大量重置和浪费现象，资源不能共享。可以说，要异构平台、跨平台实现科技信息的公平有效利用，推动我国创新型社会的建设，就必须努力实现科技电子政务系统的整合与共享。

目前，我国电子政务经过逐渐探索和不断积累，不少地方已经建成了众多的科技信息应用服务系统。作为一般规律，按这种轨迹发展到一定程度，自然应进入整合阶段，整合相互孤立的应用，整合零散的科技文献信息资源和科技数据，提高信息共享和业务协同的范围和程度，从而提高地方科技电子政务的整体效能，以支持政府工作并推动科技创新的发展。具体表现在以下方面。

（一）科技文献信息开发利用逐步深入，效果日益显现

科技文献资源是重要的科技基础条件，是科技创新与科技进步的重要支撑。对科技文献信息资源等知识资源的占有、配置、开发、利用的程度与速度，是决定国家或地区科技能力强弱、科技水平高低的重要因素。世界科技文献信息资源建设与发展趋势及各国的经验表明：科技文献资源等科技基础条件建设正成为各国政府竞相支持的优先选择和发挥职能的重要领域；数字化、网络化、共建共享成为世界信息资源建设与服务发展的方向；重视技术、管理、法规三个平台是科技文献资源共建共享成功的保证，其中管理平台的建设是共建共享成功与否的关键。中国科技文献信息资源开发利用的障碍主要体现在五个方面：一是行政状态的"信息壁垒"；二是标准化程度的"系统异构"；三是基础设施建设的"耗散凝滞"；四是单位间"管理阻抗"；五是机制方面的"创新瓶颈"。

2004 年 7 月，国务院办公厅转发了科技部等四部委《2004～2010 年国家科技基础条件平台建设纲要》，全面启动科技基础条件平台建设工作，"科技文献资源共享服务平台"是建设的内容之一。国家科技文献信息资源系统是科技部领导下的，由中国科技信息研究所、中国科学院文献情报中心、中国农业科学院文献情报中心、中国医学科学院信息研究所、中国化工信息中心、机械信息研究院、冶金标准信息研究院、国家质量技术监督情报所八家中央级科技信息机构参与共同建设的国家级科技文献信息资源保障体系。该体系从 1998 年正式开始建

设，以"集中采购、分别加工、联合上网、资源共享"为原则，将全部采购的科技文献，按照统一标准、统一规范加工后，通过统一的国家科技文献资源INTERNET 站点向全国开放，实现科技文献信息资源的共享共用，使之真正成为国家技术创新体系的重要战略性基础。科技文献信息资源的采购协调是国家科技文献信息资源系统建设中的一项基础性工作，科技部为此统筹规划、统一部署，确定了科技文献采购协调的原则。该原则的指导思想是统一协调，避免重复、增加品种。目前科技文献采购协调工作已经取得了实质性的进展。

同时，不少省份在科技创新管理工作中已经逐步意识到了科技文献信息资源联合、共建、共享的重要性，纷纷积极开展省级科技文献信息平台的搭建工作，举例如下。

甘肃省以自建数字科技资源为特色，以引进科技数据资源为基础，以整合资源和集成资源为手段，以国家科学图书馆兰州分馆、甘肃省科技情报研究所、甘肃省图书馆、兰州大学图书馆、兰州理工大学图书馆、甘肃农业大学图书馆和兰州石化技术研究院等核心资源单位资源建设为主体，构建全省科技文献资源保障体系。实现甘肃省科技管理网和甘肃省科技文献共享网的嫁接，建立覆盖全省14 个市州、86 个市县区的科技文献共享和服务网络体系。提出的目标是到2010年，国外科技文献保障率达到30%，国内科技文献保障率达到90%，专利文献保障率达到80% 以上，基本满足甘肃省科技持续发展的全面需求。门户网站用户访问量达到每年50 万人次，参加共建的单位达到30 家，共享单位发展到500 家。

广东省致力于建成华南地区科技文献资源采集中心、科技文献开发利用中心、科技文献增值服务中心。建设广东特色数据库加工体系，并充分利用国家级文献中心科技文献和网络科技信息资源，实现省内主要科技文献资源单位的共建共享，为提升地区竞争力提供高水平的科技文献信息服务。提出的阶段性发展目标是：第一阶段，2003～2005 年在广州地区选择若干机构给予重点支持，使之成为面向全省的科技文献资源提供和服务中心；第二阶段，2006～2010 年使广东目前比较难于获得的国外科技信息资源数量有较大幅度增长，一次文献满足度在50% 以上。其中，重点建设由工程技术信息、科技书刊、标准信息、医药、农科资源信息、声像信息六个子系统构成的共建共享主系统，重点加强电子信息、生物技术、新材料、光机电一体化、医药、环保、能源、农业等学科领域的科技文献的品种。

浙江省则着力于打造科技文献信息资源共建共享网络体系，并成立共建共享领导协调机构，建设目标可分两步实施：第一步建立全省科研院所信息资源共建共享网络体系，根据浙江省科技经济发展的需要，以综合集成，创新创业为指导，联合省内主要科研院所、信息机构，合力建设浙江区域性科技文献资源保障体系；第二步建立全省公共、高校、科研三大科技文献信息系统的信息资源共建共享网络体系，充分发挥馆藏优势，共建共享网上信息，为建设浙江经济强省、科技强省和文化大省提供全方位、多层次的信息服务。根据浙江省四大支柱产业（机械、电子、医药、化工）及高新技术产业相关领域，整合全省三大系统科技信息资源，建立统一的网络平台，分别建设浙江省的机械电子、医药化工、轻工纺织、农林等科技文献共享系统。利用中国浙江网上技术市场全省 101 个市场和分市场的资源、场地、设备、网络条件，使各级网上技术市场同时成为科技文献信息资源保障体系的分中心，所有成员在文献信息资源网络的公共平台上实现信息系统互联与信息资源共享。

（二）科技数据共享应用，促进科学数据增值

科学数据是社会科技活动所产生的基本数据、资料，以及按照不同需求而系统加工的数据产品和相关信息，具有明显的潜在价值和可开发价值，并在应用过程中得以增值，是信息时代最基本、最活跃、影响面最宽的科技创新信息资源。科学数据共享工程是科技电子政务建设的重要任务，是一项复杂的系统工程，以共享促进应用，最大限度地发挥科学数据的潜在价值，强化对科技进步与创新的支撑能力。把工程建设和科技创新和国家电子政务整体建设紧密结合；把科学数据共享工作与提高政府公共服务能力相结合；强化数据资源整合开发与充分利用现代信息技术和国家信息基础设施相结合；最大限度地实现科学数据共享与安全保证相结合。

科学数据共享工程在国家科技基础条件平台统一规划、政策调控和相应法规的保障下，应用现代信息技术，整合离散的科学数据资源，构建面向全社会的网络化、智能化的管理与共享服务体系，实现对科学数据资源的规范化管理及其高效利用。从而为科技进步与创新、政府决策、经济增长、社会发展和国家安全提供科学数据资源的强有力支撑。

科学数据共享工程建设充分发挥了国家长期布局的数据采集系统和各类国家科技计划项目产生与积累的科学数据资源优势，构建面向全社会的共享服务体

系。科学数据共享工程建设的总体目标如下。

1. 构建国家科学数据管理与共享服务体系

在政府驱动和宏观指导下，集成政府部门、科研机构、高等院校和相关组织等多方面的公益性、基础性科学数据资源，通过整体布局、资源重组，机制创新，构建资源体系完整、结构合理、技术统一、管理规范、服务能力强的科学数据共享服务体系。到 2010 年在资源环境、农林、医药、材料、能源、交通、信息、先进制造与自动化、基础科学等领域以及针对国家重大科技计划和重点地区，构建 50 个左右的科学数据中心或科学数据网。同时，构建工程管理中心及其通过元数据技术与上述系统相链接的门户网站，形成面向社会统一、透明的科学数据服务体系。

2. 制定和完善科学数据共享政策、法规与标准体系

政策调控，法规保障和技术支持，是实现科学数据共享的基本保证与前提。要从国家层面上统一规划科学数据共享工程的技术框架，开展政策、法规和标准体系研究。到 2005 年应形成统一的技术平台；形成一套行之有效的共享政策和部门规章制度；完成标准框架的制定并全面推动标准化建设。到 2010 年形成完善的政策、法规和标准体系，确保工程的高效运转和正常秩序。

3. 增强科学数据资源积累，促进科学数据增值

形成国家科技计划项目科学数据（研究结果及其参照数据或运算数据和一些领域的原始数据）的有效汇交、管理和共享的新局面，不断增强科学数据资源的积累。在保证对现有数据资源的管理和共享服务的同时，组织对濒临损毁的珍贵的历史资料的抢救，进一步提高数据质量控制水平，增强科学数据资源的二次开发能力，并形成能够针对重大科技问题和突发事件的解决，及时组织高附加值、多源复合数据产品的生产，挖掘所需要的知识，形成有特色的服务体系

（三）科技信息系统辅助作用增强，科技信息资源成为电子政务资源的重要组成部分

许多地方以统一网络平台、实现信息资源共享与整合为指导方针，开始注意统筹规划各部门、地域之间的协同调节。多数省市建立了人才库、科技成果库和企事业名录库，集科技文献检索、专利查询和技术成果交易于一体的科技信息平台，开展了网上审批、农业信息发布与服务、公共卫生等应用系统以及信息资源

规划、应用系统顶层设计和数据标准化等工作，为企事业单位和广大科技人员提供科技政策咨询、动态信息和项目指南发布、项目申报、成果推介、交易中介等服务，实现了科技管理工作政务公开，基本形成了信息资源整合应用框架体系。在这样的框架下，信息孤岛现象逐步得到改善，应用领域的工作效率因此而得到了一定程度的提高，逐渐突破了政务信息资源不能有效共享的瓶颈。政务信息资源的有效利用对加强科学决策和宏观监管、提高社会管理和公共服务能力进而促进科技创新发挥了重要作用。

近年来，科技信息机构的科技文献服务与保障能力不断加强，服务范围与领域不断拓展，在原有服务的基础上，科技信息机构还积极参与国家科技基础条件平台建设工作，完善科技信息服务网络，积极推进社会信息化和网络建设，并注重与各级政府间的合作和共享，已成为国家电子政务信息资源中至关重要的组成部分，为中央和地方各级政府政策制定和科学决策提供了强有力的智力支持，承担着为科技创新和产业发展提供信息服务的重要功能。在强有力的科技信息系统的支持下，电子政务较好地实现了为包括企业、高等院校、科研院所和科研人员在内的科技创新主体提供全方位的信息服务资源的目标，同时为社会各方面提供有效的科技信息服务，成为了国家科技创新体系的重要支撑。

（四）知识产权政务信息网站的逐步完善，为科技创新提供保证

知识产权制度的完善可以极大地促进科技创新活动的开展，一方面推动科技创新成果的商品化和市场化，一方面为科技创新市场化创造公平有序的法律制度环境。知识产权必须与电子政务相结合，才能真正实现价值并发挥作用。

我国的知识产权政务工程日趋完善，基本完成专利电子申请系统、专利审查流程管理系统（CPMSIII）、电子文档系统集成和电子出版系统，完善专利审查辅助系统、中国专利文献检索系统的升级工作，这些为专利审查提供了良好的技术支撑体系。同时，专利信息化基础设施建设成效显著。一是建立"全国专利信息服务网络平台"，在进一步完善"中国专利信息化工程"地方网点和专利信息数据库建设的同时，实现了中央与地方政府或行业主管部门共建行业专利信息数据库，向全社会提供简便、快捷、可靠、有效的专利信息服务。二是建立"全国专利管理信息平台"，加快全国专利管理的电子政务，实现全国专利管理信息和资源共享，提高专利管理工作效能。三是建立"知识产权远程教育平

台"，利用公用网络，加强远程教育。

目前知识产权政务信息服务发展存在着以下特点：一是从单一形式的政务信息服务向综合性服务发展。文献信息服务、国际联机检索服务、电子数据交换、网络信息服务等具有综合功能的服务体系，将成为知识产权政务信息服务的主要模式。二是政务信息服务业务向集成化方向发展。知识产权信息检索与文献提供、知识产权软件开发、知识产权信息研究咨询、知识产权信息系统集成等，逐渐成为知识产权政务信息服务的主导业务。三是从随机性服务向控制性、规范化服务方向的发展，网络知识产权信息服务的监督逐步得到加强。

（五） 创新基金网络平台的搭建，推进中小企业科技创新的进程

2005 年 4 月，惠及 12 万家科技型中小企业的"创新基金网络工作系统"正式开通。推出的"创新基金网络工作系统"将从单纯支持项目，逐步转变为培养资金链、产业链、信息链和创新链的形成，进一步改进了创新基金运作程序，促进了国家创新基金和地方创新基金之间的互动。

创新基金网络工作系统不仅有效地降低了企业申报难度，而且在申报材料组织的语言表达上更简化、简单，降低了企业的注册门槛，简化了企业注册信息。系统既强调项目要技术含量高、具有自主知识产权，而且更加关注企业的管理团队、产品的市场前景，以及所处的产业集群，更加关注创业者的企业家素质。通过借鉴美国"天使投资人"制度，培养大批能引导科技型中小企业成长和发展的"职业企业家"；由他们引领科技型中小企业创业，培育企业对市场的把握和应变能力，为新技术形成巨大的经济动力打下基础。

该系统的推出将进一步加快全国性创新基金网络工作平台的建设步伐，全面提升信息化水平，提高电子政务科技管理与服务能力，使创新基金管理进入一个崭新的阶段，是有效开发利用政务信息资源服务科技创新的有益尝试。

（六） 涉农科技信息资源开发粗具规模，加快农业科技创新的步伐

中国的农业科技推广工作主要由政府来承担，经过长期发展，全国已经拥有 15.5 万个农业科技推广机构，有 103 万在编的农业技术推广人员（其中有近 70 万的专业技术推广人员）。政府在组建和发展农业科技推广体系中发挥了重要作用，确保了农业科技创新成果能够最快地传播到农民的手中，推动农业生产的向

前发展。电子政务的发展逐渐改进了政府传统的农业科技服务方式，提高了服务效能，各级政府开始重视利用电子政务推进农业科技创新。通过创建农技 110 等形式，建立通向广大农民的科技和信息高速公路，大大降低了推广成本，提高了服务效能；帮助农民解决生产技术问题，加速了先进适用技术的推广；帮助农民获取信息，发展效益农业，构架了农民与市场的桥梁；增强了农民利用信息的能力，带动了民间的信息服务。

二 服务科技创新的政务信息资源开发与利用的制约性因素

从整体上讲，发达地区与城市的科技电子政务发展较快，政务信息资源开发与利用的效果相对显著，欠发达地区与城市的情况相对滞后。一些地区与城市的科技电子政务发展缓慢，固然与它的社会经济发展水平和城市信息化水平有关，但主要制约因素是以下几个方面。

（一）科技服务意识薄弱，严重阻碍科技创新的发展

一方面，各级政府部门及管理者的"创新科技管理理念、转变科技管理职能、再造科技管理流程、提高科技管理服务水平"的创新意识不强，尚无法突破计划经济时期的科技管理（计划）体制和传统模式的束缚，建立起适应市场经济的新型科技管理与服务体制和科技电子政务环境下的服务型政府。另一方面，"以公众为中心"的科技服务意识薄弱，运用信息化手段和技术，改造传统服务模式，提供网上交互办公服务能力普遍较低；同时，政务公开服务渠道不畅，部门内部缺少公众信息反馈机制，尚没有真正建立起政府科技部门与公众双向互动的"绿色"通道。

（二）缺乏统一的科技电子政务战略规划

各级政府部门及管理者的"顶层设计、整体规划、分步实施、整合资源"的科技电子政务战略规划意识薄弱，导致所属基层政府部门的科技信息化建设或各自为政，或放任自流，缺少高效能的、统一的标准和规范的顶层科技创新服务平台。

同时，由于缺乏统一的科技电子政务战略规划、电子政务立法与标准化以及

人才发展滞后等因素，影响了科技电子政务建设的发展，也导致了科技电子政务应用整体成效较差、资源不共享与建设重复并存、科技成果转化与产业化水平低等问题。

（三）科技电子政务网络基础设施建设仍需加强

目前，网络基础设施在数据交换能力方面存在的问题不容忽视，这种不足在地方电子政务中体现得尤为明显。大多数区域目前采取的交换模式属于面向应用的、点对点的交换。每个应用系统针对本身的需要专门开发专用的数据交换子系统，例如科技文献信息服务系统、科技数据共享平台等。这种面向应用的数据交换系统无疑是与应用系统紧密耦合的，随着交换内容、格式、交换数据的结构变化，交换系统也要跟着修改。将来新的应用系统会不断上马，按照这种做法，不但重复投资，更会形成许多个交换平台，交换路径纵横交错，交换接口众多，给开发带来巨大的工作量。随着科技创新信息资源开发与利用的推进，数据交换量将迅速扩大，交换节点迅速增加，如果继续维持面向应用的点对点的交换模式，交换将会成为制约科技电子政务系统建设和运行的主要矛盾。所以从全局和发展的角度看，作为一个战略性选择，各地都应尽早建立统一交换平台，来解决现有和未来应用系统的交换要求。

（四）知识产权信息服务尚需提高

信息污染、网络侵权、价格欺诈与垄断、服务技术质量参差不齐、标准化程度不高和管理失控等问题，在知识产权信息服务方面也有表现。从管理角度上看可主要归结为服务的管理相对滞后于网络的发展，其中对网络服务的监督矛盾突出。在知识产权信息服务领域，有关网络信息服务监督的研究与实践尚未引起人们的重视，它将是未来专业信息服务中要重点解决的关键问题之一。

三 加快推进服务科技创新的政务信息资源开发利用工作的建议

开发与利用政务信息资源来服务于科技创新是一项复杂的系统工程。在这个复杂庞大的系统中政府扮演的角色是资源管理员和调度员，政府通过建立信息共享平台来实现对信息资源的管理和共享，促进信息有效地融入科技创新活动之中——即最后形成一种面向科技创新的科技公共产品。在这一过程中需要以科学发展观为统领，以改革和创新为动力，以应用需求为导向，以信息资源开发利用为核心，以电子政务建设为重点，以实现对科技创新活动服务为出发点和落脚点，坚持政府推动和发挥市场机制作用相结合，促进科技创新活动的开展。

（一）跟进发展，提高政府科技创新服务意识

政府部门管理决策者应该站在"科技引领未来社会发展、科技管理创新与科技电子政务互动发展"的战略高度，以理念创新为突破口，提高科技管理与服务的创新意识，在科技管理改革方面，以加强政务公开、依法行政、提高行政效能和公共科技管理水平为宗旨；在科技服务创新方面，以搭建科技创新服务平台、促进科技成果转化和产业化为目标。同时，结合社会经济对科技发展的要求，在转变职能、调整结构、创新机制、营造环境、公共科技投入等方面，采取一系列科学、务实、富有成效的措施，提供自上而下的整体解决方案。另外，政府部门管理决策者的科技电子政务规划意识需要继续增强，注重科技创新平台的"顶层设计、整体规划和资源整合"，包括创新平台的组织管理（组织创新）、制度建设及执行力（制度创新）、资金投入（科技投入创新）、软硬件平台与应用（科技应用创新）、服务体系与运行机制（体制机制创新）等。政府部门扮演好自身的角色，不断跟进社会经济与科技发展，提高自身服务意识是通过政务信息资源开发利用来促进科技创新过程中最为首要的一步。

（二）以服务为导向，加强科技电子政务建设的整体性和系统性

从信息化角度看，科技电子政务的工作对象是科技数据和科技文献，科技电子政务的主要功能可以概括为交换、共享和协同，而协同的前提是科技信息的共享和交换。在新阶段里，科技电子政务建设的主要方向是建设电子政务系统的整体性、系统性。而整体性、系统性的主要表现是交换能力的飞跃、共享和协同范围的扩大和程度的提高。从目前情况看，科技电子政务建设在这些方面亟待加强。另外，科技电子政务的建设还需要遵循基于"服务导向型"目标模式。在后续的电子政务建设中需要注意以下几点。

（1）在应用系统建设中，可以从信息服务系统上切入，同时考虑科技管理和科技服务两项职能，但更重要的是考虑科技服务职能。

（2）电子手段和科技创新流程需要融合，要梳理好现有的科技管理业务，业务流程清晰后，再结合电子政务手段运用信息对科技创新活动进行优化和引导。

（3）核心政务应用系统和各部门业务系统完整对接，最大程度地实现政府各部门间网上协同和资源共享。

（4）要重视电话在电子科技服务中的应用，由于经济条件的限制，还有许多人仍接触不到互联网，但电话却已经在中国得到了最广泛的应用，通过电话实现公共科技服务的众多功能成为目前比较经济的一种替代选择。

（三）全方位开发科技创新信息资源、深化科技创新信息资源利用程度

建立和完善信息资源开发利用体系。加快人口、法人单位、地理空间等国家基础信息库建设，拓展相关应用服务。引导和规范政务信息资源的社会化增值开发利用。鼓励企业、个人和其他社会组织参与信息资源的公益性开发利用。完善知识产权保护制度，大力发展以数字化、网络化为主要特征的现代信息服务业，促进信息资源的开发利用。充分发挥信息资源开发利用对节约资源、能源和提高效益的作用，发挥信息流对人员流、物质流和资金流的引导作用，促进经济增长方式的转变和资源节约型社会的建设。

同时，加强全社会信息资源管理。规范对生产、流通、金融、人口流动以及生态环境等领域的信息采集和标准制订，加强对信息资产的严格管理，促进信息资源的优化配置。实现信息资源的深度开发、及时处理、安全保存、快速流动和有效利用，基本满足经济社会优先发展领域的信息需求。

（四）围绕需求，动态、有效地提供政务信息资源开发的政策环境支持

总体来看，支持政务信息资源共享的政策的更新速度远跟不上政务信息资源开发和利用的前进步伐。当两者差距过大时，原有的政策法规往往会对科技创新活动产生消极的影响。只有围绕科技创新行为的具体需求，动态地、有效地提供

政策支持，才能充分发挥政务信息资源在科技创新过程中的重要作用。为此需要从两个方面努力。

（1）进一步加强国务院信息化工作办公室（国信办）对全国电子政务建设的协调和指导作用。当前尤其要发挥国信办在对地方电子政务建设的规划、业务与管理标准化等方面的指导。

（2）修改相关的政府组织法，进一步理顺条块关系。条块管理是各国行政管理中的一个比较普遍的现象，而与这种条块管理体制相对应，我国的电子政务也是依照两条路径展开的，一条是以各级政府为主的政府上网工程及政府门户网站建设，一条是以"金"字工程为主体的纵向业务应用系统建设。然而，目前我国电子政务的主要问题就在于，各级政府的门户网站难以整合工商、国税、地税、海关等重要经济部门的电子政务系统，政府门户网站难以发挥其综合性政府网站所应有的作用。因此，需要进一步修改政府组织法，通过法律规定明确地方自治与某些行政业务之间的业务协作与信息共享关系，进一步实现信息资源共享要求，充分发挥政府在技术创新体系运行中的引导、支持和保障作用。

（五）创新知识产权政务信息服务方向

目前，知识产权政务信息网站的建设逐步完善，这在很大程度上发挥了促进科技创新的作用。但是，科技进步的速度是飞速的，科技在不断创新，知识产权政务信息服务也同时需要创新。为了更好地促进科技创新活动的开展，知识产权政务信息服务需要遵循以下几个发展方向。

（1）通过政府网站平台普及知识产权知识，增强保护意识。借助政府平台强化知识产权法制建设和实施力度，通过制定合理的知识产权保护制度，严格知识产权执法，保护技术创新者的技术创造热情，促进以企业为主体的技术创造活动，鼓励国内企业积极申请专利和实施知识产权保护与利用，大幅度提高专利的拥有数量与质量。

（2）进一步完善知识产权政务信息工作体系，强化中介服务，建立专利信息数据库，研究国外知识产权法律政策，进行知识产权态势分析，提供专利检索和预警信息服务，以政府力量建设系统完善的科技创新公共产品。

（3）通过区域网络体系，提供知识产权政务信息区域共享服务。充分利用信息技术改进政府政务信息资源共享方式，利用自然科技资源、科学数据库以及成果转化服务等共享平台，实现跨地区的知识产权信息共享，实现知识产权的互联网检索、咨询和服务。

（4）提供建立在网络信息挖掘技术上的深度加工知识产权政务信息服务。如采用客户关系管理系统进行显性用户需求数据的收集、加工、存储以及用户评估；引进信息集成服务理念，面向用户的特定问题，为他们提供媒体丰富并深度加工的、具有解决方案性质的专门信息等。

（六）依据国情，加强具有中国特色的农村信息化建设

农业在我国国民经济发展中占有重要的经济地位和战略地位。农村的政务信息化建设同样也具有重要意义。农村信息化是一项长期战略任务，贸然模仿国外先进模式或是忽略农村信息化建设都是错误的。只有根据我国基本国情，循序渐进地加强具有中国特色的农村信息化建设才能促进农村科技创新活动的发展。为此需要注意以下几个方面。

（1）建设信息服务网络体系。建立起覆盖市、县、大多数乡镇以及有条件的农业产业化龙头企业、农产品批发市场、中介组织和经营大户的农村信息服务网络，促进农村科技创新。

（2）建立一支农村信息员队伍。健全乡（镇）、村两级信息传播网络，通过新闻媒体、农业信息网、农村信息员队伍和农业社会化服务组织的密切合作，形成横向相连、纵向通畅的农村市场信息服务网络。

（3）建设信息服务平台。加强对农业数据库建设、农业多媒体制作、农业专家系统开发。建立完善特色农产品交易平台、农村劳动力就业平台、物流配送平台、远程教育平台、呼叫服务平台的建设。

（4）建立特色专业网站。围绕地区农业资源优势、农业主导产业、名特优新产品建设网站，利用网站销售农副产品、提供专业信息。

（5）建设应用服务体系。进一步提高广大农民群众运用网络信息的能力，使农业信息化技术真正为广大农民群众所掌握，使农业信息技术在农业生产和管理等各个方面发挥主导作用，实现农业信息化的目标。

（七）科技信息服务平台建设对于不同区域应有不同的侧重

促使科技资源重新进行整合，在一定程度上弥补科技资源相对不足的劣势，

尽快实现区域科技创新能力迅速提升的战略目标。在科技信息平台开发建设过程中，要充分对现有的大型科学仪器、设备、设施、科学数据、科技文献、自然科技资源等进行整合、重组和优化，充分利用国际资源，加快实现资源的信息化、网络化，建立适当集中与适度分布相结合的资源配置格局，是国家科学技术基础设施建设的目标任务。但对于地区级科技信息单位，其目标则应致力于适应地区特点需要的科技信息综合平台建设，既能支撑产业结构优化升级，又能支撑城市功能提升和经济社会可持续发展。因为经济越发展，产业结构优化升级对科技创新的依存度就越高，资源环境约束的形势就越严峻，城市功能提升、区域创新的能力就更需加强。同时，既要为当地科技管理部门提供科技管理决策支持，使政府部门在创造环境、建立规则和秩序监管等宏观调控方面发挥更充分的效能，又要向企业和科技工作者提供了解国内外科技和行业发展动向、科技政策、市场动态等信息的窗口，促进科技成果向生产力转化。

第十二章
政府信息资源开发利用的法律环境

刘家真　芦艳荣

政府信息是指由一国政府在行政过程中产生、收集、整理、传输、发布、使用、贮存和清理的所有信息。政府信息资源往往蕴含着无法估量的价值，应当对政府信息进行规范化的管理与利用，以最大限度地发挥政府信息资源的作用。各类社会主体与政府信息资源的责权利等问题急需以法律形式明确，为信息资源开发创造良好的法律环境。法律、法规为信息资源开发创造以下条件：①通过规范各类主体的信息资源开发与利用活动，来不断协调和解决信息资源开发的各类矛盾；②通过制定和实施相关立法，可鼓励第三方开发机构、公众和其他组织开展公益性信息服务，鼓励社会力量投资设立公益性信息机构，鼓励著作权拥有人许可公益性信息机构无偿利用其相关信息资源开展公益性服务；③可扫清干扰开发公共信息资源的障碍，通过法律手段确保一个良好的开发环境，促进政府信息的共享与再利用。本章将从国际、国内两个方面综述政府信息资源开发利用的法律、法规建设的实践及其框架。

一　政府信息资源开发的法律体系构架

政府信息资源开发的法律体系是针对政府信息再利用所涉及的不同领域，结合政府信息权利义务主体与客体基本内容所构建的法律框架。一般说来，该法律构架含有纲领性法令、信息公开法令、版权法与隐私法等，有些国家还含有涉及信息服务方面的法令。这些法令在信息资源开发的法律体系架构内可相互协调互补，外部同其他法令并不发生重叠与冲突，构建了一个完整的保障体系与规范政府信息资源开发的法律环境。

（一）纲领性法令

纲领性法令是从本国或本地区实际情况出发，制定的旨在促进本国或本地区政府信息资源开发或政府信息资源管理的整体性、专门性的法律、法规和行政命令。以欧美为例，这方面的法令有：

（1）欧盟（EU）2003年1月28日颁布的《电子欧洲2005行动计划》（eEurope 2005 Action Plan）。

（2）欧盟《公共部门信息再利用指令》（Directive 2003/98/EC of the European Parliament and of the Council on the Re-use of Public Sector Information）。

该指令2003年11月经欧洲议会和欧盟理事会审议后通过。其包括五章共15条，对公共部门信息再利用的申请、再利用的条件、非歧视性公平交易、指令实施等方面做出了规定。

（3）英国《政府公共信息再利用的最佳实践指南》（Guide to Best Practice on the Re-use of Public Sector Information）。

这是2004年，英国政府参照《欧盟公共部门信息再利用指令》给全英范围内的公共部门信息再利用提供的指南性文件，以促进公共部门信息再利用（详细信息参见后面实例分析）。

（4）英国2005年7月1日颁布的《公共部门信息再利用规则》（Re-Use of Public Sector Information Regulations 2005）。

英国政府参照《欧盟公共部门信息再利用指令》，制定了英国《公共部门信息再利用》的相关法规，它涉及到：公共信息再利用的范围，再利用的申请，许可证批准，被拒绝的通知、申诉，非歧视与公平，公共部门的责任，公共部门应当发布的信息等。

（5）美国1988年8月颁布的《联邦信息资源管理法》（Federal Information Resource Management Act of 1988）。

该法案制定了联邦信息资源管理的政策，实施这些政策的某些特定方面的程序和准则，其包含了政府机构在政府信息管理方面的职责与权利限制、所有联邦机构应承担的责任与监督机制，以及联邦机构维护个人记录的责任、成本核算、成本回收及机构之间共享信息，联邦自动化信息系统的安全保密等问题。

（6）美国 1996 年 2 月颁布《行政主管部门和机构备忘录：联邦信息资源管理》（Memorandum for Heads of Executive Departments and Establishments：Management of Federal Information Resources）。

该备忘录对美国联邦信息资源的管理政策进行了详细规定，并制定了实施指南。其政策部分有：政府文件管理、政府部门向公众提供信息的职责与相关问题、信息发布管理系统的要求、保证公平与公正的措施、电子信息的传送与安全、联邦信息资源管理的绩效评价、政府信息资源管理（IRM 研究）规划、管理信息系统的监督、政府信息资源的利用、联邦机构各部门职责与监督等内容。

（7）韩国 2000 年 1 月 28 日颁布的《知识与信息资源管理法》（Act on Management of Knowledge Information Resources）。

实例一：英国《政府公共信息再利用的最佳实践指南》

英国《政府公共信息再利用的最佳实践指南》是遵从欧盟法（the European Directive）对公共信息再利用所规定的事项，对整个英国公共部门如何执行欧盟法以开发政府信息资源提供的指导。该指南由导言、主要原则与目的、范围、资产清单、许可证、特例条款、透明公共与非歧视性、处理申请、文件的有效性、诉讼/赔偿手段/争论及公共部门信息顾问陪审团等部分组成。

第一，在该指南中，明确指出了可提供再利用的政府信息范围，指出了信息再利用范围与可获取政府信息范围的区别，其 36 款与 37 款指出：

"在英国，获取公共信息的权利遵照 2000 年《信息自由法》与 2002 年《（苏格兰）信息自由法》规定，凡是在《信息自由法》内列出的豁免公开的详细目录清单中的信息是不可以提供的，其再利用的请求也将同样不允许。"但这并不等于说《信息自由法》提供的可获取信息就机械地等同于可被再利用范畴。信息再利用通常需要拥有信息版权的公共部门机构的许可，以颁发许可证的形式进行分步骤的许可授予。

在该指南中明确地指出以下公共信息不允许再利用：

（1）在信息自由法（FOI）中被免于公共的文档；

（2）文档的版权和知识产权被公共部门之外的个人或组织所拥有或控制；

（3）处理公共部门的公众工作范围之外的文档，包括由公共部门直接产生，但与公众工作无关的文档，其中可能还包括一些具有增值价值与商业特性的文档；

（4）由公营广播机构和其他主体或其下属部门所掌握的，用于公众服务的广播文档；

（5）由教育和研究部门如大学、档案馆、图书馆与研究机构等所掌控的文档；

（6）由文化机构包括博物馆、图书馆、档案馆、管弦乐队、剧院和艺术表演机构所掌握的文档。

第二，英国政府认识到，政府信息的再利用会极大地刺激整个欧洲信息产业和出版社发展，不仅能提供重要经济发展机会，还会产生更多就业机会，只有公平地配置政府信息资源，以上目的才可达到。为避免公共部门垄断信息资源或以信息资源寻租，特以法律的方式扫除了这些阻碍公共信息再利用的阻力。

指南指出：公共部门在处理再利用申请时必须公开、透明与公平，在使用许可证的地方，公共部门应做到以下几点：

（1）许可证条款应公平、透明地适用于所有申请者；

（2）许可证条款不应是垄断和无竞争的；

（3）应当公布许可证条款以体现其透明性，尤其推荐以在线方式公布。

第三，为避免公共部门采用各种方式利用公共信息寻租，该指南对申请者的公益性开发或商业性开发进行了明晰地界定，并对公共部门自身对公共信息的再利用也进行了限定，如公共部门再利用这些文档若是为了商业目的，其使用就不在公共职责之内。他们应当与其他申请再利用公共信息者一样，要服从相关条款与条件要求，以保障公共部门和私营部门在市场上竞争时处于平等地位。

为确保政府信息再利用的公平性，英国政府设立了相应投诉程序，以监督政府信息的再利用。其审查的原则是：

（1）是否公开——机构为再利用者最大限度地提供了可获取的信息；

（2）是否透明——机构对再利用的申请具有清晰的政策规定与可操作的简便程序；

（3）是否公平——所有客户都被一视同仁地看待；

（4）服从——以上三项原则均应贯穿在组织程序中；

（5）监督——应拥有一个有效的投诉处理程序。

为保证公共信息再利用的公开性，该指南要求提供公共信息再利用的部门，应当具有可供开发信息的信息资产清单，并对信息资产进行分类，以便开发者可以选择。

该指南还按照英国政府 2005 年颁布的《公共部门信息再利用规则》，进一步明确了收费原则："需要收费的地方，不得超过收集、产生、复印和传送的成本费。""在某些地方的公共部门，依据该规则对再利用文档收取商业性价格也是可能的，这主要适应于公共信息的商业性开发。""在这些地方，收费中应包括收集、生产、复制、传送的费用，连同合理的投资利润，这些利润应是基于财政循环周期而合理制定的。""公共部门主体应当出版关于再利用的收费、时限和条件的文字出版物；当有争论时，公共部门应做出解释，应解释收费的原因与相关因素，以及如何实现收费的收费方式等。"

若所开发的公共信息涉及多个机构，该指南指出"应在其中推荐一个部门专门处理再利用申请，避免不必要的官僚主义。"

凡是涉及政府信息资源再利用的问题，许多政府法令或规则内特别限制了政府部门对公共信息的支配权力，以保证政府信息再利用的公平与非歧视性。如1990 年美国的《公共信息准则》，就提出了八条公共信息准则[①]：①公众有权获取公共信息。②联邦政府应确保公共信息在任何形式下的完整性和良好的保存环境。③联邦政府应确保公共信息的传播、再生产和再分配。④联邦政府应保护使用或要求提供信息的人员的隐私权，也应保护那些在政府记录中有个人信息的人的隐私权。⑤联邦政府应确保获取公共信息来源的多样性，无论民间部门还是政

---

① 刘渊、张涛：《政府公共信息资源开发利用市场化战略选择》，http：//www. echinagov. com/echinagov/redian/2005－10－26/3187. shtml。

府机构都应如此。⑥联邦政府不应允许随意乱收费，以免妨碍公众获取公共信息。⑦联邦政府应保证提供容易使用的信息，对于各种形式的信息，都能以单一的索引方式查询。⑧无论信息利用者居住在何地及在何地工作，联邦政府都应保证他们通过全国信息网络像出借政府出版物的图书馆那样的程序获取公共信息。

这是由于许多国家都认识到公共部门的信息，特别是政府部门的信息资源是一种具有重要价值的国家资源，也是具有市场价值的商品。政府信息资源产生于政府部门，很容易被信息资源产生部门所占有。一旦政府信息被政府部门所垄断，政府部门就可能设置信息利用壁垒，使其成为寻租工具。这不仅会阻碍政府信息资源被广泛再利用的进程，也会影响政府部门间的信息共享，常常是政府信息被多头与重复采集的重要原因。

为避免政府部门垄断信息资源，许多国家与地区制定了相关的行政法令，来遏制政府部门对公共信息可能的垄断权，消除公共信息再利用的障碍。

如许多欧盟成员国都强制执行一些基本的竞争规则，制定了一些法规以专门处理公共部门信息商业化竞争的问题。欧盟竞争条例就是遵照第 85～94 条 EC 欧共体条约制定的，它明确指出，政府部门不应与私有部门竞争。根据法国的规定，公共部门不应直接干预市场竞争，如果这种干预确是其职责的话，这只能提供一些增值性信息服务。

1995 年，欧洲指导性纲领 95/46/EC 指出，公共部门要对信息公开获取的商业和其他目的负责，国家权威监督机构也应发挥重要作用，法庭应对这类争议做出裁决。

2003 年 11 月，欧盟通过了《公共部门信息再利用指令》，该指令指出"公共部门信息采集、生产、再生产和传播是为了执行其公共职能，为其他目的，包括商业目的和非商业目的而使用这些信息称之为'再利用'，公共部门之间的信息交换和共享不在此列。""公共部门信息再利用要以公平、相称和非歧视为原则。公共部门没有义务提供与其职能不相称的额外加工的信息。"

除欧盟外，其他发达国家对政府部门再利用公共信息的特权也加以了限定，如美国《联邦信息资源管理法》。该法通过明确地指定政府部门在信息管理方面的责任来达到这一目的，如其第八条"政府"中的"信息管理项"指出：政府机构应只产生或收集专门执行机构职责所需信息、有特殊用途信息，并有计划地处理、传输、发布、使用、贮存与配制信息。在该法中还指出，通常，联邦机构是某些信息的唯一持有者，所以当其发布信息时，也是唯一的供给者，处于垄断地位。当各机构雇佣私营机构承包信息发布时，必须注意，不能允许承包商以垄断方式进行工作而危及机构的信息发布责任。

实例二：荷兰政府《访问政府信息资源备忘录》

1997 年荷兰内务部签署了《访问政府信息资源备忘录》，开始了政府信息的社会化应用。该报告指出：政府部门的一切市场行为都应该停止，政府应该将其行为限制在公共任务范围内。根据这一原则，内务部制定了自己的工作目标：从商业团体的利益出发，提供更好的访问政府电子数据集的服务。这样有望推动新的信息产品的研发和经济增长，进而改进政府决策。其主要内容归纳如下。

（1）必要时，政府机构必须履行其采集数据的义务。

（2）政府机构将不再从事私营企业可完成的各种活动，但是，当"市场"活动被认为是公益活动时例外。如果政府机构与私营企业进行竞争，那么，必须建立在平等、公平的基础上，即所有竞争者，包括数据所有者，都必须平等访问和获取核心数据集。

（3）当私营企业不能或不愿向公共数据集增值，而增值对社会又非常重要时，相关政府机构应向核心数据集增值，以便于其他人更好地访问。

2001 年通过的一项新的法律使上述备忘录条文化。

（二）政府信息公开法

政府信息公开，包括办事制度和办事程序的公开，必要过程的公开，结果的公开，更重要的是相关信息的公开，使信息能充分、自由地为公众所利用。规范政府信息的有序公开，是制定政府信息公开法的目的。一般说来，没有特定限制，所有的政府信息均应公开，信息公开是政府的法定义务，是政府信息公开法应遵从的原则。

目前，全世界共有四十多个国家制定了专门的政府信息公开方面的法律。以瑞典《新闻报道自由法》（1776 年）为先河，以美国《情报自由法》（1966 年）为榜样，其他国家如丹麦、挪威、法国、澳大利亚、加拿大、英国、韩国以及日本等也纷纷效仿，都制定了政府信息公开方面的法律。建立以信息公开法为核心的政府信息公开法律制度已经成为世界性的趋势。

政府信息公开法对于政府信息的开发来说，其主要作用在于以下几点。

（1）确保政府办事程序公开，使获取政府信息有法可依，并不会因人因事而异。

（2）明确了可能再利用的政府信息资源对象。政府信息公开法一般明确地界定了公开与保密的范围，尽管可公开的信息并不一定就是可再利用的信息，但为申请开发政府信息提供了明确的目标。

（3）提供了获取信息所需费用的原则。大多数政府信息公开法都明确制定了政府信息资源管理的成本回收原则。

例如，美国信息自由法规定的原则是：对用户收费的根本原因是私人利益的存在，如果一项服务可同时使公私双方受益，则对用户的收费数额应少于服务递送的全部费用。

又如欧盟关于《公共信息资源再利用》的指令，允许政府收取生产、再生产和分发的费用，并获得合理的投资回报，为政府信息资源社会化提供了法律框架。

许多国家的政府信息公开法中明确指出，所有政府信息资源必须以不低于分发成本的价格来分发，以促进政府信息资源的有效利用等。

（三）知识产权

知识产权不仅涉及著作权、商标和专利，更涉及信息产品投资权益。知识产权贯穿在政府信息资源开发之中，它所起的作用主要有三点。

1. 保护政府信息内容的完整

利用知识产权可保护政府信息内容的完整与准确，使开发后的信息产品的责任透明化，这将对政府信息的获取与开发产生积极的影响。例如，当政府部门提供信息给第三方开发时，政府部门可通过签订知识产权合同来限制自己对所提供信息后产生的后果负责，否则就要对公民因使用政府信息产品而造成的任何伤害承担责任。

2. 保障信息资源产权人的经济与精神权益

政府主动发布的信息资源，当其供公众获取时原则上是不受知识产权保护的，社会力量可以有效、规范地进行再利用。在政府信息资源的再利用过程中，其商业性开发是按照市场经济的原则进行的，应受到知识产权的调控。

3. 使更多的政府信息资源可有效地、制度化地纳入到公益性信息开发中

信息资源的公益性开发利用在很多领域都是知识产权保护的例外，利用知识产权可以使更多的政府信息资源有效地、制度化地纳入到公益性信息开发中，而不是被部门或单位垄断。

（四）信息隐私权或个人信息保护法

1890 年，两位美国律师沃伦和布兰代斯在著名的《隐私权》一文中正式提出了隐私权的概念，即个人有不受打扰的权利，在随后不长的时间里隐私权保护制度相继在各国得到直接或间接的确立，隐私权也因此成为一项重要的人格权利。随着网络技术突飞猛进的发展，隐私权保护问题也从现实世界向无形的网络空间迅速扩展。

从政策法规上讲，信息隐私权涉及四个方面问题：①个人信息的采集；②后续使用；③个人信息披露；④个人信息的保存。

随着计算机技术的广泛应用，特别是它为数据的交换、存储与获取带来便利的同时，个人信息的安全受到很大威胁。如政府收集的个人信息超出了社会管理目的和范围，这些数据存储在大型数据库中却未注意使用与保存的安全和保密，在政府内部信息共享或再利用过程中泄露给他人，就构成了对个人隐私的危害，特别是那些令商业性开发感兴趣的信息对象，如人口、公司、车辆、房产、医疗、就业、社会福利以及信用卡登记等，若提供给信息开发者，就有可能构成对个人财产、声誉等多方面的损失。因此，就有必要利用信息隐私权法或个人信息保护法来制约政府部门与信息的第三方开发者，政府部门提供个人信息数据时，必须严格遵守隐私权法，使第三方信息开发者对个人数据的开发、移动均需要加以保护。

现今，越来越多的国家对个人信息保护加以了密切关注并制定了相关法律。例如，美国《隐私权法》是美国《信息自由法》的重要补充。1965 年，美国联邦最高法院第一次将隐私权纳入宪法保障中，认为宪法第四修正案及第五修正案系宪法对于人民隐私权的保护。美国《隐私权法》的核心是对联邦政府收集、维护、使用和传播记录施加限制。法案要求新的或者变更的记录系统都必须通过《联邦通知》予以公开，禁止保管"秘密"的记录系统。

又如，英国的《数据保护法案》要求，公共部门需要对日常收集和接受的大量数据负责。其中一些信息极其敏感，属于个人隐私，就需要最大限度地保密和尊重。所有的家庭健康记录、社会服务资料以及税务报告都存在公共部门的信息系统中。私营机构也处理涉及公民利益的个人数据，但必须依法保护这些信息。信息系统必须保护他们处理的信息以使这些信息在需要的时候可用，而且这些信息仅对被授权访问的人可用。

加拿大除通过了《个人信息保护和电子文档法》法案以保护个人信息外，还修订了《加拿大证据法》，使其遵守隐私权法的规定，在实施一项计划或服务时，将对个人信息的收集、使用和披露限制在最小的程度。

其他机构、组织、地区与国家颁布的隐私权法如下：

经济合作与发展组织（OECD）1998 年 10 月 9 日颁布的《全球网络个人隐私权保护宣言》（Declaration on the Protection of Privacy on Global Networks）；

欧盟（EU）1995 年 10 月 24 日颁布的《个人数据处理过程及个人数据自由流转过程中个人隐私保护指令》（Directive on the Protection of Individuals with regard to the Processing of Personal Data and on the Free Movement of Such Data）；

欧盟（EU）1997 年 12 月 15 日颁布的《电信部门中个人数据处理和个人隐私保护指令》（Directive on the Processing of Personal Data and Protection of Privacy in the Telecommunication Sector）；

欧盟（EU）2002 年 7 月 12 日颁布的《隐私权与电子通信指令》（Directive on Privacy and Electronic Communications）；

美国 1974 年颁布的《隐私权法》（Privacy Act of 1974）；

美国 1986 年 10 月 21 日颁布的《电子通信隐私法》［Electronic Communications Privacy Act of 1986（Wiretap Act）10.］；

美国 1988 年 11 月 25 日颁布的《个人隐私权保护法》（Personal Privacy Protection Act of 1988）；

美国 1998 年 5 月颁布的《儿童在线隐私权保护法》（Children's Online

Privacy Protection Act of 1998）；

美国 2005 年 6 月 29 日颁布的《个人数据隐私与安全法》（Personal Date Privacy and Security Act of 2005）；

加拿大 1983 年 7 月 1 日颁布的《隐私权法》（Privacy Act, 1983）；

加拿大 2000 年 4 月 13 日颁布的《个人信息保护与电子文档法》（Personal Information Protection and Electronic Documents Act, 2000）；

英国 2003 年 12 月 11 日颁布的《隐私和电子通信规则》［Privacy and Electric Communications（EC Directive）Regulations 2003］；

德国 2000 年 7 月 3 日颁布的《个人数据保护法》（Personal Data Protection Act）；

德国 1990 年 12 月 20 日颁布的《联邦数据保护法》（Federal Data Protection Act）；

日本 2003 年 5 月 30 日颁布的《个人信息保护法》（Personal Data Protection Law）；

韩国 2004 年 1 月 29 日修订的《通信隐私保护法》（Protection of Communications Secrets Act.）；

韩国 2004 年 1 月 29 日修订的《促进信息和通信网络利用及信息保护法》（Act on the Promotion of Information and Communications Network Utilization and Information Protection, etc.）；

俄罗斯 1995 年 2 月 20 日颁布的《联邦信息、信息化和信息保护法（信息法）》（Federal Law on Information, Normalization, and the Protection of Information）。

表 1 列出了国外某些国家设立的与信息资源开发相关的法律。

表 1　国外某些国家信息资源开发立法状况

国别	法律法规名称	概　述
瑞典	《出版自由法》	1949 年通过，其前身是 1766 年产生的《出版自由法》，1766 年《出版自由法》是世界上第一部从宪法层面确认公民出版自由和政府信息公开（公民信息自由）的法律。该法与另外两部宪法性法律《表达自由法》、《政府宪章》及《保密法》共同构成了瑞典信息公开制度的完整体系
	《政府宪章》	对瑞典政府信息公开做了原则性的规定
	《保密法》	1980 年通过，对公民信息自由的限制做了具体、明确的规定
澳大利亚	《信息自由法》	1981 年通过，1982 年实施，并于 1983、1986、1991 年进行了三次修订

续表1

国别	法律法规名称	概　述
美国	《信息自由法》	1966 年通过,明确了以信息公开为原则,不公开为例外,适用于联邦政府的所有行政机构,是规定美国联邦政府各机构公开政府信息的法律,是美国当代行政法中有关公民了解权的一项重要法律制度;1996 年进行修订
	《版权法》	1970 年颁布,此外还有数字千年版权法(1998 年 10 月)
	《个人隐私法》	1974 年通过,1988 年 11 月修订;此外还有 2005 年 6 月发布的《个人数据隐私与安全法》
	《美国联邦信息资源管理政策》	1985 年发布,与《文书削减法》配合,试图进一步改善和加强政府信息资源的开发和利用,1988 年 8 月进行修订
	《电子信息收集政策指南》	1987 年发表,加强对信息资源管理
	《公共信息准则》	1986 年发表,保证公共信息在完整性、传播、复制、发行、检索、利用和保存等方面使公众能充分利用
	《美国国家信息基础设施:行动计划》(即 NII 计划)	1993 年制定,是美国在全面步入信息化社会之际实施的一项长远的、具有划时代意义的重大战略决策。它既是对美国以往几十年开发和利用信息资源、发展信息产业的先进经验的总结,也是对美国现阶段乃至未来信息资源建设宏伟蓝图的体现
	《电子化信息自由强化法案》	1993 年制定
	《个人隐私与国家信息基础设施:白皮书》	1995 年制定,重点在于保护信息资源开发和利用过程中所涉及的个人隐私权,努力为美国创造一个全国乃至全球性的保护个人隐私安全的良好环境
	《知识产权与国家信息基础设施:白皮书》	1995 年制定,强调知识产权保护对 NII 建设的重要作用,将技术手段和法律手段相结合,共同维护网络信息主权
加拿大	《信息获取法》	1982 年加拿大财政委员会颁布,目的是保障公民获取政府信息的权利;2002 年 7 月修订。
	个人信息保护与电子文件法	2000 年 4 月制定
	隐私权法	1983 年 7 月制定
英国	《数据保护法案》	1984 年制定
	《(利用)地方政府(信息)法》	1984 年制定
	《个人资料获得法案》	1987 年制定
	《环境和安全信息法案》	1988 年通过
	《健康数据获得法案》	1990 年在英国国会下院通过
	《开放政府》白皮书	1993 年发布
	《获得政府实用信息守则》	1994 年颁布
	《你的知情权》白皮书	1997 年发布
	《信息公开法》	1999 年公布,2000 年 11 月 30 日英国议会通过,2005 年 1 月正式实施。共八章 88 条,是英国政府信息公开制度的主要载体,规定任何人都有权得到政府信息。公众可因政府部门拒绝向其提供信息而起诉至法院。该法不适用于苏格兰,且对威尔士有变通的规定

续表 1

国别	法律法规名称	概　述
日本	《关于信息提供的改善措施》	1980 年提出
	《行政信息公开标准》	1991 年 12 月发表
	《信息公开法纲要案》以及《信息公开法纲要案的思考》	1996 年 11 月提出
	《信息公开法》	1999 年 5 月 7 日经国会审议正式通过，2001 年 4 月 1 日起正式实施。这标志着日本在国家层面正式建立了政府信息公开制度。
	《行政机关信息公开法》	2003 年 6 月修订
	《个人信息保护法》	2003 年 5 月制定
韩国	《政府信息公开法》	1996 年 12 月制定
	《通信隐私保护法》	2004 年 1 月修订
	《知识与信息资源管理法》	2000 年 1 月制定
德国	《个人数据保护法》	2000 年 7 月制定
	《联邦数据保护法》	1990 年 12 月制定
欧盟（EU）	《信息社会的版权及有关权利》绿皮书	1995 年 7 月发布
	《个人数据处理过程及个人数据自由流转过程中个人隐私保护指令》	1995 年 10 月制定
	《数据库法律保护指令》	1996 年 3 月制定
	《隐私权与电子通信指令》	2002 年 7 月制定
	《电子欧洲 2005 行动计划》	2003 年 1 月制定

二　我国相关法律法规状况

我国已经制定不少与信息资源开发的相关法规，对于我国的信息资源开发起到了促进作用。

（一）保护信息资源产权的法规

在信息资源产权保护上，我国制定了较为完备的法律法规。

《中华人民共和国著作权法》（1990 年）

《中华人民共和国著作权法》（2001 年）

《计算机软件保护条例》（2001 年）

《中华人民共和国著作权法实施条例》（2002 年）

《著作权集体管理条例》（2005 年）

《互联网著作权行政保护办法》（2005 年）

《信息网络传播权保护条例》（2006 年）

（二）政府信息公开法规

我国对政务信息公开法规极为重视，自从 2003 年广州市政府发布我国第一部地方性政府信息公开条例以来，现今我国大多省级政府与地区级政府都先后制定了本地区地方政府信息公开的法规，中央有些部委也制定了本部门的政府信息公开法规。

2000 年 12 月，中共中央办公厅、国务院办公厅发出《关于在全国乡镇政权机关全面推行政务公开制度的通知》（中办发［2000］25 号），对乡（镇）政务公开做出部署，对县（市）级以上政务公开提出了要求。

2004 年 3 月，国务院印发《全面推进依法行政实施纲要》（国发［2004］10 号），把行政决策、行政管理和政府信息的公开作为推进依法行政的重要内容。

2005 年 7 月 2 日，《中共中央办公厅国务院办公厅关于进一步推行政务公开的意见》（中办发〔2005〕12 号）发布，提出"要加强制度建设，严格按制度办事，保障政务公开规范运行。要积极探索和推进政务公开的立法工作，抓紧制定《政府信息公开条例》。条件成熟的地区和部门要研究制定地方性法规或规章，逐步把政务公开纳入法制化轨道。"正在制定的《政府信息公开条例》将使中国民众有权知悉除涉及国家机密、依法受到保护的商业秘密和个人隐私以外的政府信息。

（三）信息资源开发的法规

尽管我国尚未制定与政府信息资源开发密切相关的专项法规，但相关法律法规条文都在其他法律法规中可见。如：1988 年 10 月 26 日国家档案局、财政部发布的《开发利用科学技术档案信息资源暂行办法》，2004 年，国家下发了《中共中央办公厅国务院办公厅关于加强信息资源开发利用工作的若干意见》（中办发〔2004〕34 号）等。特别是《中共中央办公厅国务院办公厅关于加强信息资源开发利用工作的若干意见》，它是我国信息资源开发利用工作发展史上的一个里程碑式的文件。它结合近年来我国信息资源开发利用工作中存在的问题，着重就今后加强信息资源开发利用工作的指导思想、主要原则、政务信息资源开发利用、完善信息资源开发利用工作的保障环境、促进信息资源市场繁荣与产业发展等做出了若干政策性规定，其中明确要求"加快推进政府信息公开，制定政府信息公开条例，编制政府信息公开目录"等具体要求。

（四）我国隐私权保护的法律基础

我国并非没有隐私权保护的专门法律，但涉及个人隐私保护的法律分列在不同的法律中。

（1）宪法第 38 条：中华人民共和国公民的人格尊严不受侵犯。禁止用任何方法对公民进行侮辱、诈骗和诬告陷害。

（2）民法通则第 100 条：公民享有肖像权，未经本人同意，不得以获利为目的使用公民的肖像。

（3）民法通则第 101 条：公民、法人享有名誉权，公民的人格尊严受到法律保护，禁止用侮辱、诽谤等方式损害公民、法人的名誉。

（4）《计算机信息网络国际联网安全保护管理办法》第七条：用户的通信自由和通信秘密受法律保护。任何单位和个人不得违反法律规定，利用国际联网侵犯用户的通信自由和通信秘密。

（5）《计算机信息网络国际联网管理暂行规定实施办法》第18条：用户应当服从接入单位的管理，遵守用户守则；不得擅自进入未经许可的计算机系统，篡改他人信息；不得在网络上散发恶意信息，冒用他人名义发出信息，侵犯他人隐私；不得制造传播计算机病毒及从事其他侵犯网络和他人合法权益的活动。

可见，我国个人隐私权是受到政府重视的，是具有法律基础的，关键是这些法律条文有些需要与时俱进，更多考虑数字技术与网络特点，增列一些新的更加针对政府信息资源库管理、政府信息资源开发与再利用相关的法律条文。

表2是我国与信息资源开发相关的法规的不完全列表。

表 2 我国信息资源开发相关法规

《中华人民共和国著作权法》	1990 年 9 月 7 日通过,2001 年 10 月修正
《中华人民共和国商标法》	1982 年 8 月 23 日通过,2001 年 10 月修正
《中华人民共和国专利法》	1984 年 3 月 12 日通过,并于 1992 年 9 月、2000 年 8 月两次进行修正
地方性《政府信息公开规定》	至今,我国大多地方政府都制定了《政府信息公开规定》
《中共中央办公厅国务院办公厅关于加强信息资源开发利用工作的若干意见》(中办发[2004]34 号)	2004 年发布,是我国信息资源开发利用工作发展史上的一个里程碑式的文件
《中共中央办公厅国务院办公厅关于进一步推行政务公开的意见》(中办发[2005]12 号)	2005 年发布
《开发利用科学技术档案信息资源暂行办法》	1988 年 10 月 26 日国家档案局、财政部发布
《行政许可法》	2004 年 7 月 1 日实施

此外,还有许多与我国信息资源开发相关的法律条文分散在《统计法》、《气象法》、《保守国家秘密法》、《国家安全法》与《档案法》等多部其他法律中。

三 我国政府信息资源开发的立法展望

由上可见,我国涉及政府信息资源开发的法律、法规与规章是较为齐全的,但缺乏对政府信息资源管理,特别是规范政府信息资源开发的专门性法规,难以有效地指引政府信息资源开发。当前,迫切需要颁布的法律有以下两类。

1. 全面规范我国政府信息资源开发的纲领性法规

尽管我国出台了中办发 [2004] 34 号文件,引导我国信息资源开发,但该文件涉及面较宽,并未针对政府信息资源开发可能遇到的各类问题进行指导与排解。我国尚需依据我国政府信息资源管理与开发做出适于中国国情的立法,如明确我国政府信息资源可开发的范围,界定公益性开发与商业性开发的不同运行机制,明确相关主体在政府信息资源开发中的法律地位、权利义务关系,制定限制政府部门垄断信息资源的法律条款,包括法律救济制度与监督制度等,只有这样,才能提高各种社会力量在政府信息资源开发中的竞争能力,才能最大限度地发挥政府信息资源利用的效力。

2. 有必要设立个人信息保护法

尽管我国有许多与隐私权保护相关的条款，但并未设立个人信息保护的专门法律。在网络与现代通讯技术时代，个人隐私极易泄露，并由此给个人带来财产与声誉等多方面的损失。

大多数个人数据是由政府部门保存的，为了加强政府在政府信息资源开发中对个人信息保护的力度，需要建立专门法律来平衡社会公共利益与公民个人隐私利益的冲突与失衡。

作为一个法律环境，法律、法规的制定是极为重要的，但并非立法了就有了法律环境。对于我国当前应加强执法的问题，只有通过多途径地普及法律知识，提高法律意识，营造一个良好的法律环境，法律才能有力执行。

作为政府信息资源开发，要营造一个良好的法律环境，还不简单是法律意识与执法问题，更重要的是要改革政府管理模式，使政府部门充满服务意识而不是"管制"理念，这样才能形成信息资源共享的辅助环境。

第四篇
服务导向的电子政务项目管理

Part IV
Service-Oriented E-Government
Project Management

第十三章
以需求分析为基础的电子政务
工程规划方法与实践

毛小玲　黄辰伟　朱　琳　张朋柱

需求分析是电子政务工程建设最为基础性的工作，是关系工程建设成效的关键环节。本章从讨论电子政务工程规划的主要特点及需求分析的重要性入手，研究需求分析的对象、流程、手段等基本问题。

一　电子政务工程规划的重要性

（一）电子政务是一项复杂的系统工程

电子政务属广义信息系统的范围，但它不是一般的技术信息系统，而是一个复杂的社会－技术系统。并且随着电子政务的发展，其应用越多、功能越全，系统的规模就越大，包含的社会成分就越多，社会因素在系统中所占的比例也随之增大。同时，由于电子政务是人参与较多的系统，人的主动性和自学习性将引起电子政务的需求不断发生变化，使电子政务变得更为复杂。

电子政务系统的复杂性表现在以下几个方面。

1. 协调环节多

电子政务项目一般涉及多个不同的部门或一个部门的多个级别层次，以我国电子政务为例，分为纵向和横向两大类系统，又称为条块两个层级。纵向系统（条级）出自同一部门，但涉及中央、省、市、县、乡五级，由于各级政府的人力和资金存在级别及地区差异，统一协调环节多，难度大；横向系统（块级）出自同一地区，但涉及不同的职能部门，由于受部门利益及对电子政务认识的影响，协调难度更加突出。部门之间或地区上下级之间的协调成为开展电子政务的最大瓶颈。

2. 影响因素多

影响电子政务建设的因素很多，主要有认知因素和体制因素。认知是基础，人的认知不但受客观现状的影响，还受人的思想、观点、期望和偏好的影响。认识指导行动，行动影响结果，认识不足最终将影响系统的实际效果。如对电子政务的重视留在口头上多，实际行动少；硬件投入多，软件投入少；重视"形象工程"多，关心实际效果少等。另外重要的还有体制因素。体制是行动的保障，体制不全或不顺，再好的认识也无法付诸实施，或收不到预期的效果。如，全国从上到下没有一个统一的电子政务领导与管理机构，各级政府电子政务管理机构设置混乱，领导变更频繁，不同的领导带来不同的思路，不同的机构采取不同的做法等。

3. 变化频率快

目前中国还处在政府改革时期，新的政策、新的规则随时都可能出现，每一次变革都对电子政务提出新的要求等。这些都是引起电子政务需求不断发生变化的因素。

4. 服务范围宽

一般信息系统要达到的目标是为组织内部服务的，实现组织自身利益的最大化，而电子政务除了需要为政府内部服务，实现政府自身办公自动化的目标外，还有一个很重要的目标是为社会公众提供服务，不仅要提供单项业务服务，还要提供多项业务的"一站式"服务。这种多业务的"一站式"服务需要政府单独建立一个综合性的平台，联通与此相关的所有政府部门的业务。这种高标准的服务大大增加了电子政务实现的复杂度。

5. 安全要求高

电子政务涉及国家安全，对网络和信息的安全要求比一般信息系统高。按照信息的涉密程度，电子政务网络分内网、专网、外网、互联网等，不仅这些网络之间需要安全地互联互通，分布在这些网络上的应用系统信息也要进行安全的交换，有些还涉及保密，这种高安全性和保密性的要求大大增加了电子政务建设的难度。

6. 政策依赖性强

政府是依法行政的，电子政务建设也需要法律和政策依据。如，政府要建设阳光政府，首先要做到政务公开，这时就需要《信息公开法》。相关的法律和政策还有《个人隐私法》、《电子签名法》、《数据共享目录》、《信息交换机制》等，但目前在法制建设方面还比较薄弱，这在一定程度上制约了电子政务的顺利开展。

7. 决策周期长

电子政务项目通常是集体决策的，有些项目还需要逐级汇报，每一级的制约因素是不同的，因此，电子政务的决策过程比较长，而目前电子政务系统对变化的需求反应不敏感。

（二）电子政务工程具有较高的风险性

在建设电子政务的热潮中，有一个普遍性问题较少被关注和提及，那就是项目开发的风险。通常信息化项目都存在高风险，据统计平均成功率只有 30% 左右。电子政务系统由于涉及更大范围的社会因素，系统更复杂、更庞大，其失败的风险也更高。世界银行首席信息专家罗伯特·舒瓦尔曾指出，"据估算发展中国家的电子政务项目大约有 35% 完全失败，而 50% 的项目部分归于失败"，"在印度 200 个政府电子政务项目将面临失败"。

电子政务项目的失败主要表现为以下两种情况。

一种是走样工程：通常是项目还在继续实施中，但已经变了样，目标和功能设计都与过去的设想差异很大，项目效果稍微显露，但不清晰；或只有部分功能达到预计构想，项目在某个或某几个模块与功能上达到了预设的目标，但其他功能模块作用发挥不充分。这些项目的失败主要是由于在项目的规划阶段需求分析出了问题。

另一种是基本上达到目标，但时间延迟，费用增加。这类项目通常由于过去的设计和考虑不周全，采取了一些补救措施，例如增加功能模块、采用更先进的平台、更换设备等。使得功能上基本达到要求。当然也有一种情况，就是技术上完成了目标，但效益无法完全发挥出来。这类项目比较多，它们在技术上是成功的，但在功能上却是失败的，并且显然与当初的设计发生了较大的背离。

（三） 需求问题是电子政务项目中的首要问题

Standish 集团在 1996 年提供的一份报告中指出：在一个信息系统项目失败的各种原因及所占的比重中，与需求相关的原因占到了 63%。就是说，在信息系统项目的开发中，最常见的失败原因并不是技术原因，而是需求问题。

对于电子政务这样一个特殊的信息系统，需求问题表现得更加突出。电子政务项目中的需求问题主要受以下几方面因素的影响。

（1）客观因素的影响。影响电子政务的客观因素很多，既有体制上的，也有操作上的；既有经济上的，也有政治上的。系统分析人员由于缺乏领域背景，难以体会这些影响因素的真实含义，很难获得一个准确的需求。

（2）沟通协调的影响。电子政务需要协调的环节很多，系统分析师无论采用什么样的获取方法，要想弄清楚这些环节都是很困难的，因此，很难获得一个完整的需求。

（3）不断变化的影响。包括改革引起的目标变化、组织变化、人员变化、认识变化等。系统分析师由于不在领域内工作，很难及时跟踪变化的需求、掌握变化的原因，造成需求分析的适应性较差。

（4）决策周期的影响。电子政务的决策周期一般较长，系统分析师受企业追求效益的影响，不可能陪伴政府的整个决策过程，造成需求分析的针对性不强。

（5）政治利益的驱动影响。政府中少数公务人员为追逐名利，提出不切实际的"形象工程"和"政绩工程"，错误地引导系统分析师，使需求分析的实用性下降。

（6）经济利益的驱动影响。企业为追求利润，有意放大电子政务的实际需求，使需求分析的经济性下降。

（7）风险责任的影响。系统分析师由于怕承担项目失败的风险和责任，盲目提高系统所需要的设备和软件档次，增加用户的经济负担。

总之，电子政务是一个复杂的信息系统，需求问题自然也就成为电子政务的主要问题。并且，由于电子政务的特殊性和复杂性，使得需求问题表现得更加突出。因此，研究解决电子政务的需求问题是实现电子政务系统工程规划的有效手段，也是提高电子政务成功率的迫切需要。

二 基于需求分析的电子政务项目规划概述

针对电子政务的实施过程中所遭遇到的困难，有人将消费者行为研究引入进电子政务研究，认为，需求研究不仅可以对不同消费者群体的需求进行准确定义，而且可以研究揭示服务利用的决定性因素及障碍，以及电子服务的可能性收益。研究潜在消费者的选择已经成为成功实现电子政务项目的关键因素，这些因素还包括分析传递公民、企业及政府机构的收益。学者们注意到，政府、企业和公众对电子政务的需求存在着差距。

电子政务的用户究竟是谁？国内目前比较完整而流行的划分是 2002 年李广乾在《电子政务的三种形式》中提出来的，他认为，从服务对象来看，电子政务一般划分为 G2G（政府机构之间的电子政务）、G2B（政府对企业的电子政务）和 G2C（政府对公民的电子政务）三类；2002 年国务院发展研究中心课题组也从服务对象的角度，认为电子政务主要包括三个方面：政府间的电子政务（G2G）、政府对企业的电子政务（G2B）、政府对公民的电子政务（G2C），与前者不谋而合。

在电子政务项目的实践中，世界上一些电子政务的先行国家和地区政府部门正是采纳了需求先行的设计思路，在对电子政务最终服务需求展开调查研究的基础上制定本国或本地区的电子政务发展战略和短期建设重点，并随着电子政务建设的推进，不断评估达到最终需求的程度和实际效果，从而滚动修正电子政务的战略规划。2001 年，美国白宫管理与预算办公室电子政务特别工作小组为了制定电子政务项目计划，对 150 多位高级官员作了 71 次访谈，并结合电子邮件沟通，从 350 个候选项目中选定了 24 个电子政务项目，其中 G2G 项目 5 个，G2B 项目 6 个，G2C 项目 5 个。2002 年，我国国家信息化领导小组在走访十几个部门，与 30 多个部门进行座谈，以及在对各个部门进行信息资源和业务系统建设调查的基础上，反复梳理确定了我国近期电子政务建设发展的 12 个重点满足的终端需求，即 G2G 型电子政务：办公业务资源管理，宏观经济管理，金财、金审、金盾、金农、金水工程；G2B 型电子政务：金关、金税、金融监管（含金卡）、金质工程；G2C 型电子政务：金保工程。

三 电子政务对象及需求分析

电子政务服务对象的界定，目前学术界也缺乏一个统一的标准。有的学者把电子政务的服务对象划分成：公民、企业、政府雇员、非盈利机构等多种。但是，从另外一个角度看，电子政务的用户或者服务对象，还可以被分成中间用户与最终用户。

解决需求问题的最有效的办法是采用工程化的方法进行电子政务系统开发，即用工程化的办法解决电子政务系统的需求问题。需求分析是工程化方法的核心内容，处在系统开发生命周期的最初阶段，是决定系统成败的关键。

（一）需求的分类

所有系统都有需求。如图 1 所示，需求可以分成多个不同的层面，最顶层可分为用户需求、信息需求和系统需求三个方面。用户需求包括业务需求和目标需求；信息需求分为角色需求、任务需求、资源需求和进度需求等；系统需求分为功能需求、性能需求、用户界面需求等。

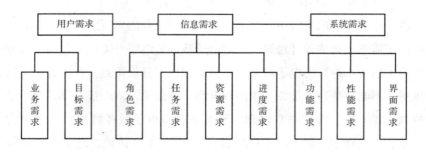

图 1

1. 业务需求

描述组织的业务流程改进所需要开展的活动与组织的目标相关。业务需求描述了为实现电子政务项目目标所需要进行的改进业务流程的工作。显然，针对不同的用户，他们的业务需求也是不同的。比如，对某一政府组织，他们的业务需求可能为：政府职能宣传、政府公文系统、政府事务协作、网上信息查询、网上便民服务、电子报税、网上报关、网上采购及招标、网上福利支付、网上身份认证等；而对企业用户而言，他们的业务需求则可能是：网上企业登记、注册等服务；纳税方面的便捷服务；有关员工招聘、落户、福利等的政策解释需要；对企业提供年检等监管服务的需要；对有关规范市场管理方面的服务的需要；对有关产品质量监管方面服务的需要；对有关消防安全检查服务的需要；对企业价值评估与提升的需要；对有关进出口管理服务的需要；产品研发和产权保护方面的需要等等。

2. 目标需求

描述了组织为什么要开发一个系统及组织希望系统达到的目标。业务需求用于描述电子政务项目的目标以及与项目目标相关的业务流程。

3. 角色需求

描述组织开发系统所需要的各种人员，包括这些人员在系统中担任的角色、所负有的权利和义务等。角色需求用于描述参与电子政务项目的利益相关者。所谓的利益相关者是指：能够影响一个组织目标的实现或者能够被组织实现目标过程影响的人。这是一个很宽泛的概念，不仅将影响组织的个人和群体视为利益相关者，同时还将组织目标实现过程中受影响的个人和群体也看作利益相关者。电子政务项目中的利益相关者包括：系统的所有者、系统用户、系统设计师、系统分析师、硬件供应商等。

4. 任务需求，也称活动需求

描述组织为实现既定目标所需要开展的各项活动。任务需求用于描述电子政务项目的任务，即"做什么"。

5. 资源需求

描述组织在完成任务过程中所需要的各种资源。资源需求用于描述电子政务项目的软硬件环境需求。所谓资源具体来说有：电子政务系统运行时所需的数据、软件、内存、空间等各项资源。另外，系统开发时所需的人力、支撑软件、开发设备等资源，也需要在此时加以确定。

6. 进度需求，也称计划需求

描述组织开展活动的时间安排。计划需求用于描述电子政务项目的进度安排。

7. 功能需求

规定开发人员必须在产品中实现的软件功能，用户利用这些功能来完成任务，实现系统目标。

8. 性能需求，也称非功能需求

包括系统的性能指标，质量属性和约束。性能指标包括系统的开放性、稳定性、可维护性、可扩展性、安全性等。质量属性包括系统的可用性、完整性、效率和健壮性等。约束指限制系统实现的外部环境，包括资金、人力、资源、条件、政策、措施等。

9. 用户界面需求

用户界面需求是用户愿意使用软件的关键，友好的用户界面可以使用户方便、有效、愉快地使用该软件，从而发挥软件的作用。因此，在需求分析阶段应该为用户界面细致地规定所应达到的要求。

（二）需求分析的主要流程

需求分析包括需求获取、需求分析、需求报告编写和需求验证四个阶段。下面对其进行简要介绍。

1. 需求获取

需求包括业务需求、用户需求和功能需求三个层次。它们具有不同的来源、目标和对象，需要以不同方式编写成文档。如：业务需求不应包括用户需求。所有功能需求都应源于用户需求等。需求获取主要包括如下方面。

（1）确定需求开发过程。确定组织需求收集、分析、细化与核实的具体步骤，并将其编写成需求开发过程设计文档。

（2）编写项目视图与范围文档。主要为系统在概念层次的业务目标，以及用户需求和功能需求提供指导框架。

（3）用户群分类。将可能使用系统的用户划分类别，描述其各自特征及业务状况。

（4）选择用户代表。为每类用户至少选择 1 人作为该类用户的代表，使其能够参与项目开发并有权做出决策。

（5）建立典型用户队伍。召集同类或已有系统先前版本的用户代表，收集目前系统的功能需求和非功能需求。

（6）确定使用实例。与用户代表配合收集系统所需完成的相关材料。论证用户与系统间的交互和对话方式。编写使用实例文档以进一步确定功能需求。

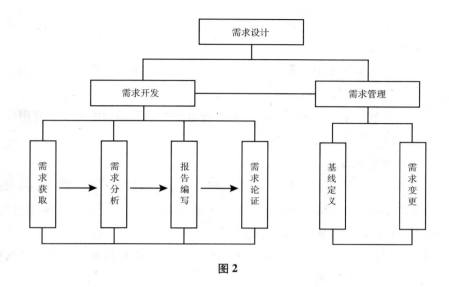

图2

（7）召开项目开发联席会议。通过会议建立分析人员与用户代表间的合作关系并将其付诸实践，草拟需求文档的底稿。

（8）分析用户工作流程。仔细观察用户执行任务的过程，勾画简单示意图来描述用户什么时候获得什么数据以及怎样使用这些数据。编写业务流程文档，明确产品的使用实例和功能需求。

（9）确定系统质量和其他非功能性需求。主要包括系统性能、有效性、可靠性、可用性等指标。

2. 需求分析

需求分析是对已收集需求的提炼、分析和审查。以确保所有项目人员都能明白需求的含义，发现其中的错误、遗漏或其他不足之处。需求分析的目的在于开发出更高质量的需求。使开发者做出更为实用的项目设计和估算。需求分析主要包括：

（1）绘制系统关联图，定义系统与系统外部实体间的界限和接口模型。明晰通过接口的数据流、信息流和物质流。

（2）创建用户接口。当用户不能准确描述系统需求时，需要开发接口原型系统，使一些概念更为直观。

（3）分析需求可行性。在成本和性能允许条件下，分析需求实施的可行性，明确与需求实现相联系的各种风险。

（4）确定需求优先级。确定不同需求实现的优先级，以此为基础确定系统的主要特性或需求。

（5）建立需求图形分析模型，主要包括数据流、实体关系、状态变换、对话框、对象类及交互作用图等。

（6）创建数据字典，实现对系统相关所有数据项和结构的定义，使用户与开发人员使用一致的定义和术语。

3. 需求报告编写

需求获取和分析的结果最终反映为按照一定格式编写的可视文档——需求说明书。需求说明书中包括业务需求（项目视图和范围）、用户需求（使用实例）和功能需求，同时还包括一些非功能性需求。

（1）采用需求说明书模板。该模板为编写功能需求和其他与需求相关的信息提供了一种统一的结构。

（2）指明需求来源。这一工作可使所有项目人员都能够理解说明书中每项需求的提出原因，并能追溯其来源。

（3）为需求编号。为说明书中的每一需求提供一个独立、可识别的编号，以便于需求的跟踪，为记录需求状态和变更活动建立度量。

4. 需求验证

需求验证是为了确保需求说明准确、完整地表达必要的系统质量特征，避免需求的模棱两可。需求验证过程主要包括以下方面。

（1）审查需求文档。组织由专家、用户和分析设计人员组成的审查小组，对需求说明书进行仔细检查。

（2）编写测试实例。根据用户所要求的系统特性编写测试实例，确认系统需求是否达到了用户期望的要求。

（3）编写用户手册。使用浅显易懂的语言描述所有对用户可见的功能，以此作为需求说明的参考并辅助进行需求分析。

（4）确定合格标准。让用户描述怎样的系统才算是满足其要求和适合其使用的系统。

5. 需求管理

需求开发完成以后，常常会遇到需求的变更，因此需要对需求变更进行合理、有效的管理，并对每一需求的状态进行跟踪。主要内容包括以下方面。

（1）确定需求变更控制过程。制定一个所有变更都应遵从的选择、分析和决策的需求变更控制过程。

（2）建立变更控制委员会。建立由用户和项目开发人员共同组建的需求变更控制委员会，以确定哪些需求需要变更，设置需求变更的优先顺序，并制定相应的管理版本。

（3）需求变更影响分析。评估需求变更对项目计划和其他需求的影响。明确与变更相关的任务并评估完成这些任务所需要的工作量。

（4）需求变更影响跟踪。在进行某项需求变更时，参照需求跟踪状况找到相关的可能也需要修改的其他需求、设计模板、源代码或测试实例。

（5）建立需求基准及其控制版本文档。确定一个需求基准，使之后提出的需求遵循需求变更的控制过程，同时建立相应的版本说明，以避免底稿和基准或新、旧版本间的混淆。

（6）维护需求变更历史记录。记录需求变更的日期及所做变更的具体内容、原因以及由谁负责更新等必要信息。

（7）跟踪每项需求状态。建立保存每项功能需求及其相关属性的数据库，可以在任何时候都清楚地得到每一状态的需求信息。

第十四章
服务导向的政务信息
资源管理模式与实践

陈玉龙　王　忱

随着信息化建设的不断深入，"信息资源是重要战略资源"的观念逐步成为人们的共识。在电子政务工程的建设中，政务信息资源的管理工作也越来越被人们所重视。政务信息资源的管理直接关系到政务信息资源开发程度和利用水平，关系到电子政务工程建设的成败。政务信息资源管理工作绝不仅仅是电子政务建设的一个简单子过程，而应当作为电子政务工程建设与运行的重要手段来看待。在电子政务的建设与运行中，如何以改善服务为目标，研究探索"服务导向的政务信息资源管理模式"，进一步提高我国政务信息资源管理水平，是当前值得探讨的重要问题。本章从解析"服务导向的政务信息资源管理"入手，探讨"服务导向的政务信息资源管理"的基本理念、模式与实现方式，并简要介绍几个成功的案例。

一　政务信息资源管理和服务

1. 政务信息资源

政务信息资源，是指各级政府、党委、人大、政协等政务部门在政务活动过程中，为了履行其相应的职能，采集、加工、使用或者依法管理的各类信息资源的总称。政务信息资源是政务部门履行政务职能的工作基础和核心要素。

2. 政务信息资源管理

政务信息资源管理，是指通过各种制度、计划、组织、调控等手段，保障实现各政务部门既定的开发利用政务信息资源目标的过程。政务信息资源管理贯穿于各类政务信息从产生到消亡的整个生命周期，覆盖信息资源的采集（产生、购买）、加工、存储（保管）、传输、利用（共享、发布、再利用）、直至销毁的全部过程。

伴随信息化建设的飞速发展以及电子政务的推进，政务信息资源数量和种类都迅速增长，政务信息资源开发利用的方式和手段都发生了巨大的变化。所有这些，都为政务信息资源管理赋予了全新的内涵。今天，政务信息资源管理已经远远超出传统文件管理、档案管理、资料管理的范围，意义重大。

3. 政务信息资源服务

政务信息资源管理的最终目的是使政务信息资源发挥效用，获得最大的经济效益和社会效益。因此，政务信息资源管理应当面向政务信息资源的开发利用，服务于政务信息资源的开发利用。只有本着"服务于政务信息资源的开发利用"的原则进行政务信息资源管理，并将其作为衡量管理成效的重要标志，才能实现科学的管理、有效的管理。

"服务导向的政务信息资源管理"就是要将"服务于政务信息资源的开发利用"的理念贯穿管理工作始终，运用各种管理制度、管理办法以及管理手段促进政务信息资源的开发利用。

二　服务导向的政务信息资源管理理念

要实现政务信息资源管理服务于政务信息资源的开发利用的目标，必须使管理活动服务于政务信息资源的各类使用者，服务于政务信息资源的各种应用，服务于政务信息资源发挥效益。"政务信息资源的使用者"、"政务信息资源的应用"以及"政务信息资源的效果"是衡量政务信息资源管理工作水平的三个基本要素，三者之间互相联系、缺一不可。

政务信息资源的使用者就是政务信息资源的服务用户。如果脱离了对政务信息资源服务对象的基本掌握与了解，政务信息资源管理活动就不可能满足用户的需求，也就失去了管理的方向。使用者对政务信息资源各种应用是其获取政务信息资源的直接目的。不同的应用需要有不同的管理活动。政务信息资源管理工作也应该适应不同应用的要求。政务信息资源管理工作还要关注政务信息资源的应用效果，通过管理发挥政务信息资源的社会经济效益。

我们认为，"服务导向的政务信息资源管理"实际是用户导向、应用导向、效用导向的政务信息资源管理。"服务导向的信息资源管理"要求管理者在进行政务信息资源的管理、提供信息资源服务的过程中，对于政务信息资源的服务对象给予充分考虑；对于政务信息资源的使用者如何应用政务信息资源给予充分考虑；对于政务信息资源的应用效果给予充分考虑。服务导向的政务信息资源管理，应当是面向用户的政务信息资源管理、突出应用的信息资源管理、讲究效用的政务信息资源管理。

结合上述分析，我们可以用图 1 表示"服务导向的政务信息资源管理"的基本理念。

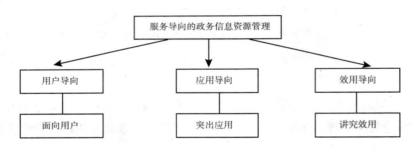

图1　服务导向的政务信息资源管理理念

三　服务导向的政务信息资源管理模式

"面向用户、突出应用、讲究效用"的服务导向政务信息资源管理理念具有丰富的内涵，遵循这种理念从事政务信息资源管理，需要对"面向用户"、"突出应用"、"讲究效用"的内容进行继续解析，以得出服务导向政务信息资源管理的基本模式。

面向用户，要求政务信息资源管理部门在从事政务信息资源管理的过程中，对政务信息资源的开发者和使用者有系统的认识，对于"是否了解政务信息资源的用户"、"是否对准了用户的需求"，"是否方便了用户"等问题给予充分考虑，依据不同服务对象的特征与需求，制订管理制度与措施。

突出应用，要求政务信息资源管理部门在从事政务信息资源管理的过程中，对政务信息资源使用者的各种应用进行全面的了解，对于"如何合理组织信息资源"、"如何妥善存储信息资源"、"如何更新信息资源"等问题给予充分考虑，通过有关管理手段的运用，加强对政务信息资源组织、保管、更新等工作，促进政务信息资源的应用。

讲究效用，要求政务信息资源管理部门对于提高政务信息资源应用效果给予足够重视，对于"如何提高政务信息资源的公开程度"、"如何及时进行信息资源的交换与传输"以及"如何对政务信息资源进行深度开发"等问题给予充分考虑，通过各种管理手段推动扩大公开、及时交换、深度开发等，切实提高政务信息资源开发利用的效益。

综合上述考虑，在"服务导向政务信息资源管理"基本理念的基础上，我们给出服务导向政务信息资源管理的基本模式，该模式的基本框架如图2所示。

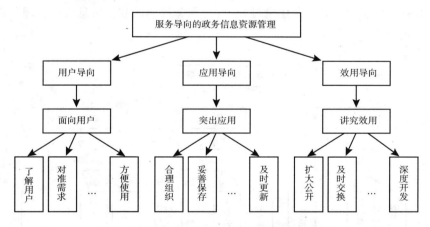

图2　服务导向的政务信息资源管理模式框架

四　服务导向政务信息资源管理的实现

政务信息资源的开发利用过程是涉及信息的采集、加工、组织、存储、传输、应用乃至销毁等若干环节的复杂过程。为了实现"服务导向的政务信息资源管理"，就必须用服务导向的政务信息资源管理理念规范各项管理活动，将有关理念贯彻于政务信息资源开发利用全过程的每个环节之中，从管理制度的制定、管理手段的运用以及管理行为的规范上，加强对政务信息资源开发利用各个环节的服务。

在政务信息资源开发利用工程中，各个环节既是互相联系也是相互区别的。在政务信息资源管理的过程中，必须对政务信息资源开发利用各个环节的特殊性给予足够认识，有针对性地出台适应不同环节的管理制度，运用不同方法手段，才能真正使服务导向的政务信息资源管理理念得以全面体现。

针对政务信息资源采集环节，管理者应当充分考虑具体的采集者、采集目标以及采集渠道、采集规模的要求，制定相应的管理办法、运用管理手段实现政务信息资源的方便采集、高效采集，保证信息采集的及时性、准确性，降低采集成本。

针对政务信息资源公开环节，管理者应当针对各类政务信息的具体特性确定能否公开、向谁公开、如何公开等，通过完善管理制度和手段最大限度地促进政务信息资源的公开。

在政务信息资源开发利用全过程中，"服务导向的政务信息资源管理"的实现可以用图3表示。

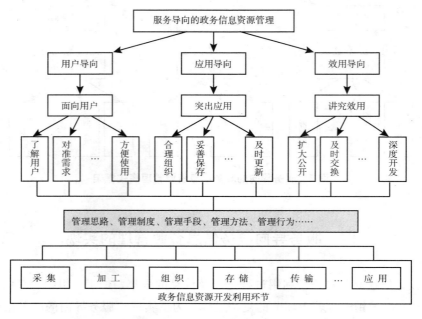

图3　服务导向的政务信息资源管理的实现

五 服务导向的政务信息资源管理实践

随着"服务型政府"理念的不断深入人心,将"提供完善的政务信息资源服务"作为政务信息资源管理基本出发点的"服务导向的政务信息资源管理"思想开始受到关注。目前,尽管"服务导向的政务信息资源管理"还是一个比较新的管理理念,但这并不意味着相关领域的管理实践活动尚未展开,也并不意味着当前的电子政务建设中不具备服务导向的政务信息资源管理的思想。

在过去二十余年的政务信息资源开发利用过程中,国内已经取得了很多成功的经验。分析起来,有许多成功案例都在相当程度上体现了服务导向的政务信息资源管理理念。下面简要介绍几个成功的案例。

(一) 政务信息资源组织环节的管理实践

政务信息资源的组织是进行政务信息资源应用的基础,合理的政务信息资源组织是提高政务信息资源应用效率的保障,也是政务信息资源管理工作更好地服务于使用者的重要前提。在我国的电子政务建设过程中,不乏成功的政务信息资源组织管理实践。

案例一:广州市数字人才工程中的"统一标准"与"资源整合"

广州市数字人才工程是广州市人事信息中心承担建设的电子政务工程,由广州市人事人才电子政务基础平台、硬件网络系统、各类人事业务应用系统、人事局门户网站、局办公自动化系统及人事人才基础数据库等内容组成。工程以人事人才基础数据库为核心、以各业务应用系统为基础、以统一的广州数字人才网站为门户开展建设,提高了人事部门的工作效率与政务服务水平,取得了显著的社会效益与经济效益。

在工程建设过程中注重"统一标准"与"资源整合",是广州市数字人才工程在政务信息资源管理方面的突出亮点。为了避免传统人事工作过程中由于信息结构不一致导致的难以对信息资源进行深度挖掘与分析,以及由各业务部门分别采集有关数据所带来的重复工作等问题,该工程建设注重对已有人事业务进行整体性研究,按照"统一规划、统一标准、统一平台、统一数据库、统一门户、统

183

一管理、资源共享、安全保密"的原则,对人事信息资源与工作流程进行精心梳理与合理组织,将统一规范的"人才资源基础数据库"作为系统运行的核心与基础。在不断加强"人才资源基础数据库"的"标准统一"与"资源整合"的基础上,各个处室及属下单位的业务系统、有关的政府决策与人才信息服务数据都以人才资源库的数据为基准进行开发利用,大大降低了工作量,提高了工作效率。

"统一标准"与"资源整合"的信息资源管理模式,有利于社会公众以及相关业务部门及时获取人事人才信息资源,增强了政务信息资源的安全性、时效性,方便了数据的长期积累。

(二) 政务信息资源应用环节的管理实践

伴随我国信息化建设的发展,特别是随着各级政府部门网站迅速的普及,政府网站逐渐成为政府部门向社会各界发布信息的重要渠道和向社会公众提供政务服务的重要手段。作为社会公众应用政务信息资源的重要平台,一些政府网站在设计与运行过程中,取得了许多"方便应用"的经验。

案例二:商务部"统一网站模版网站群"的政府网站建设

中华人民共和国商务部政府网站由商务部信息化司负责建设和管理,目前已形成了包括中文主站和300多个子站的网站群,7×24小时不间断为企业和公众提供政策、商情和经济环境信息。服务范围遍布全球,并通过建设"地方商务之窗"深入到全国的县级单位。

据介绍,在网站的政务信息资源组织方面,商务部网站主要采取"统一网站模版网站群"的组织模式,实现对网站信息资源的优化管理。

"统一网站模版网站群"的建设模式是指商务部内部各司局、单位根据商务部网站的总体方案部署建设各自的网站,使之成为商务部网站群的一个子站,各子站的网站建设主要利用商务部网站统一的内容发布系统和统一定制的子站模版进行,最终实现部领导一人一网、部机关一司一网、驻各地特派员办事处一办一网、驻外经商机构一处一网、商协学会一会一网以及公共商务信息服务数据库一库一网,使商务部政府网站逐步发展成遍布全球、格式统一的网站群系统。

"统一网站模版网站群"模式的应用,使商务部网站只利用较少的开发与维护成本，就实现了子站众多、覆盖面大、受众面广的适应不同用户需要的政府部门网站群，同时也使网站群中各个子站的内容与形式更加统一规范，实现了对网站信息资源的优化管理，方便了社会公众对网站群信息资源的应用。

（三）政务信息资源交换环节的管理实践

政务部门间进行信息交换，是政务部门有效利用信息资源、履行行政职能的重要基础。服务导向的政务信息资源管理活动，应当能够促进政务部门之间及时、准确、完整、安全地交换政务信息资源。

为了保证政务信息资源顺利、高效的交换，经过电子政务工程实践，一些部门、地方摸索总结出了有效的管理经验。

案例三：无锡市"促进政务信息资源交换"的电子政务元数据体系建设

为了满足政务信息资源交换的需要，2004 年，无锡市开始探索无锡市政务信息资源目录体系建设。该目录体系建设的一期工程主要围绕"电子政务元数据体系建设"展开，具体分为两个阶段进行：

第一阶段为研究和编制无锡市政务信息资源分类目录阶段；第二阶段为开发和建设无锡市政务信息资源元数据管理系统，实现对政务信息资源的采集、管理、交换和共享。

在缺少现成标准和成功经验可借鉴的情况下，经过六个多月的探索，有关管理人员研究编制了《无锡市政务信息资源分类目录（试行）》，该目录共收录数据（信息）4803 条，为无锡市电子政务元数据管理系统的建设奠定了坚实基础。

在政务信息资源分类目录的基础上，无锡市进行了电子政务元数据管理系统建设。该系统是根据政务信息资源的数据元标准来进行业务数据的处理和交换的，实现多元信息的集成整合与深度开发，并通过对数据元的规范管理来形成并发布数据元标准的管理系统，可以为不同系统、多种模式的数据存取和数据共享提供数据格式和编程接口。

无锡市电子政务元数据体系，通过对政务信息资源数据的规范，对政务信息资源的采集、处理和交换起到了推动作用，促进了政务信息资源的交换与共享，提高了政务信息资源开发利用的效率和效益。

（四） 政务信息资源存储环节的管理实践

政务信息资源的存储是影响其应用的重要因素。在信息化建设迅速发展的今天，为了方便加工、利用以及传输，绝大部分的传统信息资源被数字化后进行存储，然而，对"那些不能被有效数字化的信息资源或者已经被数字化的信息资源原件"的保存与对"传统介质的政务信息资源"进行合理的数字化一样重要，这是保证政务信息资源日后的深度开发，提高政务信息资源效用的重要前提。

案例四：天津市数字城建档案馆的"双轨制"信息资源管理模式

天津市"城建档案信息管理系统"是由天津市城建档案馆、天津市优尼泰信息技术有限公司承建的信息化工程。工程的建设目标是建成馆藏档案信息化、文档管理一体化、保管智能化、服务现代化和办公自动化的数字城建档案馆。

在工程建设过程中，有关人员通过项目的开发，探索出了一种"双轨制"的信息资源管理模式。这种管理模式强调传统档案馆与数字档案馆的并行管理、档案实体与数字信息的并行管理、传统档案载体与电子载体的并行管理。"双轨制"的信息资源管理模式以档案实体及其相关信息为管理对象，采用文件、档案、信息一体化集成管理的方法，利用现代高新技术，实现对档案信息的多功能开发利用，同时对档案实体达到了有效的保护。在实行"双轨制"的信息资源管理过程中，为了保证数字信息资源与原有信息资源实体的统一，有关人员建立了三级审验制度，通过明确录入人员、科室项目负责人、室主任三级人员审验职责的办法保证档案信息数字化的质量。

通过"双轨制"信息资源管理模式的应用以及有关保障制度的确立，有效地保证了"城建档案信息管理系统"实现馆藏档案资源合理配置、高效利用、满足需求的基本功能，保证了服务水准。

（五） 政务信息资源传输环节的管理实践

政务信息资源的传输，是政务信息资源得以到达服务对象、发挥资源价值的重要一环。在一些领域，政务信息资源的传输问题限制了政务信息资源向最终用户的传达，也限制了政务部门的服务。然而，经过管理实践，一些政务部门通过不断的探索与尝试，取得了一些值得借鉴的管理经验，成功地解决了信息资源的传输瓶颈，促进了政务信息资源的服务。

案例五：突破"最后一公里问题"的安徽省农村综合经济信息网建设

"安徽省农村综合经济信息网"（简称"安徽农网"），是安徽省人民政府批准组建的，以信息化带动农业产业化、增加农民收入的政府公益性网站。安徽农网按照政府主管、农委牵头、气象主办的模式，由省气象局承担建设。

在安徽农网建设中，综合应用互联网、数据库、无线通信网络、光纤传输、计算机电话集成、多媒体、流媒体、卫星遥感、遥测、自动控制等现代信息技术，自行开发了农网网站和县乡政务办公、信息快速上报、农村远程教育、乡镇雨量自动采集、农业短信服务、农村信息电话答询、农网信息电视编播和电台自动编播等系统。

为了解决"最后一公里"问题，他们提出了安徽农网"五路并进"的管理思路，即"农村信息报纸"、"农网信息电话"、"致富信息机"、"短信息服务"、"广播电视"相结合的信息传输机制，采用传统手段与信息化手段相结合的方式，形成了安徽农网独具特色的立体服务网络体系。在运用信息技术方面，他们实现了互联网、广播电视网、固定电话网、移动通信网、无线寻呼网的有机结合，通过多形式的、适应不同用户条件的、个性化的信息服务手段，创建了农村信息服务大平台。"五路并进"的管理思路，有效地突破了农业政务信息资源的传输瓶颈，拓展出了更加丰富的政务信息资源服务渠道。

"服务导向的政务信息资源管理"既是一个理论问题，又是一个实践问题。我们设想，应该广泛收集那些政务信息资源管理的成功案例，交流经验，以提高管理水平，使政务信息资源开发利用获得更大的经济、社会效益。

第十五章
政府首席信息官制度

吴 江 李志更 乔立娜

政府首席信息官制度是很多发达国家发展电子政务的一项基本制度安排，它对于加强政府信息资源管理、提升电子政务建设的效率和效能、保证政府信息化协调发展具有非常明显的支撑作用。目前，推动我国电子政务建设向纵深发展亟须解决统一规划、资源整合、协调发展等瓶颈问题。本章针对我国实际，借鉴国际经验，提出建立并逐步推行政府首席信息官制度是保障电子政务快速健康发展的重要措施。

一 对政府首席信息官制度的理解

美国的《CIO》杂志对首席信息官（Chief Information Officer，简称 CIO）有如下定义："首席信息官是负责一个公司（企业）信息技术和系统的所有领域的高级官员。他们通过信息技术的利用来支持公司目标。他们是具备技术和业务流程两方面的知识，具有多功能的概念，常常将组织的技术调配战略和业务战略紧密结合在一起的最佳人选。"[1] 尽管这是对企业首席信息官的定义，但从这一定义中，我们可以获得以下一般信息。

---

① 徐志坚：《信息系统与公司竞争》，科学出版社，2002。

①首席信息官是组织中的高级官员，位居领导层；②首席信息官的核心职责和目标是利用信息技术来支持组织目标的实现；③首席信息官应具备的知识是技术和业务流程两方面的；应具备的能力是战略管理。这个概念比较全面地概括出了首席信息官的职能定位、主要职责、核心能力等要素。

另外，从首席信息官职位出现与制度形成的发展脉络来看，首席信息官是伴随着信息资源管理的兴起而产生的。它最早产生于美国的政府部门，专门负责政府信息资源管理，其后一些大型企业借鉴了这一信息资源的管理制度，首席信息官制度开始在企业出现，并得到长足发展，逐渐成为企业提升自身效益和竞争力的重要制度形式。随着信息时代的到来，以及在此基础上政府对政务信息资源管理重视程度的不断提升和电子政务的普遍推行，首席信息官制度开始回归政务领域，并在实践中逐步显示出巨大的生命力。

所谓政府首席信息官，是全面负责本部门政府信息资源管理、开发与利用，以及与信息技术应用有关事宜的专职高官参与决策，具有组织协调和资源整合权力，其基本素质是既懂技术又懂业务，具有技术与业务结合的战略眼光和能力。政府首席信息官制度是关于政府首席信息官管理规范的总称，包括政府首席信息官的责、权、利、能关系，录用、考核、培训、薪酬、退出等管理规定，管理体制，等等。

二　发达国家政府首席信息官制度发展概况

纵观世界各国电子政务的发展历程，建立首席信息官制度，由首席信息官及其相应的管理机构负责电子政务的总体规划、具体实施和全面管理，是比较通行和成熟的做法。"目前，世界上已有一百多个国家和地区确立了 CIO 制度。各国正在积极推进的电子政务实际上是'一把手' + CIO 工程。"[1] 因此，总结和梳理发达国家在电子政务管理体制方面的成熟经验和做法，对我国建立政府首席信息官制度，促进电子政务发展有着至关重要的借鉴意义。

不同国家的政府首席信息官制度虽然各有特色，对首席信息官的称谓也有一定差异，但在首席信息官的职责与素质能力框架、各管理环节的具体规

---

① 　王长胜主编《中国电子政务发展报告 No. 3》，社会科学文献出版社，2006，第 168 页。

定、基本管理体制等方面具有相当明显的一致性。这种一致性具有制度共性的特征。

（一）政府首席信息官制度产生的背景

美国是世界上最早建立首席信息官制度的国家，其良好的制度实施效果及其成熟的制度建设经验，使美国的首席信息官制度成为其他国家尤其是发达国家发展电子政务的制度模板。通过对美英等发达国家电子政务发展过程的比较分析，我们发现，尽管这些国家建立政府首席信息官制度的时间不同，但却有一些共同因素对首席信息官制度的建立和完善起着催化作用。

1. 加强政府信息资源管理的需要

20 世纪 80 年代，面对全球信息技术的迅猛发展，世界各主要发达国家都非常适时地把信息技术引入政务领域，希望通过新的技术手段能为新一轮的公共行政改革带来新气象，这便引发了全球性的电子政务建设浪潮。信息技术的广泛应用，使人们深刻认识到了信息资源的重要价值，信息资源逐步成为组织中最重要的资源之一。而对信息资源接受与处理的速度和广度成为 21 世纪评价政府治理能力的一个重要指标。因此，随着各国电子政务建设的不断深入，如何使政府的信息资源得到更为有效的管理，并得到充分的开发利用，成为各国的一个重要议题。在广泛而深入地调查研究之后，各国纷纷采取对策，其中一项重要举措就是在各部门设立相应的职位和机构，专门负责本部门信息资源的管理、开发和利用，这就是政府首席信息官的雏形。由此可知，政府首席信息官是信息时代的必然产物，是伴随着信息资源管理的兴起和发展而诞生的。早在 1996 年颁布的《信息技术管理改革法》（Information Technology Management Reform Act）中，美国就率先提出在联邦政府各个部门设置首席信息官，专门负责组织信息资源管理。同时，也正是由于信息资源在政府资源中的战略地位，提升了专门负责政府信息资源管理与开发利用的首席信息官在政府中的地位与作用。因此，在美英等发达国家，政府首席信息官的地位很高，往往与组织内的首席财务官等核心人物具有同等地位。

2. 提升电子政务建设和管理效率与能力的需要

早在 1994 年，美国审计总局（General Accounting Office，GAO）的一项调查就发现，从 1982 年开始，美国用于 IT 方面的开支超过 2000 亿美元，但许多 IT

项目的建设都是失败的，国家因此损失巨大。通过分析，GAO 认为项目失败的原因主要在于政府对于信息化项目的需求认识不清、成本效益观念不强。因此，GAO 认为政府部门在购买信息系统前应做出详细计划，并进行成本效益分析，否则，一旦实施，系统也无法有效运行，资源浪费是必然结局。① 事实上，这些诸如系统规划、需求分析、项目管理等问题是大多数国家在电子政务建设之初都会遇到的共性问题。随着电子政务的深入发展，如何有效整合各部门资源，防止重复建设和信息孤岛等复杂问题就逐步凸显出来。为了解决这一系列瓶颈问题，提高政府利用 IT 技术的效率和能力，美英等发达国家纷纷采取对策，力图通过建立一套统一而有效的电子政务管理体系，来保证行动的一致性和建设的高效率。为此，它们相继建立了政府首席信息官制度。

3. 实现电子政务战略意图的需要

发达国家的电子政务建设往往与政府改革密切相关。例如，英国在电子政务建设之初就明确了电子政务的战略地位，即"保证 IT 能够支持政府的业务转型，以便为公众提供更好、更有效的公共服务"。美国政府在 1993 年发布的《创造一个花费更少、运转更好的政府》的报告中，提出了"运用信息技术再造政府"（Reengineering-Though Information Technology）的新理念。韩国政府在 2003 年颁布的电子政务法中，明确规定："在需要对行政机关的业务进行电子化时，应该预先对相关业务以及业务处理过程进行革新，使其符合电子化处理的要求。"② 在确定了电子政务的战略地位和发展愿景之后，各发达国家通过建立各项制度、采取各种实施措施，将其逐步落实。建立政府首席信息官制度就是其中的关键举措之一。在政府高层设立首席信息官职位，通过其专业化、权威性、协调有序的工作，逐步实现信息技术对传统政务流程的重组和再造，从而为社会提供更方便、更快捷的服务，有效提高内部的工作效率，最终实现通过电子政务促进政府改革的战略意图。

（二）政府首席信息官的主要职责

明确职责通常是发达国家在建立政府首席信息官制度时首先解决的问题。作

---

① Harold C. Relyea. Paperwork Reduction Act Reauthorization and Government Information Management Issues. *Government Information Quarterly*, Volume 17, Number 4, pp. 367 – 393.

② 韩国《电子政务法》，第 6871 号，2003 年 5 月 15 日。

为首席信息官制度发展最为完善和成熟的美国，是以法的形式来规定首席信息官的主要职责的，这一方面体现了首席信息官职位本身的权威性，另一方面也为首席信息官明确职责、开展工作提供了强有力的依据。美国在 1996 年颁布的《信息技术管理改革法》中，明确规定了政府部门首席信息官的主要职责为：①向政府部门首脑及其他高层管理人员提供信息化发展意见及协助，指导、监督本部门信息技术相关事务的实施，以保证本部门信息化的成功实施；②为本部门开发、维护一个稳妥的、整体的信息化架构，有效进行信息资源管理；③改善提高本部门在信息资源管理方面的运作，制定更为有效的工作流程。① 英国 2004 年新上任的首席信息官——Lan Watmore 在其执政宣言中，将首席信息官的职责概括为四点：①提供网上服务；②推广已经进入日常生活的各种新技术；③增强事务处理系统，保证一线公共服务的有效提供；④建设对政府有支持作用的应用系统。②

尽管各个国家在形式上对政府首席信息官的职责概括不尽相同，但归纳起来，其主要职责包括以下几项。

1. 制订战略规划和计划

这主要包括深入理解本部门工作流程，总结和梳理信息化需求，提出部门信息化发展战略，制订中长期规划和短期（年度）计划等。

2. 监控信息化规划和项目实施

这主要包括运用一切可能的方法，评估信息化项目的绩效，实施有效的项目管理，协调组织内各部门的关系，并向部门首脑提供本部门信息化建设的具体意见、汇报信息化发展进程。

3. 管理和开发利用政府信息资源

这是政府首席信息官的最主要职责，包括利用信息手段提高本部门信息资源管理的效率，并尽可能使信息资源得到充分开发和利用，实现其使用价值的最大化。

4. 提升部门的信息化实现能力

这主要包括为不断加强组织的信息化建设能力，而进行的一系列评估、培训

---

① Information Technology Management Reform Act of 1996. Congressional Record.
② 《IT 如何帮助政府转型——英国电子政务主管兼政府首席信息官 lan Watmore 的自白书》，http：//www. zdnet. com. cn/eweek/case/story/0，3800005537，39358226，00. htm。

工作，包括评估本部门现有管理层与执行层实施信息化的实际能力，评估本部门人员在信息化进程中所需要的知识和技能。并针对存在的缺陷和需求，制订相应的培训计划、聘任计划、职业开发计划等，同时关注、引进、推广新技术。

（三）政府首席信息官的管理模式

在大多数发达国家，政府首席信息官并不是一个孤立的职位和个人行为，而是围绕着首席信息官有一套完备的管理体系。归纳起来，发达国家政府首席信息官的管理体系主要包括以下几方面内容。

1. 政府首席信息官的组织架构

一般来说，在发达国家，其政府首席信息官都有严密的组织体系，并将其作为电子政务建设的管理和执行机构。其中，美国的政府首席信息官组织体系最具代表性。图1是美国联邦政府首席信息官的组织架构图。

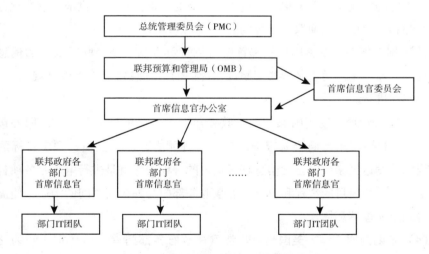

图1　美国联邦政府首席信息官组织架构图

其中，总统管理委员会是美国电子政务建设的最高领导机构，联邦管理和预算办公室是其执行机构。下设首席信息官办公室，主任是由总统任命的联邦首席信息官，负责整个联邦政府的信息资源管理。首席信息官委员会由联邦政府各部门的正副首席信息官组成，其首脑是联邦管理和预算办公室的副主任，负责指导、建议、评估首席信息官的工作。

事实上，发达国家都非常重视政府首席信息官组织体系的建立，英国、日本也在电子政务领导和决策机构下设置了负责执行的首席信息官职位和负责协调的首席信息官理事会等。发达国家在体系建设方面主要有三点经验可供借鉴：一是统一设置，层级分明；二是责任关系简单明确，各司其职；三是结构设置富于弹性，协调联动机制健全。实践证明，严密而统一的组织架构对于整个政府的信息化建设具有重要的组织保障作用，它使发达国家的电子政务建设普遍呈现出有序、协调的发展态势。

2. 政府首席信息官的工作方式

发达国家在普遍建立了比较完备的政府首席信息官组织架构的基础上，又建立了相应的工作机制，以保证对本部门电子政务的有效管理。一般来讲，主要有以下几种比较通用的工作方式。

（1）定期汇报。一般而言，在发达国家，各部门的政府首席信息官都要直接向本部门的首脑做定期汇报。通过汇报，及时向部门首脑提供部门信息化进展的信息和相关建议，以便取得领导的支持。

（2）制订规划。在美国，联邦首席信息官负责制定整个联邦政府的信息化发展规划，而各个部门也必须相应制订本部门的《信息资源管理战略规划》，并且每年滚动进行。

（3）项目管理。发达国家的电子政务建设大多以项目为单位，采用外包的方式开展，这就要求政府要有很强的项目管理能力，以保证项目预定目标的实现。因此，发达国家政府首席信息官很重要的一项工作就是进行电子政务项目管理，主要是评估项目的进程和效果，加强业务部门与外包商之间的沟通，使需求能够得到全面理解和体现。

（4）定期沟通交流。美国政府非常重视政府各部门首席信息官之间的交流和沟通，先是设立了"首席信息官理事会"（http：//www. cio. gov），由各部门的政府首席信息官组成，负责指导和协调执行机构中与信息技术和信息资源管理有关的活动。

3. 政府首席信息官的管理制度

（1）任用。美国联邦政府首席信息官的任用条件是由法律明文规定的，例如，在《信息技术管理改革法》中详细规定了对联邦政府首席信息官的任用：①经咨商国会参议院并取得同意后，由美国总统任命。②必须具备经确认的、能有效地履行其职责的、具有在管理及信息资源管理方面的知识技能和经验。其任职资格应从与信息资源管理有关的教育、工作经验以及专业活动等多方面考虑。③美国首席信息官为美国首席信息官办公室（该办公室隶属于美国管理和预算委员会）的负责人。同时，该法还规定在联邦政府各部门均应设立首席信息官制度，部门首席信息官一般由该部门第一副手担任，并由该部门行政首长任命。①

（2）考核与激励。美国联邦政府首席信息官由 OMB 的首脑直接领导，是该首脑有关政府信息资源管理的首席顾问。因此，首席信息官的权责也是由 OMB 的首脑确定的，并受其指导和管理。在实践中，OMB 设计出了一系列的方法来加强对联邦政府首席信息官的管理和考核，以激励其更加出色地完成本职工作。例如，OMB 向联邦政府各部门发放电子政务记分卡，根据已确定的评估指标进行评分，并且每季度刷新一次。这些标准包括：是否将大部分信息技术开支放在需要优先执行的现代化实现项目上；是否已按照预定的成本/时间表/执行目标来实施重大信息技术项目，浮动的范围控制在 10% 之内；重大的信息技术系统是否已通过权威认证、认可或者以其他方式被授权证明具有充分的安全性；电子政务项目是否具有可操作性，并能够创造利润（如降低成本、缩短响应时间、减少负担、提高公众服务质量等），等等。通过这些评估的指标和方法，可以非常直观地显示出首席信息官的工作效果，并据此进行相应的奖励或改进。

（3）培训。发达国家普遍都很重视政府首席信息官素质和能力的培养。为了确保政府首席信息官能够具备所要求的素质能力，美国联邦政府组织政府、院校和产业界的专家制订了培养首席信息官相关能力的知识体系，并由各政府机构、大专院校组织力量，编写教材，整理典型案例和最佳实践，组织对首席信息官的培训，保证政府首席信息官的能力能够完成规定的岗位职责。② 例如，美国国家国防大学信息资源管理学院所开办的首席信息官短期培训班，就是由美国国防部授权的首席信息官认证项目，主要用于培养联邦政府首席信息官所应具备的能力。其主要的教学方法是采用研讨会的方式，并邀请一些专家参与讨论，开研

---

① Information Technology Management Reform Act of 1996. Congressional Record.

② 陈伟：《美国首席信息官状况》，http：//www. techtarget. com. cn/search cio/ 5058l3835978899456/20041231/1895925. html，2004 年 12 月 31 日。

讨会时所有学员都要以个人或小组的形式参与讨论，与教师进行互动交流。课程结束后，教师通过学员提交的个人或团队的报告或项目来进行评估。又如，以美国联邦首席信息官委员会为首创建了首席信息官大学，它主要是一个由几个大学联合举办的虚拟联盟，这个联盟包括卡内基梅隆大学、乔治华盛顿大学、乔治梅森大学、马里兰大学等。这些大学所提供的首席信息官培训项目都是美国联邦首席信息官委员会所认可的首席信息官应掌握的核心能力。各大学的首席信息官项目往往由多个相关学院共同授课或设计实践项目，比如卡内基梅隆大学的首席信息官研究项目，是由软件工程学院、计算机科学技术学院、国家政策和管理学院、信息系统工程中心、社会和组织系统的计算分析中心和电子商务学院等机构来共同完成的。[①] 通过这些专业化的、针对性强的课程设计和培训，美国政府首席信息官的知识体系得到了很均衡的发展和提高。

三　我国政府首席信息官制度建设的需求和现状

发达国家电子政务建设的实践表明，政府首席信息官制度是当前世界各国发展电子政务的基本保障制度。但政府首席信息官职位和首席信息官制度，对于我国来说还是个比较陌生的或时髦的概念。就我国电子政务建设的实际状况看，一方面，建立政府首席信息官制度具有现实必要性和紧迫性。另一方面，尽管目前我国有些地方政府已经设立了政府首席信息官职位，并在建立首席信息官制度方面进行了很多有益尝试，但与规范、成熟的首席信息官制度相比还有很大差距。

（一）我国政府首席信息官制度建设的现实需求

1. 推动我国电子政务向纵深发展需要建立政府首席信息官制度

我国的电子政务建设经过一段时间的发展，取得了突飞猛进的成效，我国的电子政务建设开始以理性的态度和有序的制度安排向纵深发展。从建设的侧重点看，经过办公自动化和系统内业务联通的发展阶段，开始向协同办公、整合各类信息系统等更高层次发展，强调电子政务建设的服务性和实用性。从建设投入的

---

① 左美云：《首席信息官知识体系及国外培训模式》，中国信息协会信息主管（首席信息官）分会内部资料《首席信息官通讯》2004 年第 2 期。

重点看，逐步改变"重硬轻软"的现象，开始向应用软件、整合资源与业务流程、提高运营服务等方面倾斜。从对政务信息资源的管理看，正在逐步加大对政务信息资源管理的重视程度，并开始着手信息资源的利用和开发。从电子政务的运维模式看，主体开始多元化，由以往单靠政府财政投入转向以政府投资为主，兼之以与非政府组织合作。同时，电子政务建设开始尝试一些市场化的运作模式和专业的项目管理方式。引入市场竞争机制提升电子政务建设的效率和成功率，降低风险和成本，已经成为国内众多电子政务建设者们重点思考和着力探索的问题。上述分析表明，我国的电子政务建设已进入需要统一规划、统一标准、整合资源的战略管理阶段。新的发展阶段，迫切要求建立与之相适应的管理体制与模式，建立首席信息官制度就是其中的一个必然选择。发达国家的实践表明，政府首席信息官制度对于解决电子政务发展的统一性、协调性和专业化具有非常重要的保障作用。

2. 优化现行的电子政务管理体制需要建立政府首席信息官制度

目前，我国在信息化领导方面有三个国家层面的重要机构：一个是由党中央国务院联合领导的国家信息化领导小组，由国务院总理兼任组长，负责审议国家信息化发展的战略规划、有关法规草案和重大决策，协调信息化有关事宜。二是正部级的国务院信息化办公室，是国家信息化领导小组的日常办事机构，主要负责战略规划，提出意见和建议，建立试点和推广工作；三是国家信息化咨询委员会，主要是为领导小组提供重要的咨询和建议。其中，前两个机构是我国电子政务建设的领导和决策机构。与之相对应，很多地方政府也都在省市政府内建立本级的信息化领导小组和信息化办公室，负责制订本级政府的信息化发展战略。在这个框架内，各级各地政府和部门又相应设立了电子政务的管理和执行机构，如信息办、信息中心等。在中央政府的各部委中，有的是由一个专门的司局负责，有的由办公厅负责；在办公厅负责的情况下，有的成立了电子政务处，有的则由保密处主管。在地方政府，情况则更为复杂，有的是由省委、市委负责，有的是由省政府、市政府负责，有的由信息产业厅主管，有的则是当地的信息办或者信息中心主管，而信息办、信息产业厅、信息中心之间的权责关系也较为复杂。

从以上的分析可以看出，我国的电子政务建设的管理体系呈现出以下两个特点：一是电子政务管理较为混乱，缺乏统一的、规范的管理机构体系设置。二是各个管理机构的责、权、利关系模糊，缺乏准确、清晰的职能定位。在这种情况下，电子政务人治的因素往往起着决定性作用，而诸多失败或类似于"形象工程"、"一把手工程"的信息化项目大量出现也就在所难免。因此，我国的电子政务建设经过前期的摸索，在付出高昂代价之后，已经到了要理性思考如何从根本上建立统一、有序、严密的电子政务管理体系与管理体制，以解决当前出现的诸如"信息孤岛"、发展不平衡等瓶颈问题的关键时刻了。建立政府首席信息官制度无疑是解决我国电子政务管理体制混乱的一剂良方。

（二）我国建立政府首席信息官制度的主要障碍

与美英等发达国家的政府首席信息官相比，我国负有政府信息化建设职责的主体主要有以下几种类型：一是团队类型，如信息化领导小组；二是准首席信息官类型，如信息化办公室主任、信息中心主任；三是兼职首席信息官，主要指分管信息化的领导干部、政府办公室的政务信息负责人。但我国还没有建立专职的、权威的首席信息官职位及其严密的组织管理体系和制度。尽管如此，因这三类主体都承担着部分首席信息官的职责和任务，本文仍将其称为政府首席信息官。总的来说，我国的政府首席信息官主要存在以下几方面的不足。

1. 政府首席信息官的权威性不足

发达国家政府首席信息官的一个突出特点就是具有很强的权威性，如美国主要是通过两种方式保证其权威性，一是以法的形式明确规定政府首席信息官的职责范围、核心能力、组织体系等问题；二是通过赋予首席信息官以一定的行政权力来保证其权威性，如通过财政预算，或身兼要职等方式确保首席信息官具有较高的地位和权力。事实上，我国也已经意识到了提升电子政务管理机构权威性的重要意义，如由国务院总理和副总理来兼任国家信息化领导小组的正副职，地方政府则由当地主要领导担当本地信息化领导小组的正职。实践表明，尽管这些举措对于信息化规划和协调起到了一定的积极作用，但领导者由于身兼数职、工作繁忙、缺乏有力的决策支持等原因，而导致对电子政务建设的具体指导作用发挥不足。而处于电子政务建设和管理第一线的信息化办公室（或信息中心）主任们的职责、权限以及管理体系不仅相当模糊，还缺乏应有的权威性约定和保障，这直接导致电子政务建设者们责、权、利、能等关系的混乱，使电子政务建设工作的顺利开展大受影响。

2. 政府首席信息官的职责与权限不匹配

政府首席信息官的职责与权限不匹配、职权与其所在机构的地位不匹配问题是我国政府首席信息官制度建设的一大障碍。在我国，政府首席信息官没有发挥其应有作用，并不是因为他们对自己的职责不清楚，而是由于他们没有相应的管理地位和权力：一方面，各级信息办（或信息中心）的主任承担着本级政府信息资源管理、整体信息化进程推进的职责；另一方面，他们在行政级别上又属于中层管理者。这种权责不一致的现实状况使其缺乏足够的权限和权威性，无法承担起统一规划、整体推进的重任，也不可能对其他部门的相关机构进行业务指导。同时，由于地位局限，又使其无法站在更高的位置看待全局信息化的发展问题，而起不到应有的战略决策或决策支持作用。所以，在现实中，一部分政府首席信息官及其所属机构如信息中心，只能承担部门的设备维护和技术支持等一些纯技术方面的工作，而根本不可能行使参与相应决策、规划和管理、协调的职责。另外，尽管有的政府通过各种形式赋予了政府首席信息官以一定的特权，但他们所带领的团队在级别上与其他中层管理部门平级，或者根本不属于政府行政序列，如信息中心。这种首席信息官职权与所在机构不匹配的问题，使得政府首席信息官要把大量时间和精力花费在团队建设、理顺关系、为团队争取政策支持等方面，从而妨碍了政府首席信息官正常职责的行使。

3. 政府首席信息官的职责与核心能力不匹配

政府首席信息官的职责与本身素质能力不匹配是我国建设政府首席信息官制度的又一大障碍。在我国，政府首席信息官无法有效行使信息资源管理、信息化规划、协调等职责的主要原因，除了缺乏明确的职责约定、没有配置相应的职责权限以外，还有一个重要因素就是由于政府首席信息官缺乏足够的能力来履行其职责。首先，我国对政府首席信息官应具备的核心能力及其知识体系缺乏系统研究，更不用说形成相对统一的标准了；其次，我国对政府首席信息官应具备的核心能力的认识存在偏差，很多人都认为政府首席信息官首先应是个技术专家，然后才要熟悉政府业务，最好是既懂技术又懂管理的复合型人才。在这种思想的指导下，我国很多信息中心的主任都是从 IT 领域通过公开招聘进来的技术专家。事实上，从发达国家的经验来看，他们普遍认为政府首席信息官最应具备三种核心能力：战略思维和管理能力、协调能力、对业务流程的管理能力，而对信息技术只要求了解现状及其最新发展趋势。相比之下，我国在此方面的认知显然有些本末倒置，忽略了首席信息官最应具备的战略决策和协调能力。再次，我国尚未建立起对政府首席信息官的培养体系。在国外，首席信息官作为一种高级管理人才，与CEO、CFO一样都要根据专业化的知识体系进行专门培养，有的国家甚至要求取得相应的资格后才能担任。而在我国，虽然出现了一些社会性机构开始探索企业首席信息官的培训，但还相当不成熟，尚未形成完整的知识体系和有效的培养模式。

4. 政府首席信息官的管理制度缺失

目前，我国政府首席信息官的管理制度很不健全，首先，从我国政府首席信息官的任用机制来看，主要是行政任命，有的是面向社会公开招聘，但基本都属于公务员编制。我国在政府首席信息官任用方面存在的主要问题是缺乏统一、明确的任职资格条件，通常是由各部门自行确定，往往带有很强的片面性和无关性。其次，从政府首席信息官的薪酬制度来看，主要是走公务员的薪酬系列，由于公务员的工资水平远低于IT领域薪酬水平，因此，对于从社会招聘来的IT业人士来讲，工资水平降低，职务晋升也没有合理预期，就往往会感觉自身价值得不到合理体现而心理失衡，这在目前是个比较普遍的问题。再次，从政府首席信息官的考核制度来看，我国在对首席信息官的工作业绩进行考核方面基本处于空白状态，即使有考核，也是用衡量一般公务员的通用标准进行考量，缺乏专业化、有针对性的考核体系和标准。

四　我国政府首席信息官制度建设构想

我国建立政府首席信息官制度，要首先考虑以下几个前提性问题。其一，我国建立政府首席信息官制度，必须要吸收和借鉴国际上和其他领域首席信息官制度建设的一般性规律和有益经验。其二，我国建立政府首席信息官制度，必须要从我国电子政务建设的实际水平和需要出发，切实解决电子政务实践中遇到的诸多现实问题。其三，我国建立政府首席信息官制度，必须要充分考虑到我国特有的政治文化传统，尊重我国现行的行政体制和公共部门人力资源发展的实际，尊重我国的公民文化。其四，政府首席信息官制度建设是一项系统工程，它既涉及公共部门人事管理的制度创新，也涉及现行电子政务管理体制的重大变革。因此，它必须要在政府人事制度和管理体制改革的层面进行系统考虑和整体谋划。

（一）配置合理有效的政府首席信息官责、权、利、能结构

政府首席信息官制度建设的基础工作之一是明确其在政府中的职责定位，并在此基础上理顺其责、权、利、能关系，以实现其各方面的匹配与协调。

1. 政府首席信息官的地位要求

党的十六大报告明确提出我国电子政务建设的根本目的是："提高行政效率，降低行政成本，形成行为规范、运转协调、公正透明、廉洁高效的行政管理体制。"2006 年年中，温家宝总理在对全国电子政务工作座谈会的批示中又重申了这一思想："加快电子政务建设，推进行政管理体制改革，提高政府工作效率和公共服务水平，为公众参与经济社会活动创造条件"。这种功能定位赋予了负责电子政务建设的政府官员——政府首席信息官相对较高的地位。因此，我国的电子政务建设在经过"一把手"工程的发展阶段之后，在以后的制度安排中，即将设立的政府首席信息官在一级政府或政府部门内部也应具有较高的地位，而不是像现行制度框架内的信息办主任或信息中心主任那样，只位居中级管理层。我国即将设立的政府首席信息官首先在地位上应处于决策层或高级管理层，应是本级政府或本部门的高级公务员，能够参与部门信息化的最高决策，并直接向本级政府电子政务决策机构的行政首长或本部门的行政首长负责。通过提升政府首席信息官的地位，强化其职责行使的权威性，提高政府及其所属部门电子政务决策的科学化和专业化水平，保证电子政务建设的良好效果。

2. 政府首席信息官的职责要求

根据发达国家的经验和我国电子政务建设的实际状况，我国的政府首席信息官应主要承担以下几项职责。

（1）根据上级政府或部门的电子政务发展战略、本级政府或本部门电子政务发展战略和实际状况及其电子政务发展的外部环境，负责组织制订本级政府或本部门的电子政务发展战略规划和具体实施计划。

（2）根据本级政府或本部门电子政务发展需要，负责组织制定本级政府或本部门电子政务建设的管理政策法规和相关标准。

（3）负责组织、推动和监管本级政府或本部门电子政务发展战略规划、计划的落实与实施。这项职责主要是通过领导和推动电子政务技术与产品的开发，领导和督导本级政府或本部门电子政务建设项目管理的实施，领导和监管本级政

府和本部门电子政务系统的运行与维护等途径来实现。

（4）依据责任关系，向行政首长和上级政府或部门的首席信息官汇报电子政务建设的进展情况，提供有关电子政务建设的决策支持。领导、指导、协调下级政府首席信息官的工作。

（5）参与本级政府或本部门公共管理与服务的改革决策。

（6）负责本级政府所属部门或本系统（垂直管理部门）下级部门首席信息官例行职位轮换工作。

（7）负责提升本级政府或本部门实施电子政务的能力，主要包括在对本级政府或本部门电子政务实施能力进行分析与评估的基础上，制订相应的改进计划，并推动这种计划的实施与落实。

在以上这些职责中，组织制订部门信息化发展规划、实施电子政务项目管理、制订相应标准和规范是政府首席信息官应承担职责中的重中之重。从我国现行的电子政务管理与实施机构的设置及其职能配置情况来看，上述职责很多都已经存在，并分别由政府和部门内部主管电子政务的有关领导、信息办主任或信息中心主任行使。由此可见，我国建立政府首席信息官的职责体系时，难点不在于界定职责范围，而是如何保证这些职责得到有效行使与落实。

3. 政府首席信息官的权限要求

权责匹配是组织机构设置与人员配置的一项基本原则，也是我国设立政府首席信息官制度过程中必须要重点考虑的一个问题。根据政府首席信息官应具备的主要职责，政府首席信息官还应具备以下的权限，以使权责相匹配。

（1）具有就本级政府或本部门的电子政务建设和发展提出决策建议并参加决策的权力。

（2）具有参与涉及本级政府或本部门电子政务建设方面的公共行政改革决策的权力。

（3）在本级政府或本部门电子政务战略规划和计划的具体落实、项目的具体实施过程中，具有对其进行指导、管理和监督的权力，并具有一定限度的在人、财、物等资源配置以及项目计划调整、协调等方面的决定权。

（4）对本级政府所属部门首席信息官、下一级政府首席信息官或本系统（垂直管理系统）下级部门首席信息官具有业务领导、指导和协调的权力，对其职位轮换有决定权。

显然，与政府首席信息官的职责相对应，参与决策、系统资源协调、项目管理是政府首席信息官应具备的最重要权限。而在我国，政府首席信息官的职责得不到有效落实的一个重要原因就是缺乏与职责相匹配的权限。一般而言，权责匹配主要包括两方面内容：一是承担的责任要有相对应的权限作保证，二是要保证权限得到有效行使。因此，我国建立政府首席信息官制度，除了要明确政府首席信息官的权限，更要通过各种制度设计来保证这些权限的真正落实。

4. 政府首席信息官的能力与素质要求

政府首席信息官履行好职责，关键在于要具备相应的素质和能力。总的来说，政府首席信息官应当是懂管理与技术的高级复合型人才，并且管理能力比技术能力更为重要。可以说，不懂技术者不能成为政府首席信息官，而只懂技术不懂管理者也不能成为政府首席信息官。

借鉴发达国家政府和企业对首席信息官的素质能力要求，我国政府首席信息官主要应具备以下几方面核心能力和素质。

（1）宏观管理与战略管理能力。作为电子政务的决策参与者，政府首席信息官必须具有把握全局和战略思维能力，真正承担起制定与实施电子政务和信息化建设的基本政策法规和战略规划的职责。

（2）分析与判断能力。其核心要求就是保持良好的敏感度，在了解电子技术和信息管理知识与技能的同时，把握其发展动向；在熟悉公共管理与服务业务流程的同时，把握政府改革发展趋势；在领导电子政务建设实践的同时，把握电子政务的发展脉络，为本部门电子政务的理性发展提供保证。

（3）协调与沟通能力。由于电子政务建设要满足统一规划、资源整合、协同作业等方面的需求，政府首席信息官必须具备较强的沟通与协调能力，在组织内部，要保持与决策层、电子政务内部需求者与服务对象即各职能部门、IT工作团队的良好沟通，在组织外部，要保持与电子政务的社会服务对象、电子政务的项目合作对象的良好沟通。

（4）业务组织与管理能力。一是确定电子政务建设与发展的基本理念，组织设计电子政务基本流程和架构，努力实现电子与政务的良好匹配与融合、信息资源的有效整合与开发利用、电子政务管理与服务的协调统一。二是领导或组织实施规范的项目管理、监管电子政务系统的运行与维护。三是提出本级政府和本部门电子政务发展的趋势分析与改革建议，并负责领导和组织改革的具体实施。

需要强调指出的是，信息技术能力并不能成为政府首席信息官应具备的核心能力，而只是一项基本的能力和素质要求。另外，不同层级的政府和部门对其首席信息官的素质和能力要求是有所不同的。一般而言，越是高层政府和部门的首席信息官，对其战略思维和协调统筹的能力要求就越高，而越是基层政府和部门的首席信息官，则会对其项目管理的能力要求高些。

（二）设计科学规范的政府首席信息官管理制度

政府首席信息官管理是一个系统工程，涉及其录用、考核、培训、薪酬、退休等多项制度。建立这些管理制度，一方面要以发达国家政府首席信息官的管理制度为参照，同时，也必须符合我国现行公务员管理制度的一般精神和原则，与现行的人才管理体系有制度接口。

1. 政府首席信息官的任用

政府首席信息官在"进口"方式上，与其他高级公务员不同，其差别主要体现在两方面：一是政府首席信息官应采用专业技术资格（资质）准入模式，即制订各级政府首席信息官的任职资格标准，凡是担任政府首席信息官的公务员必须具有相应的专业技术职务或资格。作为一种过渡方式，在推行任职资格的初期，可采用经历替代方式，即凡是担任政府首席信息官者必须具备一定从事电子政务实践的经历或在其他组织中担任过首席信息官，以保证政府首席信息官应有的技术素质。同时，还必须具备公共管理的理论知识与实践经验，以保证政府首席信息官应有的政务管理素质。二是在适当时机，可采取竞争上岗和面向社会公开招聘的方式选拔和录用政府首席信息官。为了保证电子政务建设的先进性与高效性，政府首席信息官必须保持与技术领域的交流互动，因此，首席信息官应更多地采用公开招聘的方式录用。并对政府首席信息官实行合同管理，其任期、职责、权力义务、考核标准、薪酬待遇等都要通过合同进行约定。

资格准入有利于保证政府首席信息官职位的专业化，公开招聘和合同管理有利于增加政府首席信息官管理的灵活性，保持该职位的基本活力。

2. 政府首席信息官的考核

我国政府首席信息官考核的维度可依据公务员考核的有关规定，即考核内容包括德、能、勤、绩、廉五个方面，重点考核工作实绩。工作实绩考核指标的确定应以岗位职责为依据，评估和评价标准应以履行岗位职责的质量和水平为基础。具体来讲，对政府首席信息官的考核要重点考虑以下几方面问题：电子政务政策法规建设、电子政务发展战略和计划制订的科学性、合理性、针对性等方面的情况；电子政务战略和计划的执行情况，尤其是重大项目的建设与实施情况及其权威认证和认可情况；电子政务建设的效率与效能情况，尤其是电子政务项目的可操作性、提高行政效率和政府服务水平与质量的情况等方面的内容。需要指出的是，政府首席信息官的绩效考核还应与日渐成熟的电子政务绩效评估建立有机的联动关系。另外，对政府首席信息官的考核可以分为平时考核与定期考核两种方式，平时考核可以主要通过首席信息官定期汇报、领导不定期检查、电子政务服务对象的满意度调查等方式进行。而定期考核在原则上是一年一次，主要是根据岗位职责设定的考核标准进行考核。

总之，对政府首席信息官的考核应全面客观、公平公正，同时还应繁简得当，并贯彻 360 度考核的理念，尤其要重视聘用者、上级首席信息官、电子政务服务对象的评价。

（三）建立高效协调的政府首席信息官管理体制

建立高效协调的管理体制是政府首席信息官制度建设的一项重要内容。根据美英等发达国家的经验和我国电子政务建设的实践，我国围绕政府首席信息官的管理体制应着力解决好以下几方面的问题。

1. 政府首席信息官的组织体系

我国应借鉴发达国家的经验，在逐步整合现有的电子政务建设与管理机构的基础上，建立统一的、层级分明的政府首席信息官的组织架构，形成"一把手＋首席信息官"的电子政务管理模式。根据我国已有的电子政务管理体系，可设计出如图 2 所示的以政府首席信息官为核心的组织体系。

其中，国家和省级信息化领导小组是电子政务建设的最高决策机构，分别负责制定国家和本省的政府信息化发展战略和相应标准、规范，领导本级政府信息化办公室的工作。而在各级政府和部门相应设立信息化办公室，是本地电子政务规划的具体执行机构，其主任就是首席信息官。这个组织架构在较好实现与我国已有电子政务组织结构的衔接和过渡基础上，实现了电子政务的专业化、系统化管理，能够有效避免各自为政的局面。

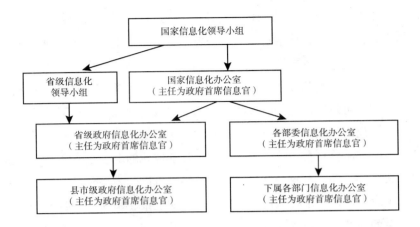

图2　我国政府首席信息官组织架构图设想

2. 政府首席信息官的责任关系

清晰而有序的责任关系是保证政府首席信息官管理体制高效运行的重要因素。依据图2的组织体系构想，国家信息化领导小组的正副组长一般由国务院总理或副总理担任，省级信息化领导小组的组长由主管信息化的副省长担任。据此，中央政府首席信息官直接对国家信息化领导小组首脑负责，向其汇报工作，接受其领导，并参与国家政府信息化决策。省级政府首席信息官则直接对省级信息化领导小组首脑负责，参与本级政府信息化决策。同时，上下级政府和部门的首席信息官之间存在业务领导与指导关系。中央政府首席信息官负责领导、指导、协调省级政府首席信息官和中央各部委首席信息官的工作，省级首席信息官负责领导、指导、协调本省内各市县首席信息官和省直各委办局首席信息官的工作。以此类推，中央各部委的首席信息官负责指导、协调下属部门首席信息官的工作。这样，就形成了一套权责明确、运行有序的政府首席信息官管理体系。

第十六章
我国电子政务建设的外包模式与实践

江源富　乔立娜　赵经纬

国内外的实践表明，在电子政务建设中引入外包机制是提高效率、降低成本、保证其专业化的有效途径。我国的电子政务外包机制还很不健全，在实际发展中遇到很多现实问题和困惑。本章在总结和借鉴国内外已有经验和做法的基础上，对电子政务外包模式的一些具有共性的关键问题进行探讨和研究，为我国电子政务外包模式的不断完善献计献策。

一　对电子政务外包概念的理解

电子政务外包又称政府 IT 服务外包（IT Outsourcing Managed Service in government），它既是政府服务外包的一种，也是 IT 外包的一种。通常所说的电子政务外包概念是从信息技术外包引申而来。所谓信息技术外包（或称 IT 外包）是指一个部门或企业的信息系统的日常运行维护等工作部分或全部委托给专业公司，由他们组织专业技术队伍完成。而电子政务外包，即政府部门信息技术的外包服务，是信息技术外包的一种方式。

在上述对电子政务外包内涵一般意义的认识基础上，在实践中，对此概念又形成了更为切合我国电子政务建设实际的、也是外延更为宽泛的理解。简言之，电子政务外包就是指电子政务系统的使用者和建设者非同一主体的建设模式。具体有以下几方面理解。

首先，在通常情况下，根据政府业务的不同需求，主要有以下三种外包方式：①IT 资源整体外包，为政府部门提供全套的 IT 系统规划、采购、实施、运维、咨询和培训等整体服务。②单项 IT 技术外包，如果某政府部门只有少量的专业技术人员，难以应付日常的各种繁杂事务，就可以选择把某些 IT 问题，如网络建设、硬件设备维护、单项软件开发等外包给专业公司去做。③维护外包，对于政府部门已经建好的业务系统，内部维护人员无法应付众多系统的维护，就可以把维护服务外包出去，以享受专业技术力量的服务，从而保障已建系统的正常运行。除了上述这些比较传统的外包内容，电子政务外包还应包括项目的规划、方案设计、合作伙伴的确定、培训等内容。总之，电子政务外包应该涵盖电子政务项目从规划到建设实施，工程监理直至最后的运行维护等整个生命周期。

其次，从电子政务外包的范围来看，政府内部所有"可管理的服务"都可以外包出去。"可管理的服务"在这里主要是指政府内部大量重复性、程序性的事务性工作，也包括那些需要长时间业务积累和技术积累、能够明确工作边界和目标的专业化工作。如系统建设监理，项目咨询，应用软件开发、部署、实施、测试、运行维护和升级，系统日常运行管理与服务等。

再次，从电子政务外包的对象来看，由于电子政务并不单纯是将信息技术应用于政务领域，它更是信息技术与政务流程的密切融合，是政府运作的一种崭新模式，因而，电子政务外包对外包服务提供商资质的要求更为慎重。电子政务外包可以根据不同的项目内容要求选择与之相匹配的企业或科研院所等非政府机构。

最后，从电子政务外包的方式来看，可根据不同的电子政务项目内容采用灵活的外包方式。不仅可将政府的信息化项目部分或全部委托给专业公司建设和维护，或者委托给政府内专门从事信息化建设的机构或部门，还可以视不同政府部门的实际情况，采用统一规划与分散外包相结合等多种灵活有效的方式。

二　美英电子政务外包的经验

基于经济、效益、效能等诸多方面的考量，发达国家的电子政务建设普遍采用外包的运行模式，即把电子政务项目的建设、运营和维护委托给市场化的专业公司，由其提供产品和服务，而政府工作人员只承担行政管理职能，进行信息加工和分析，提出对公众服务的项目需求等。发达国家凭借其雄厚的经济实力、成熟的理念背景、完善的法律环境和几十年来在其他公共服务项目上的外包经验，在电子政务外包方面有许多值得我们借鉴的做法。这些经验对于不断完善我国的外包模式，弥补现有缺陷，具有非常重要的借鉴意义和参考价值。这里着重对美英两个电子政务较为发达国家的电子政务外包的共性经验进行总结和分析，以期能为我国的电子政务建设提供一些有益的经验借鉴。

（一）电子政务外包取得的成效

美英两国作为政府信息化发展比较成熟的国家，在电子政务外包方面积累了很多成熟的经验，同时在降低成本、提高效率、增加效益等方面也取得了可喜成绩。

首先，外包已经成为本国电子政务建设的主要模式。在美英两国，IT外包已经成为一种极其普遍的电子政务建设模式，这主要是由于这两个国家整体信息化发展过程中的IT外包程度都比较高。另外，美英两国都在不断加大对电子政务外包的资金投入，以保证该项事业有充足的发展动力。例如，2002年，美国联邦政府IT外包费用是66亿美元，2007年预计是150亿美元，以年均18%的增长率剧增。而英国政府在2004年与专业企业签约的公共领域重大信息化项目总金额高达30亿英镑。

其次，外包极大地提高了效率，降低了成本。美英两国通过IT服务外包，不仅有效改善了电子政务系统的运营环境，以最短的时间、最小的投资获得了高质量的服务，还有效地提高了政府的工作效率。例如，美国亚里桑那州把汽车营业执照的发放工作外包给IBM公司，由IBM公司全额出资，负责系统设计、硬软件购买、系统集成及建成后的运行和维护。结果是，居民在线申领驾驶执照，平均时间由原来的45分钟缩短为3分钟，大大提高了效率；IBM公司就每本执照的发放，仅从服务费中抽取一美元；州政府未经投入就实现了该项业务的电子化；同时，发放每个驾照的办公费支出成本也由原来的66美元降至16美元。政府、企业、公众三方都受益，颇具启发性。

再如，英国税务系统的国内收入局通过与EDS公司建立战略合作伙伴关系，极大地提高了工作效率，降低了成本。不仅合作开发出开放系统，使得过去分割的个人平台变为开放系统，而且还合作开发出基于 INTERNET 的税务应用。由于合作伙伴的引入，数据处理中心由 12 个减少为 6 个，还按时完成了所得税自核自缴系统、数据仓库系统、呼叫中心系统以及解决千年虫问题等项目，而成本较最初降低了 15%，节省了约 2.5 亿英镑。

（二）电子政务外包的具体做法

1. 合理划分层次，明确外包范围

哪些是构成政府职能核心业务的信息技术，哪些是可以外包的非核心技术，外包范围的确定通常是发达国家实施电子政务外包时所要面临的首要问题。在电子政务建设实践中，美英两国政府将大量的非核心业务以服务合同的方式外包出去，以寻求优质的专业服务来提高工作效率。

例如，J. P·摩根公司将美国商业银行的电子化过程主要分低、中、高三个层次。最低层的任务主要包括计算机系统的硬件、软件、网络设施和其他银行使用的专用机具，如 ATM 的建设等。目前，该层次的技术已经属于成熟的"普通商品"，可以直接外包给企业去做，而无需自行开发。商业银行在此层次的任务主要是如何消化和吸收外包供应商提供的产品和服务，以追求更高的工作效率。中间层主要是做好应用软件和人机接口部分，使系统使用者与该层次的设备具有良好的交互性。商业银行在中间层的任务主要是如何实现应用软件的集成化开发，从而降低银行间的竞争成本和提升规模效应。在中间层的建设过程中，美国商业银行曾走过一段弯路，初始时采取完全自主开发的方式，在开发完成后却发现各家银行开发的应用软件都基本雷同，这无疑是一种低水平的重复建设，不仅支付了巨额开发成本，还要承担开发失败的风险。因此，20 世纪 80 年代以后，美国商业银行不仅共同投资建设网络，实现资源共享，而且逐步与 IT 公司合作开发软件或直接使用商品化的软件。最高层是美国商业银行业务需求和信息技术的结合部分，其内容主要包括业务流程重组、规划、应用系统集成和现有应用系统的管理和维护等，该层凸显了最关键的效益问题和核心业务，是商业银行要着重花费人力、物力和财力自主开发建设的重要环节。

英国的电子政务项目建设一般分为三个层次：①标准制订；②信息服务及集成；③应用系统建设。第一个层面的工作无疑是由政府主导，这点在各个国家的做法基本都是一致的；第三个层面的系统建设基本上是由专业企业来承担，即外

包给非政府部门来做。显现电子政务实施效果的关键是在第二个层次。英国的策略是从一开始就制订第二层的内容标准，再加上一系列鼓励性和制约性的配套政策，从而实现对第三层系统建设的有力控制，实现政府网上服务的稳步、迅速推进，有序发展，避免了大量信息孤岛的产生。

2. 外包合作中各方分工明确

一般情况下，美国的电子政务项目建设主要有三类人参与：①政府人员；②从大学和研究所等非商业性学术机构聘请的专家；③外包 IT 企业的专业技术人员。通常是在专家的指导和帮助下，由政府相关机构和人员遵循规范化的程序，完成电子政务项目的前期需求调研和框架设计工作。尽管承担外包的 IT 企业可能对方案设计更为专业和内行，但一般不被提前邀请参与项目前期的规划工作。外包企业专业技术人员的主要职责是：中标之后，仔细研究电子政务项目的设计理念和对项目效能的具体要求；在政府已确立的框架结构和指导原则的大前提下深入考虑，比较项目的技术路线和标准；根据电子政务系统所需要的性能，斟酌市场上可供使用的信息技术产品；将政府拟定的概念设计转换为技术上可行的具体实施方案，并在征得政府认可后完成构建工作，最终实现系统功能。

美国政府除了承担前期的需求分析和整体框架设计工作以外，还在外包的全程发挥着主导作用。首先，是为外包提供完备的法律法规环境。如 2002 年 12 月美国通过《2002 年电子政务法案》，该法案鼓励 IT 业务外包，它将使政府机构朝着使用节余（share-in-savings）式的外包方向发展，即承包方使用委托方利用 IT 业务所带来的节余。其次，是建立完善的组织管理体系。美国在电子政务建设方面不仅建立了严密的组织体系，还实施了有效的任务分工机制，即美国总统管理委员会负责指导和审批，管理与预算办公室负责执行。这种分工还表现在依据电子政务的主要业务而分立的项目小组及一些特别实施小组。同时，首席信息官委员会及其他联邦管理委员会的成员还组成了"业务指导委员会"，关注和监督电子政务的实施。最后，是对电子政务外包项目实施严格的量化管理。例如，美国的管理和预算委员会不仅制订了电子政务项目所要完成的目标，还制订了电子政务项目的具体执行标准。这些标准包括，各个机构是否将大部分信息技术开支放到需要优先执行的现代化实现项目上；是否已按照预定的成本/时间表/执行目标来实施重大信息技术项目，浮动的范围控制在 10% 之内；重大的信息技术系统是否已通过权威认证或者以其他方式被授权证明具有充分的安全性；电子政务项目是否具有可操作性，并能够创造利润（如降低成本、缩短响应时间、减少负担、提高公众服务质量等），等等。

3. 注重加强电子政务外包项目的风险防范

电子政务外包的目的在于通过整合政府的资源，快速实现服务手段和服务方式的电子化，满足政府业务的需要。电子政务外包产生的任何风险都会严重影响政府的形象。因此，发达国家的政府都非常重视外包过程中的风险防范。

美国政府对电子政务外包的全过程都实施有效的风险管理。一般来说，其风险管理大致分为三个步骤：第一步是识别外包实施过程中各阶段的宏观、微观层面的风险。宏观上密切关注信息技术、外包市场的发展，以及政府自身运行环境、外包商经营状况的变化，防范技术和市场风险。在微观层面上，定期听取外包商在项目实施不同阶段的报告，评估外包商运行的信息系统和相应的控制措施（如资源安全性、完整性、保密性），定期审查外包商相关的内部控制、系统开发和维护以及应急计划等措施，以保证其符合合同要求，并且与当前的市场和技术环境相一致；了解外包服务是否及时，服务质量、服务水平是否得到提高，防范交易、信誉风险。第二步是分析造成工作偏离预定标准的问题的实质，对产生问题的原因进行调查并做出结论；第三步是拟订解决问题的可行性方案，并从中选择最优方案；实施选定的方案，使外包工作回到既定的标准和方向上来。

三　我国电子政务实践中几种典型的建设模式

由于我国的电子政务建设是采取在中央的统一指导下，由各地各部门自主开发建设的模式，因而，各地的做法往往差异性很大。这就导致我们无法脱离当地的实际情况去判断某一种模式的优劣，而只能总结出若干个具有典型意义的做法或模式来，以期能够为各地的电子政务建设提供有益借鉴，从而推动电子政务整体向良性方向发展。

（一）一般模式

电子政务外包的一般模式是指引入市场机制，由专业企业、研究院所等非政府机构根据政府的授权或委托承担电子政务的建设和运营任务，通过合理的方式参与电子政务项目的筹资、建设、运营和管理等。这种模式的典型特征是电子政务项目的外包承担者完全是独立于政府之外的、具有市场竞争力的非政府组织。这种模式是国内外目前最为普遍实行的一种外包模式。

　　我国的电子政务建设已由初期的自建自管模式逐步向外包方式转变，以获取更专业化、更高效能的产品和服务。以四川党政网的建设为例，其在外包过程中，逐渐形成以下几点比较成熟的做法：一是在功能上，把电子政务项目分为三类，针对不同项目采用不同外包方式，分别是：①物理网络的建设与维护，此类主要与各级电信运营商合作。如四川德阳市的市级部门和市到县的政务内外网光纤的建设和日常维护全部由电信部门承担，由市网管中心进行有效监管。六县（市区）也基本上是通过租用电信的光纤或 ADSL 搭建县级机关及到各自乡镇的县级网络。②应用系统与外网网站的开发和建设，此类主要是与几家有实力的公司通过签订合同方式，建立长期合作伙伴关系。如公安部门的道路监控系统和人口系统、劳动保障部门的"五保合一"系统等，都是通过财政统一招标，择优选择设备供应商和集成商的方式进行的，通过合同约定的方式外包。而对于政府门户网站的建设，主要是由网管中心负责主网站站点的建设，通过主网站的示范作用带动部门网站的建设。而绝大部分的二级网站是外包给不同公司来完成的。③信息安全保障，此类一般要分解为不同的模块，部分由各级网管中心自行开发建设和维护，部分分别外包给专业公司。二是在业务上，把电子政务项目分为涉密业务和非涉密业务，非涉密业务一般寻求比较完整的外包，包括后续维护与服务的外包，如基础网络平台的建设项目、公众信息网建设项目；涉密业务一般需要分解，只是部分外包或者具体某个环节的外包，网管中心或政府内部人员的介入比较深。三是慎重选择合作伙伴，要求合作伙伴具备较强的实力。在与合作伙伴的实质合作关系建立起来以后，原则上倾向于长期合作，以保证电子政务工程在开发、运行和维护上的可持续性和稳定性。

　　此外，在我国还出现了很多其他形式的外包模式。如首都信息发展股份有限公司提出的"建设－拥有－运营"（Building-Owning-Operation，BOO）模式，这种模式是由企业投资并承担工程的设计、建设、运行、维护、培训等工作，而硬件设备及软件系统的产权归属企业；由政府部门负责宏观协调、创建环境、提出需求，政府部门每年只需向企业支付系统使用费即可拥有硬件设备和软件系统的使用权。首都公共平台网络的建设就是采用这种模式。还有"建设－经营－转让"（Build-Operate-Transfer，BOT）模式，它是由项目构成的有关单位，包括承建商、经营商以及用户组成一个股份组织，对工程项目的设计、咨询、供货和施工实行一揽子承包；项目完成后，在特许权规定期限内经营，向用户收取费用，以回收投资、偿还债务、赚取利润；特许权期满后，无偿将项目交给政府接管。青海省劳动与社会保障厅的青海劳动保障信息网项目就采用了这种模式。

（二）云南模式

云南省电子政务建设的基本思路和做法是：在省信息化领导小组的统一领导下，在全省统一的电子政务规划指导下，由省网管中心负责建设和管理政府内部多个部门公用的、基础的电子政务项目，如全省统一的基础网络平台。而各职能部门具体的业务系统建设项目，由各委办局根据自身的业务需求和部门特点，或独立发包给企业，或委托给网管中心去做。外包的前提是该业务系统要与全省统一的政务平台的接口保持一致，以便于两者的互联互通，最终形成全省统一的、纵横有序的电子政务网络系统。同时，由省网管中心负责建设和管理的电子政务项目，也并非都由其独力承担，它只承担其中基础性强、安全性高、管理要求突出的那部分任务，如需求分析、系统规划、方案设计、基础平台的建设、运行机制和安全保障机制的建立、规范标准的确定等。而对于那些专业性强、已有成熟产品的软件和系统的开发和建设任务则外包给专业企业，由其按照网管中心提出的基础框架、接口标准和具体业务需求等要求提供相应的产品和服务。但整个项目后期的运行和维护工作则由网管中心的技术人员独力承担。

通过这种建设模式，云南省已经初步建成了电子政务网络基础设施（YNEGNET）、电子政务网站基础设施（门户网站群、政务网站群、虚拟主机）和电子政务公钥基础设施（数字证书认证中心，YNCA）等三个电子政务基础设施。截止到 2004 年底，全省接入电子政务网的单位已经超过 900 个，接入计算机数量已达 6000 台以上。同时，电子政务基础设施的效益正逐步显现，据云南省网管中心提供的数据显示，2004 年 5 月 17 日全省检察网整体迁移至电子政务网，仅此一项每年就节省 700 多万元的线路租用费。各地、各部门采取虚拟主机的形式建立了 45 个政府网站，节省了 700 多万元建设费用和 300 多万元的年维护费用。而云南省之所以选择由省网管中心这样一个具有行政职能的部门来负责电子政务公用项目的建设和维护是有其深层次考虑的。首先，是基于安全性的考虑。由于电子政务涉及政务领域的诸多涉密信息，其安全性要求往往要放在首要位置考虑，而省网管中心是云南省政府信息化工作办公室下属的全额拨款事业单位，由这样一个政府内部机构来负责全省电子政务网络的维护、运行管理、省内电子政务门户网站的建设等各项任务，其安全性相对于外包给企业来说更有保障。其次，是基于利益和成本的考虑。由于省网管中心由政府财政全额拨款，因而它承担电子政务建设项目是在履行自己的行政职能，搞好该项工作是职责之所在；而如果外包给企业，是否赢利就会作为其行动的根本动机，因此，在具备同等技术实力的条件下，由政府内部机构承担电子政务基础平台建设和维护要比完全依赖于企业更为稳妥，也更能节约成本。最后，是基于协同能力的考虑。电子政务建设是一项庞大的系统工程，尤其是基础平台的建设涉及面更广，要涉及政府多个部门和多方利益的协调配合，因而，由政府内部机构来承担基础平台的建设，凭其对政府内部规则的熟悉程度，以及对政府内部各种利益的调配能力和力度，较之企业都有更多的先天优势。

（三）海淀模式

海淀园区是中关村科技园区的中心区和发展区，是国务院批准的第一家国家级高新技术产业开发。海淀园区于 2000 年 5 月正式启动"数字园区"电子政务工程，在电子政务建设及管理模式方面进行了有益探索，在我国具有首创性。经过几年的发展，海淀园区逐步总结出了一套符合自身发展特点的建设模式，其基本思路是：成立政府控股的专业 IT 公司，由政府与该公司直接建立电子政务项目的甲方和乙方关系，政府作为甲方提需求，并对项目进行实时监控，政府控股企业作为外包总提供商的乙方满足甲方需求，提供相应服务。这是第一层面的外包，再由该政府控股企业根据具体的项目建设需要，分解任务，进行二次外包，这是第二层面的外包。换言之，就是由政府控股企业作为总外包提供商直接向海淀园区管委会负责，有效解决明确责任主体和管理层面的问题，再把项目分解，有选择地外包给多家专业公司。

原海淀园区管委会主任，现任中海纪元总裁的柳进军认为，海淀园区的电子政务外包大致经历了三个阶段：①开发型外包阶段。主要是在建设初期，通过招投标形式，找到二、三十家专业 IT 公司作为合作伙伴来开发各种应用系统，由海淀园区管委会作为甲方负责提需求和对整个项目实施监理。②运营型外包阶段。主要是应用系统建成并投入使用后，将运营维护的任务外包给企业。但这部分外包进行一段时间后，出现一些新问题，即缺乏连续性和长效机制。主要是由于系统的开发和运营维护是由完全不同的外包商承担，系统的延续性难以得到保障，同时也降低了建设和使用的效率。③资源经营型外包阶段。为了有效解决问题，提高效率，海淀园区管委会成立了由其控股的中海纪元有限责任公司。该公司建立的初衷主要是为了解决园区众多电子政务系统的运营维护问题，但随着业务的深入开展和公司规模的不断扩大，该公司不仅承担了系统的运营维护任务，还逐步进行系统的开发和建设，从而实现了海淀园区电子政务系统从开发到维护的全过程的连续性和稳定性。

四　优化我国电子政务外包模式的关键性问题

基于我国的特殊国情和电子政务的现实状况，我们认为，当前，完善我国电子政务外包机制的关键是要着重加强政府在外包中的主导作用和能力建设，待时机成熟以后，再逐步发挥外包企业在合作中的战略性作用，从而形成政府和企业共赢共荣的良好合作局面；而不适宜在发展初期就照搬企业外包和国外政务外包中过分强调政府和企业平等合作的做法。那么，在借鉴国外已有经验的基础上，政府在外包过程中要着重解决好以下几个关键问题。

（一）合理界定电子政务外包的层次和范围

电子政务外包并不是眉毛胡子一把抓的全盘外包，而是有层次的、有重点的部分外包。外包范围的确定是电子政务实施外包过程中要首先解决的重要问题。对那些不涉及部门核心业务的、可以通用的系统或技术，完全可以通过合同的方式外包出去或直接进行政府采购。有学者将这种可以外包出去的服务称为"可管理的服务"。在外包方式下，政府不仅可以通过单一的合同获得多种 IT 服务和产品，同时，也能从运行和维护信息系统的额外工作中解放出来，使他们能够把主要精力集中在核心业务系统的开发、建设和集成方面。这样不仅提高了建设的效率，降低了成本，同时也大大增强了电子政务的生命力和竞争力。

当然，把非核心业务外包出去并不意味着政府核心业务系统的建设和维护工作全部采用自建自管的模式。已有经验表明，核心业务系统的建设通常也可以采用政企合作的方式进行，但要注意合作对象通常应是知名度较大的企业，双方的合作关系通常是长期的，具有较好的连续性。另外在合作过程中，要始终强化政府在合作中的主导作用，注重发挥两者的优势，相互取长补短。

（二）明确政府在电子政务外包中的角色

政府在电子政务外包中应始终处于主导地位，这是由电子政务的政治性、安全性，以及系统性要求所决定的，因此，电子政务项目绝不是"交钥匙工程"，但也不应是政府的"一言堂工程"。这就涉及如何合理把握政府在外包中的角色定位和作用发挥问题。具体来说，政府在电子政务外包中应扮演如下角色。

1. 政府是外包法律法规环境的营造者

作为信息化建设的一种新兴事物，电子政务外包的不同阶段需要不同的法律法规支持。目前，在电子政务外包的规划阶段、招标采购阶段、合同阶段的法律法规环境都已初步具备。例如，在规划阶段，有《电子政务建设指导意见》、《电子政务标准化指南》、《保守国家秘密法》、《计算机信息系统保密管理暂行规定》以及《计算机信息系统国际联网保密管理规定》等相关法律政策；在采购及招标阶段，随着2003年1月1日《政府采购法》的实施，《招投标法》及其配套规章制度的贯彻、执行，政府电子政务采购中的各项行为得到有效的规范和调整；在合同阶段，可以依据《合同法》、《知识产权法》等法律法规，明确政府机关和外包合作伙伴之间的财产所有权、债权、知识产权等各项合法权利以及付款、质量、工期、验收等各项义务，并通过缔约方依法按合同履行各项义务，以保证电子政务外包项目实现其预期目标。

2. 政府是外包进程的管理者和评估者

政府作为外包合作中的甲方，承担着选择合作伙伴、对项目过程实施监管、对项目结果进行评估的重要任务。其中，政府在选择电子政务外包合作伙伴时要特别注意从产品和服务的性价比、技术实力、信誉和稳定性、行业经验和对政府业务需求的理解等方面选择合作伙伴。

3. 政府是各种外包关系的协调者

电子政务外包最理想的状态是把整个电子政务项目细分为不同任务，将不同任务外包给不同组织去做，以保证其专业性和高质量、高效率。例如，在项目建设的前期，政府可以引入专业的咨询公司或相关的科研院所，帮助政府部门制订电子政务发展战略、项目规划和实施方案，帮助政府解决电子政务项目产品选型、方案遴选等问题，从而规避电子政务建设中的风险。然后通过严格的招投标过程，选择最适宜完成要建设项目的一个或几个合作伙伴。在建设过程中，政府还可以把整个项目的监理和评估工作外包给专业企业去做。

4. 政府是政务信息安全的有力捍卫者

安全问题始终是电子政务建设的关键性问题，尤其是引入外包机制以后，这个问题更加凸显出来。不解决好电子政务外包的安全问题，外包就失去存在和发展的根基。因此，政府应该通过法律、管理、制度等多种途径和方法，来最大限度地捍卫电子政务外包中的信息安全。

（三）逐步探索电子政务外包的双赢模式

电子政务外包对合作的政府和企业双方应该是双赢的，这是电子政务市场化运作的前提和基础。而我国的电子政务外包之所以进展缓慢，难于推广，甚至很多以失败告终，其中一个重要原因就是还没有形成明朗的外包赢利模式。一方面，外包赢利模式的缺失使得企业投入的资金成本收不回来，或者获得的利润难以为继，这难免会使以赢利为目的的企业打退堂鼓。因此，我们在鼓励各级政府探索政企合作的新型投入模式，鼓励具有管理、技术和资金优势的企业、社会机构参与电子政务项目投资或提供运维服务的同时，也要充分考虑到企业的利益保障，要允许其通过合理收费方式获得投资经营和受托服务收入。引导企业对政府依法开放的信息资源进行增值开发，允许其利用所得来回收投资、补偿成本并获得回报。另一方面，外包赢利模式的缺失也使得政府资金得不到有效回报，或者没有达到预期的目标，造成政务资源的损失，这就难免使以政务管理为第一要务的政府对外包心存疑虑。因此，我们要充分保障政府在电子政务外包中的权益，以多种方式和途径引导合作企业在既定方向上完成任务，获取利润。

（四）不断加强电子政务外包风险的防控能力

外包并非灵丹妙药，其风险与机遇并存，因此，要不断加强政府对外包风险的控制能力和力度。政府在外包项目中往往担当双重角色，既是合作的一方，又是电子政务建设项目的管理者。

首先要从制度角度加强对电子政务外包项目的管理。不仅要加强中央和地方政府在信息化基础设施、重要业务系统和基础信息资源建设方面的合作，建立分工合理、权责明确、程序规范、共建共享的国家电子政务项目管理体制。

其次，政府作为电子政务建设的主导者，不仅要作为外包中的甲方，履行向乙方提出需求、全程监控乙方的项目进程等职责，还要充分考虑到电子政务项目的政治性、安全性、整体性等方面的特殊要求，对那些不适于外包的建设项目或环节（专业企业没有能力完成或不愿意承担），就应该由政府独力或起主导作用来承担，如对项目需求的整理提出、项目规划和标准的制定、系统的整合等宏观性问题。

第三要通过签订合同方式进行风险控制。通过详细的合同规定，不仅有利于对电子政务项目实施全程监理和最终的验收，还易于加强政府对外包商的控制，把项目的结果与最初目标出现的偏差降到最低。

最后要通过有效的项目监理来规避风险。国际上比较通行的做法是通过政府授权或委托，引入第三方，由其根据项目的建设目标、业务需求和质量标准，对项目承建者提出的技术方案、项目管理活动以及系统设计、开发、集成和实施部署等活动进行全方位、全过程的审核、监督和控制。

第五篇
重大工程（国家级重大电子政务工程）

Part Ⅴ
Important Projects (The National Important
E-Government Projects)

电子政务外网工程建设概况

一 外网工程主体建设情况

为确保工程建设顺利，外网工程从建设开始，就选择了项目监理，2005 年 9 月通过招标确定了工程监理单位为清华万博监理公司。通过项目监理和政务外网专家顾问的咨询，最终确定了项目实施的计划和方案。

2005 年 10 月份完成了系统集成和网络设备招标工作，中标商为中国电信系统集成公司。目前网络设备已全面到货，全国各政务外网接入节点设备安装工作已经完成。同时，完成了机房改造，建成了支撑外网运行的物理环境。

为尽快发挥在建政务外网的效用，使政务外网早日投入试运行，2006 年 1 月，国家信息中心就政务外网先行使用的通信传输线路租用服务通过竞争性谈判方式进行了采购。其中，中央城域网线路采用裸光纤方式，线路由中国联通公司提供；广域骨干网主线路 18 条 155Mbps SDH 电路、13 条 8Mbps SDH 电路（用于西部地区）由中国联通公司提供；广域网辅线路（31 条 2Mbps SDH 电路）由中国电信公司提供；两条各 100 Mbps 的互联网出口线路分别由中国网通公司和中国联通公司提供。目前各线路服务商地方调线工作已完成。

2006 年 5 月 15 日开始全国网络联调工作（到各省级路由器）。到 6 月 1 日，除吉林、湖北、新疆兵团外，全国其他节点全部调通。全网联调工作基本完成。

5 月 12 日《国家电子政务外网安全保障体系总体规划》和《国家电子政务外网一期工程第一阶段中央部分工程网络安全保障体系实施方案》通过专家评审。政务外网安全保障体系的系统集成和设备招标工作也已经基本完成，相关工作即将正式启动建设。

截至目前，共有 14 个地方建立了省级政务外网，有 6 个地方正在建设省级政务外网，还有 12 个地方尚未开始省级政务外网的建设工作。

二　外网业务应用推进情况

政务外网一期工程第一阶段建设将连接 16 个中央部委单位并实现两个单位的业务应用系统在政务外网上的试运行。

在工程建设的同时，国家信息中心就开展网上业务应用已经与中央、国务院有关部委进行联系、协商，中办、国家监察部、国家审计署、劳动保障部、农业部、国务院扶贫办等部门都表示希望利用政务外网开展相关业务工作。其中，国家审计署、劳动保障部已确定为首批政务外网业务应用系统示范单位。

2006 年下半年以来，国家监察部和国务院扶贫办分别来公函要求利用政务外网开展全国纠风工作和全国扶贫工作。目前双方正在就其业务利用政务外网的技术方案进行设计。

三　外网运行管理队伍建设情况

为保证政务外网开通后能够稳定运行，国家信息中心适时调整和充实了政务外网工程办公室的组成和人员力量，同时开始筹备组建负责外网日常运行工作的常设机构，落实了机构和人员。

四　外网重点工作建设情况

（一）推进政务外网信任体系建设

国家电子政务外网工程一期第一阶段中央投资部分的建设，具体包括如下内容：传输网络；网管和服务体系；应用与安全支撑整合，包括建设国家电子政务外网的网络防护子系统和网络信任子系统；信息整合。

外网网络信任子系统子项将首先建设国家电子政务外网顶层认证中心（根CA）、运行 CA、密钥管理中心（KMC），以及两个部委证书审核注册中心

（RA），为承载的业务系统提供信任服务。

1. 总体设计

电子政务外网信任体系本期工程将建设为二级 CA 结构，根 CA 签发下级子 CA，并能够向上接入其他认证体系；运行 CA 签发个人证书、服务器证书以及其他设备证书等，向下能够支持签发下级 CA 来对信任体系进行纵向扩充。其中根 CA 是一个离线系统，负责生成和管理根 CA 密钥和根 CA 证书；根 CA 可根据电子政务外网的安全策略，签发和管理子 CA 证书。密钥管理中心主要负责用户加密密钥生命周期的管理。运行 CA 是根 CA 的子 CA，提供信任体系的核心服务，负责签发和管理证书。运行 CA 是一个在线系统，密钥管理中心与运行 CA 部署在同一机房的不同区域。RA 是面向最终用户提供证书管理服务的注册中心。

总体设计将切实满足应用系统的支撑需求，在推进外网建设中，将以外网 CA 为基础，对电子政务外网上应用所需要的身份认证、授权管理、责任认定、数字签名等问题逐一提出整体的解决思路，如：对证书如何集成到现有的 VPN 登录、安全邮件应用、单点登录等提供详细的实现方案，并能够支撑未来的 WEB 应用以及网上申报审批等其他业务。

2. 总体性能要求

系统的整体处理能力需要满足电子政务外网信任体系的要求。电子政务外网信任体系能够提供全年 365 天，每天 24 小时的不间断服务，当线路和设备局部故障和某种突发事件产生时，系统应具有检错、纠错功能；系统能够提供数据备份与数据恢复功能，确保数据正确、完整；能够抵抗来自系统外部和内部的攻击，保证系统安全、可靠地运行。

系统设计要考虑入侵检测、漏洞扫描、病毒防治、防 DDOS 攻击等网络安全功能。

系统要具备自动进行故障诊断、定位、纠错、备份、恢复功能，在线服务器应具有双机热备功能。

电子政务外网信任子系统必须具有充分的开放性，以便于以后实现与国内外其他 CA 系统实施交叉认证，保证系统的建设可以满足纳入国家根 CA 所需的策略检查的要求，达到平滑的纳入到未来国家根 CA 管理的目标，实现不同信任域互联互通。将来要与各省、各部门已有的电子政务 CA 逐一研讨，分阶段逐步实现与电子政务外网信任体系的聚合和融合，形成统一的网络信任体系。

（二）抓紧推进国家电子政务外网应用子系统建设

1. 外网应用子系统的总体设计

外网建设单位正在按照项目初步设计批复的内容，逐渐推进外网应用子系统建设，建设内容可以概括为以下三个组成部分。

（1）应用支撑平台原型和外网网站建设。

（2）政务信息资源目录体系框架建设和原型建设。

（3）数据交换中心原型建设。

2. 外网网站建设

政务外网门户的总体建设目标是：在各级政府和各部门的信息化建设的基础上，建立起跨部门的、综合的业务应用系统，具备信息的集成、身份管理、个性化、协同等功能，将外网的各种网络服务、业务服务、信息、数据、应用等隐蔽在门户之后，便于用户使用公共入口点访问外网，快速、便捷地接入所有相关政府部门的业务应用、组织内容与信息，并获得个性化的服务，从而为跨部门业务的集成与开发提供环境平台，为实行政务公开和信息公开提供支撑平台。

3. 外网栏目设置

外网建设单位已经初步进行了调研，对外网栏目进行了设计，总体框架如下：政府职能宣传、政策宣传、新闻大事、政府部门导航、会议公告、公务员服务、全文搜索、BBS、政府机构对外介绍黄页内容。

4. 政府信息资源目录框架设计

（1）政府信息资源目录体系主要有元数据、政务分类表、主题词表、唯一标识、信息组织、导航、发现、定位与服务等关键要素，以元数据为核心，以政务分类表和政务主题词表为控制词表，对政府信息资源进行网状组织，满足从分类、主题、应用等多个角度对政府信息资源进行导航、识别、定位、发现、评估、选择的工具。也可以认为是具体实现政府信息资源管理、共享和服务等操作层面的一种手段。

（2）目录体系的外部结构：构建以主题目录和分类目录为主、各种专题目录为辅的目录体系，其中主题目录是以反映信息内容特征的主题词为标识组织起来的信息列表，适合对分类体系了解不多的用户使用；分类目录是以信息分类体系为标识组织起来的信息列表，如按学科属性分类、按信息来源分类、按数据更新频度分类等；专题目录是一种动态目录，根据特定时期的重点、难点、热点问题进行组织的信息列表。

（3）目录的内容结构：目录内容包括信息资源的标题、来源、时间等。

5. 数据交换中心的原型建设

数据交换系统是国家电子政务外网项目的核心部分之一。它不仅是国家电子政务外网项目的数据交换系统，更可以作为全国各部委、各省市的各类信息系统的基础设施。

数据交换系统主要用于政府各职能部门之间的各类数据交换，同时可以为政府和企业之间、政府和公众之间的信息共享发布等提供桥梁。凡是政府各职能部门之间需要交换数据的，都要通过数据交换系统实现，数据交换系统是松耦合地连接各政府部门信息系统之间的通路，它不要求对政府各部门现有的信息系统作任何改动，也不影响这些系统的正常运行。其次，数据交换对国家各个专项进行应用级别的支持，包括国家金字工程、国家决策数据采集分析、国家政务外网门户支持和相关信息发布等功能支持。

建设外网数据交换中心，重点解决以下问题。

（1）应用系统环境的不一致。各个职能部门内部的业务系统实现的内容各异，其信息化程度不尽相同。

（2）数据库环境的不一致。由于缺乏统一管理，各个职能部门内部业务系统的数据库往往不尽相同。除了数据库环境的不同外，还包括数据结构设计的各异、所支持数据类型的不同等等问题。

（3）缺乏统一的数据格式。不同系统间缺乏数据传递的统一机制。

政务外网信息交换平台的业务目标是连通国家和各省/部委局署的各政府机关，以及请求政府信息和服务的企业和市民。国家各部委之间，省级各部委之间或者国家和省级之间通过信息交换平台的应用整合功能、数据整合功能和业务流程管理功能实现信息共享、服务共享和流程整合。

五　省级政务外网建设情况

国家电子政务外网工程建设总体进展顺利。但是，由于还有部分省（自治区、直辖市）迄今尚未明确或形成具备对接与联通条件的省级政务外网，已经影响了政务外网项目建设和应用的开展。因此，为了落实《国家信息化领导小组关于推进国家电子政务网络建设的意见》（中办发［2006］18 号）精神，充分发挥国家政务外网作用，外网项目建设单位已经采取了一系列举措，加快推进省级政务外网的建设。

具体优先安排如下工作。

在全网联调完成的基础上，开展国家政务外网与省政务外网的对接工作。先期选择几个条件好的省级政务外网进行对接，并在其上进行各种网络连接技术试验，取得经验后推广。

抓紧进行政务外网安全保障体系的系统集成和设备招标的首位和合同谈判工作。力争近期完成安全系统的建设。

继续积极促进部委信息化业务利用政务外网的工作。争取 2006 年底前完成 16 个部委接入政务外网，并有一到两个业务系统实现在政务外网上试运行成功。

此外还明确了下一步各地工作。

建设省级政务外网网管中心。各地要根据国家政务外网建设要求，从本地外网建设实际情况出发，编制相应的技术方案和自行购置必要的设备，开展省级政务外网网管中心和相应网络应用等建设，形成政务外网省级节点的服务能力。

建设省级政务外网城域网。参照我国"十一五"信息化专项规划，考虑到各部门开展纵向业务应用的实际情况，国家政务外网中央城域网在 2006 年年底前至少要联通国家发改委、财政部、国务院信息办、国家监察部、农业部、劳动和社会保障部、国土资源部、人事部、审计署、国务院扶贫办等单位。各地在建设省级政务外网的过程中将优先考虑国家电子政务外网工程第一阶段的建设需要，在年底前建成覆盖这些业务应用系统省级管理部门的城域网。

各地将按照资源整合、互联互通的原则，加大工作力度和投入，积极推进省级政务外网的建设，并做好相关系统的运行和管理等各项工作，为尽早实现国家电子政务统一网络平台的战略目标做出自己的贡献。

自然资源和地理空间基础
信息库建设概况

一　自然资源和地理空间基础信息库概况

自然资源和地理空间基础信息库建设项目由国家发展改革委牵头，国土资源部、水利部、中科院、海洋局、测绘局、林业局、气象局、航天科技集团、总参测绘局、总装电子信息基础部共同参加建设。项目依托已有信息化基础设施，按照统一标准规范，整合、改造项目参加单位现有的信息资源，通过建设基础性自然资源专题信息库、基础性地理空间专题信息库、自然资源与地理空间综合信息库和地理空间信息交换系统，形成自然资源和地理空间信息库数据主中心和11个数据分中心，以进一步增强国家对区域发展和资源环境进行宏观监管和动态监测、预测的能力，促进各部门自然资源和地理空间信息的共享，并为社会公众提供有关自然资源和地理空间的信息服务。

二　自然资源和地理空间基础信息库建设近况

自然资源和地理空间基础信息库项目建议书于2004年12月批复后，项目办公室于2005年2月24日组织召开了自然资源和地理空间基础信息库项目建设领导小组成员、项目办公室成员、项目专家组成员参加的第一次领导小组会议。领导小组会议对项目建设进度、组织方式等方面提出了明确要求。

根据第一次领导小组会议要求，项目办公室积极组织有关力量开展了项目可行性研究报告编制及论证工作。为保证项目建设及运行的可行性，项目办公室同时开展了项目标准规范体系研究、项目管理办法及制度研究、项目建设及运行中若干重大问题研究等专项研究和论证工作。目前，这些前期研究已经形成初步研究成果，项目办公室正组织有关专家对研究成果进行进一步的论证和补充完善，这些研究成果对于信息库相应内容的建设将起到一定的指导和参考作用。

经过反复论证和研究，项目可行性研究报告于 2005 年 7 月中旬初步完成，并按程序报送审批部门。2005 年 9 月，项目可行性研究报告通过中国国际咨询工程公司组织的评估，根据评估意见和有关要求，项目办公室对项目可行性研究报告进行了修改和完善。2006 年 7 月初，项目可行性研究报告得到国家发展改革委正式批复，项目建设周期为两年，预计 2008 年 8 月份初步完成项目建设任务，并开始运行服务。

目前，根据项目可行性研究报告批复意见和有关要求，项目办公室正组织有关力量开展项目初步设计方案编制等工作。

法人单位基础信息库建设概况

一 法人单位基础信息库主要进展

组织专家研讨会，对法人库建设方案进行深入的讨论，提出了针对性的修改意见和解决方案。

根据国家发改委会议要求，全国组织机构代码管理中心组织法人库各参与单位修改和完善了建设方案的相关内容，细化了建设经费预算。

组织协调编办、共商、民政等部门，积极推动各系统相关的法人库建设工作，对企业法人库、事业法人库、社团法人库建设方案进行修改。

从标准规范入手，开展法人库标准体系研究，提出、制定和规范法人库相关标准。

法人单位基础信息在国税总局和工商总局的企业信息共享工作中得到应用。

二 法人单位基础信息库应用情况

2005 年 10 月，在 12 个试点城市成功经验的基础上，由国信办牵头，联合国税总局、工商总局、质检总局发布了《关于开展企业基础信息共享工作的通知》（国信办〔2005〕10 号），并于 2005 年 12 月 23 日召开了电视、电话会议，布置了有关工作。

三 法人单位基础信息库建设成果

全国组织机构代码管理中心开发完成"全国组织机构代码信息共享平台"，

初步形成法人库的雏形。完成"法人库标准体系研究",为国家法人库建设提供基础。

四 法人单位基础信息库子项目开发情况

2005 年由全国组织机构代码管理中心自主开发完成了"全国组织机构代码信息共享平台",为法人库基本框架模式的建立奠定了基础,为政府有效管理和社会应用各类组织机构基本信息提供了快速、有效的查询手段。

2005 年底,全国组织机构代码管理中心选择福建省、广州市承担了《法人库标准体系研究》课题,该项目于 2006 年初完成,为国家法人库建设提供基础条件。

五 法人单位基础信息库建设重大活动

2005 年 2 月,国家发改委召集国家四大基础资源信息库的牵头单位开会,听取项目进展汇报,并对项目建议书提出若干修改意见。

2005 年 8 月,国信办陈大卫副主任、陈小筑司长等一行视察了代码中心,听取了法人库建设进展情况汇报。

2005 年 11 月,协调编办、工商、民政等部门,讨论修改相关的法人库建设方案。

2006 年 3 月,国家信息化领导小组印发了《国家电子政务总体框架》(国信〔2006〕2 号),对法人库建设提出了进一步的要求。

2006 年 3 月 29 日,国信办召开专题会议了解法人库建设进展情况,并要求加快方案制订、论证、实施进度。

六 法人单位基础信息库建设存在的主要问题

协调难度较大。由于法人库建设涉及多个参与部门,各部门实际情况不同,在建设思路和方法上存在着较大的差异,因此法人库建设方案初期即需要高层协调机制解决有关问题。

法律支撑尚显薄弱。组织机构代码的国家管理条例至今尚未出台，影响了法人库建设的基础法律地位，使法人库缺乏有力的法律支撑环境。

七 2006年法人单位基础信息库建设重点任务

充分发挥自身优势，从标准体系规范入手。把福建省、广州市组织机构代码管理机构承担的《法人库标准体系研究》的课题成果，应用到法人库项目建设当中，积极推进法人库建设进度。

筹建全国组织机构基础信息标准化技术委员会，提升法人库核心技术水平。拟筹建的全国组织机构基础信息标准化技术委员会，将吸收和组织标准化领域及组织机构代码系统的专家，以全国组织机构基础信息为研究对象，开展相关的标准化研究和开发工作，并积极推进其研究成果在法人库建设中的应用和推广。

成立法人库专门工作组，加大投入力度。在国家发改委、国信办对法人库项目建议书有明确修改意见的基础上，组织由法人库建设各参与部门专业管理人员和技术人员，以及中咨公司专家参加的法人库专门工作组，设置常设机构，加大对项目建设的研究、开发的技术投入，保证项目建设的高效开展。

适时选择1~2个已经启动地方法人库建设的省市开展地方法人库建设试点工作，总结经验，探索一套可行的建设方案，为全面实施国家法人库建设奠定基础，保证积极稳妥地推进。

宏观经济数据库建设概况

2005 ~ 2006 年，宏观经济数据库建设主要围绕项目建议书的评估完善开展工作。目前，项目建议书已通过专家评估，进入国家发展改革委的批复程序中。

一 项目建议书第一次评估

2005 年 9 月 29 日，中咨公司根据发改委的委托，组织有关专家对宏观经济数据库建设项目建议书进行评估。评估组对建议书的目标、建设内容和方案提出书面初步修改意见，主要包括以下五个方面：项目与金宏工程的关系、项目与统计信息系统工程的关系、项目建设目标和内容、项目"对接系统"问题及其他问题。

为此，国家统计局以"国统办函字［2005］143 号"文对评估会上专家提出的问题予以答复和解释，主要内容如下。

宏观经济数据库项目与金宏工程在指标体系上既有联系，又有区别。二者的联系主要在于，系统描述宏观经济发展的现状与历史，其统计指标的应用都以现行的国家统计方法、制度为基础；二者的区别则表现在应用目的、体系规模、覆盖范围方面的不同。

统计信息系统工程为宏观经济数据库项目的应用提供必要的支持。

项目总体建设预计分三期完成。其中，重点是一期工程，项目二期工程、三期工程内容仅作为项目整体背景统一描述。同时，细化了机房改扩建内容，细化了主题库、核心数据库及元数据库系统、应用系统的投资构成，调整和修改了一期的某些设备配置和价格。

在项目可研报告的编写中，根据共建部委的隶属关系以及拥有信息量的多少，划分"大、小"类，实现项目与共建部委"对接系统"，编辑统计业务和技术的专业标准目录，补充到项目建议书当中。

二　项目建议书第二次评估

2006年1月17日，中咨公司根据发改委的委托，再次组织有关专家对修改后的宏观经济数据库建设项目建议书进行评估。评估组提出建议：调减数据中心设备购置、系统软件配置、数据库系统、部委对接等方面投资预算；削减31个省级和7个热点区域的接入系统；补充说明机房现状、安全管理等方面缺项。

根据专家意见，2006年4月初，宏观经济数据库项目办公室会同有关方面，对宏观经济数据库项目建议书进行了重大修改，并提出相关建议。主要内容如下。

1. 修改说明

修改并调低了相关设备的单价。削减了与宏观经济管理信息系统项目重叠的6个部委的接入系统配置，将这些部委投资预算调减为按小部委进行。取消了31个省级和7个热点地区的地方接入系统中相关产品购置配备，改由在国家统计局机关核心节点设置专门的工作区，依托国家统计信息工程扩建工程成果，进行远程数据加载、更新和维护工作。在国家统计局机关核心节点工作区和发布区，提高现场存储能力。

2. 相关建议

根据政府宏观经济管理需要和相关部委需求，宏观经济数据库项目总体设计是"集中－分布"系统，不仅共建部委是它的分布节点，各省级政府统计部门和调查机构也是其不可或缺的分布节点。我们尊重电子政务项目建设管理规定和专家意见，为保证宏观经济数据库项目的完整性和可持续性，保证地方接入系统的总体设计、分步实施、同步部署，根据中央和地方事权、财权分级管理的原则以及政府信息化建设中国家对贫困地区要倾斜的政策，建议在审批本项目建议书时，适当考虑地方接入系统的客观需要，给项目一些配套补助。

三 项目建议书第三次评估

2006 年 4 月中旬，中咨公司根据发改委的委托，第三次组织有关专家对修改后的宏观经济数据库建设项目建议书进行评估。专家们认为这个版本的修改和调整基本合理，但是，一期项目的设备价格、机房改扩建工程、项目集成费和不可预见费等投资预算还需要压缩。

宏观经济数据库项目办公室根据专家意见，对项目一期建设内容及投资又进行了调整，主要内容如下。

1. 关于对"省市对接工程"建设内容的修改

减掉了原准备在各省市配置接入节点的全部设备；中央核心节点中新增的地方数据生产区主要设备包括：网络接入设备、服务器、数据库服务器及系统，存储、备份系统，各种支撑软件。

2. 关于部委对接工程

明确一期工程中，19 个共建单位分为 10 个投资较大的部委、9 个投资较小的部委。

3. 关于其他内容的调整

调减了数据中心设备费的折扣率和部分设备价格，完善了系统安全，并增加了部分安全设备，完善了机房系统安全以及集中监控系统，减少了机房装饰装修费，适当调整了系统集成费及不可预见费率比例。

宏观经济数据库项目建议书经过中咨公司组织的三次专家评估，不断修改和完善，终于得到专家们的认可。中咨公司已经完成宏观经济数据库项目建议书的咨询评估报告，并报送发改委。目前，宏观经济数据库项目建议书正式进入批复程序。

宏观经济管理系统建设概况

宏观经济管理信息系统（金宏工程）是我国电子政务一期重点工程中的十二大业务系统之一，由国家发展和改革委员会牵头，财政部、商务部、中国人民银行、国有资产监督管理委员会、海关总署、国家统计局和国家外汇管理局共同承担建设任务。在宏观经济管理信息系统项目协调领导小组的统一协调和领导下，金宏工程在依托八个部门现有基础的条件下，为了实现金宏工程的主要目标——促成八部门的"互联互通、信息共享"迈出了坚实的步伐。

一　金宏工程总体规划

金宏工程的总体建设目标是依托国家电子政务网络平台，通过信息资源、信息共享平台、重点领域业务应用系统和安全保障体系建设，实现宏观经济管理部门的互联互通和信息共享，促进宏观经济管理部门间的业务协同与互动，提高业务管理信息化和科学决策水平，增强政府调控宏观经济、驾驭市场变化、应对经济突发事件、总揽经济全局的能力，为党中央、国务院及时、准确、全面地掌握宏观经济运行态势提供信息服务。

在项目协调领导小组及其办公室的统一组织下，项目建设打算用两年的时间（从 2005 年底到 2007 年底），通过组织建设十个共享数据库（见表 1），建设信息共享平台，完善和建设八个业务应用系统（国民经济和社会发展规划与计划系统、价格监管信息系统、固定资产投资项目管理信息系统、战略性资源信息系统、财政经济分析预测系统、金融运行分析信息系统、国际收支平衡管理信息系统、国有重点企业业务信息系统），构建宏观经济辅助决策支持系统原型，搭建共建部门互联互通的过渡网络环境，建立统一的标准规范、安全体系和管理制度，初步实现宏观经济管理部门间的互联互通和信息共享，提高业务管理信息化和科学决策水平。

表1 "金宏"工程十个共享数据库及其数据来源

共享数据库名称	数据来源
财政预算收支共享数据库	财政部
金融共享数据库	中国人民银行
经济统计共享数据库	国家统计局
外贸进出口共享数据库	海关总署
外经共享数据库	商务部
国际收支共享数据库	国家外汇管理局
国有重点企业共享数据库	国有资产监督管理委员会
重要商品价格共享数据库	国家发展和改革委员会
国民经济发展规划计划共享数据库	国家发展和改革委员会
经济文献共享数据库	各共建部门及国家图书馆宏观经济分馆

二 八部门信息共享推进情况

八部门信息共享，首先要从实际需要出发，满足宏观调控和宏观经济管理对信息的基本需求；其次，要从各共建部门现有信息资源状况出发，整合为主，收集范围原则上不超越各共建部门目前所掌握的信息资源边界；最后还要留有扩展的余地，根据宏观调控对信息需求的变化和各共建部门信息资源的变化情况，适当对指标体系进行补充修订。

为了解决协调困难的问题，项目协调领导小组及其办公室从一开始就重点抓四个方面的工作。

第一，由八部门领导组成项目协调领导小组，由各部门的部长级干部组成小组成员，组长由国家发改委的主要领导担任。该小组下设办公室，由国家发改委副主任张晓强担任办公室主任。日常工作由项目协调领导小组办公室负责。

第二，领导小组经常召开通气会，让八部门达成共识并下发了一些相关的文件。

第三，选择各部门都有需求的系统进行建设，立足于所有共建部门的内在需求，而不是人为的指定。

第四，在技术方面尽可能照顾各部门的环境和条件，立足于各部门原有的系统和信息资源，并在此基础之上进行整合。

三 宏观经济管理系统采购情况

金宏工程一期建设大概投入三亿资金，由八个共建部门一起使用。除了共享平台之外，根据各部门在金宏工程里承担的任务来分配使用资金，对于大宗需要统一采购的硬件设备、软件产品采用了统一购买、统一招标的方式，其中包括十个数据库的信息量估计年新增量约为400GB，因此需要大量采购数据库产品，对于大量需要的通用软件（例如数据库），金宏办也将统一招标采购，以降低成本，目前正在充分征求各共建部门的意见，具体工作由金宏办统一组织。

金宏项目建设的资金将大部分用于应用系统的开发和数据库的建设，除此之外，还有安全体系、标准规范、硬件以及网络等。目前项目正在积极稳妥地推进，完善了项目实施方案和详细设计；项目标准、监理、系统总集成已经顺利完成招标，具体工作也已经开始启动；各共建部门子项工程也将先后进行招标。

标准规范由中国电子技术标准化研究所（即信息产业部电子第四研究所）中标。除了引用一些国际标准、国家标准以及电子政务标准之外，金宏工程建立了自己的19项标准。据了解，中国电子技术标准化研究所牵头组织的项目组，自中标之后就开始着手做金宏工程标准，现在草稿历经反复修改，已经日臻成熟，正在做相关的技术验证和评审工作。

监理由赛迪集团中标，总集成以及共享平台应用系统开发是太极计算机公司中标。太极公司需要协助金宏办做好项目总体规划和管理。其他子项目则由共建部门独立公开招标，但在招标过程中金宏办会加强管理，每个子项的招标都要经过金宏办的审核、批准以及备案。

2006年，发改委子项集成和七大业务系统、三大共享数据库已经或正在招标，大部分已经招标完成。中国国信信息技术总公司在激烈的竞争中，在发改委子项系统集成的招标中一举中标。

四　金宏工程的实施策略

在共建部门需求分析的基础上，经反复论证并咨询专家意见，设计了项目建设总体方案，具有较强的可行性、可实施性和可操作性。体现在以下几个方面：

遵循了"逻辑相对集中、物理适度分布"的原则：经过多次论证和方案评选，项目从我国宏观经济管理部门职能分工和信息化建设现状出发，选择了"逻辑相对集中、物理适度分布"的总体建设方案，既解决了统一的信息共享平台建设问题，又回避了设备、业务流和数据的大集中，既满足了共建部门及时获得共享信息的需要，又考虑了共建部门现有数据资源的实际情况。据此方案建设可满足共建部门信息共享的基本要求，降低项目实施的难度。

立足于共建部门现有的业务系统和信息资源：根据项目确定的"互联互通、信息共享"的建设目标，总体方案将重点集中于建设共建部门的共享信息库。在深入调研的基础上，依托各共建部门现有及新建的业务系统和数据库，设计了共享数据库的内容（包括指标体系、采集范围、采集周期等）和建设方案。这个方案突出了对各共建部门现有数据的整合，既考虑了最大限度地满足共建部门相互间的信息需求，也充分尊重各共建部门在数据整合和提供共享方面的现实可能性，尽量做到以较小的代价取得较大的效果。

坚持了"有所为、有所不为"和有限目标、分期推进的渐进式建设模式：项目建设方案坚持有限目标、分期推进，建设内容坚持"有所为、有所不为"的原则。在实施计划中明确了项目的阶段性建设目标，对一些难度较大的任务（如辅助决策支持系统原型等）采取了原型起步、试点先行、逐步推进的实施方案。

金税工程建设概况

一 金税工程概况

金税工程（CTAIS）是中国税收管理信息系统的总称，2005 年，金税工程二期得到了进一步完善，金税工程三期项目建议书通过了国务院审批立项。

二 金税工程二期建设情况

金税工程二期从 1998 年开始建设，其内容主要包括增值税防伪税控开票系统、防伪税控认证系统、增值税计算机交叉稽核系统和发票协查系统等四个应用系统。2003 年 7 月，金税工程二期已全部投入运行，实现了覆盖全国区县以上税务机关，防伪税控系统覆盖全国一般纳税人；实现了不同环节在信息共享基础上的相互监督和制约，基本上堵塞了增值税专用发票管理中存在的漏洞。2004 年 12 月，金税工程二期通过了验收。2005 年以来，在继续发挥金税工程二期在增值税管理工作中的重要作用的同时，税务系统通过"一窗式"管理、"四小票"管理等项目的实施，进一步完善了增值税管理过程中环节的衔接、拓展了抵扣凭证认证的覆盖范围，金税工程二期得到了进一步完善和发展。

三 金税工程三期建设情况

为了进一步拓展、完善和深化信息技术在税收管理各领域的应用，实现提高税收征收率、税收执法效率、税收服务水平和降低税收成本的目标，2003 年，国家税务总局以国税函［2003］40 号文件正式向发改委报送了《金税工程（三期）项目建议书》，正式提出了立项申请。2005 年 9 月，国务院第 105 次常务会议审议批准了金税工程三期项目建议书，国家发改委以《印发国家发改委关于审批金税工程（三期）项目建议书的请示的通知》（发改高技［2005］号文件）正式通知立项。金税工程三期的立项，体现了国务院对税收工作的高度重视。

2005 年底，国家税务总局已完成了金税工程三期可行性研究工作，并以《国家税务总局关于呈报〈金税工程（三期）第一阶段中央投资部分可行性研究报告〉的函》（国税函［2005］号）文件正式报送发改委。

为了确保金税工程三期建设工作有条不紊地推进，税务总局在金税工程三期项目建议书和可行性研究报告基础上，组织力量详细分析了税务系统信息化建设现状，制定了《金税工程（三期）实施方案 V1.0》，对各系统的建设提出了具体的方案、实施策略、计划及工作部署，为下一步金税工程三期的实施做好各项准备工作。

金财工程建设概况

一　金财应用支撑平台开发情况

应用支撑平台是构建财政核心业务一体化管理大系统的基础，是实现本级系统集成及上下级系统衔接和联动的保障，开发及推广应用支撑平台是落实金财工程"五统一"原则的重要举措。应用支撑平台是对各核心业务系统公共数据和公共控制的高度抽象和有效集成，由若干通用业务组件和技术组件构成，主要实现本级财政信息共享、流程顺畅、工作协同，上下级财政编码统一、技术标准统一和有效监控，财政与外部的信息一致性。2005年初，财政部成立了工作小组，认真做好应用支撑平台规划设计，6月底制订出技术方案。为加快进度，工作小组采取并行工作方式，同步推进中央财政业务方案的设计、编码体系设计和平台开发工作。至2006年4月，平台开发工作基本结束，已进入表层业务系统的开发和测试阶段。

二　金财核心业务信息系统应用推广工作

（一）积极做好政府收支分类改革的技术保障工作

2005年1~8月，政府收支分类改革开始模拟试点。为做好试点单位按新政府收支分类科目编报预算的工作，财政部及时成立了模拟试点技术工作小组，根据《政府收支分类改革方案》及模拟试点要求，结合现有系统特点，周密制定模拟试点系统技术解决方案。全力组织技术力量保障国家发改委、科技部、水利部等中央六个部委模拟试点系统稳定运转，同时加强对天津、河北、湖北等五省市模拟试点的技术指导与协调工作，确保中央和地方模拟试点工作顺利进行。在试点过程中，及时对模拟试点工作进行总结，对技术问题进行深入分析研究，提出解决问题的办法与建议，为全面推进政府收支分类改革做好了准备。

（二）做好预算管理系统的开发、升级和技术支持工作

一是做好部门预算管理系统的技术支持和应用推广工作。对中央部门预算编审系统进行了修改与完善，统计 2005 年结余资金情况，对 2006 年预算数据及转换数据进行清理；进一步加大"e 财"软件的推广实施力度，强化软件在地市及县级财政部门的实施推广工作，截止到 2006 年 5 月，软件已在全国 273 个地市级财政部门得到实施。

二是推进地方预算指标管理系统有关工作。为了满足地方省市对预算指标管理系统的急需，决定从已有的指标管理系统中选择一套适合地方财政部门应用的系统。通过调研和比较分析，并与有关公司就软件的版权转让、推广应用、实施与技术服务以及与其他系统接口等问题进行多次协商，最终达成了一致意见，财政部免费取得指标管理系统的使用权，并共享软件著作权，各地财政部门本着自愿的原则免费选择使用该软件。

三是做好非贸易外汇管理系统的开发及实施推广工作。为进一步加强非贸易外汇收支管理，财政部于 2005 年下半年组织开发了非贸易外汇管理系统。系统主要由非贸易外汇综合管理、非贸易外汇限额预算填报和非贸易外汇用汇管理三部分组成。系统开发完成后，五个中央部门和两个地方省市进行应用试点，并根据不同需求对软件进行了修改完善和进一步试点推广工作。

四是做好地方财政分析评价系统有关工作。为切实缓解县乡财政困难，提高财政资金使用的计划性和可监管性，及时、准确收集各级财政部门和各预算单位的综合信息，并进行综合分析和管理，财政部通过招标方式组织开发了地方财政分析评价系统。系统于 2006 年 7 月底完成开发并开始测试工作。

（三）完善和推广财政国库集中支付管理系统

认真做好中央财政国库集中收付管理系统整合工作，及时对系统进行修改

与完善，对核心支付系统进行了全面优化，提高了系统的稳定性和操作的灵活性。同时，根据地方财政部门在系统使用过程中提出的问题，财政部及时组织技术人员对地方财政国库集中支付管理系统进行了改造与完善。增加了分批年终结转、预拨业务、银行垫付资金统计、跨库退回、指标管理接口、往来资金管理等业务管理功能，完善了业务流程的审核与控制机制及数据查询与统计功能，提高了数据交换的稳定性。根据系统实施与应用方面出现的新情况，研究制定并下发了《关于地方国库集中支付系统实施及运行服务等有关问题的补充通知》，对系统在地方财政部门的实施、应用、培训、维护等事宜进行了更加明确的规定。2006 年 6 月，该系统已被推广到 17 个省级、65 个地市级财政部门。

（四）做好非税收入收缴管理系统的试点和验收工作

非税收入收缴管理系统 2005 年主要完成了系统的第三方测试、应用试点和系统验收等工作。经过严格测试，财政部组织对系统功能进行了进一步修改和完善，实现了中央、地方系统版本的统一和信息的共享，非税收入系统与账务系统的集成、收入分成、收入退付等功能，并采用双码机制和多种校验技术，保证了系统的灵活性和强容错能力。2005 年 11 月，非税收入收缴管理系统通过了专家组的评审验收。为了更好地在全国推广应用非税收入收缴管理系统，2006 年 3 月，财政部举办了全国非税收入收缴管理系统管理员培训班。截至 2006 年 6 月，非税收入收缴管理系统已经在 42 个中央部门和黑龙江、辽宁等六个省市进行了推广应用。

（五）做好财政经济数据整合处理和统计分析平台开发及财政 CGE 模型初建工作

财政经济数据整合处理和统计分析平台建设目标是针对财政经济统计数据进行深层挖掘，开展重要财政专题统计分析和财政、宏观经济及主要行业的景气监测预警分析，并为构建财政 CGE 模型做好准备。统计分析平台于 2005 年 8 月完成开发并开始试点运行，12 月通过了系统验收。2006 年初，财政部组织开展构建财政 CGE 模型。至 2006 年 6 月，已建立社会核算矩阵表，并利用该表进行初步 CGE 模型预测。

三 网络基础设施和安全建设及运行维护情况

（一）认真做好财政部涉密网的运行和管理工作

为贯彻落实国家有关信息安全保障工作的要求，确保金财工程网络信息安全，财政部于 2005 年 5 月初步建成部机关涉密网并投入试运行。8 月上旬通过了专家组验收评审。为做好涉密网管理和应用，及时制定了《财政部涉密网安全运行维护管理办法》和《部机关涉密机房安全运行与使用管理办法》，并举办了涉密网安全使用与管理司局长和司秘培训班。通过培训，达到了统一思想、提高认识、增强意识、规范管理的目的，取得了良好效果。

（二）加强中央和地方网络安全建设

2005 年首先实施了财政部网络整体防病毒系统的部署，先部署了防病毒服务器，之后依次对外网、内网、涉密网做了全面安装实施。通过定期更新防毒库代码，部机关网络基本上没有发生病毒泛滥现象，对抑制网络病毒起到了很好的保障作用。2006 年，财政部金财办会同安全产品集成商和安全专家制订网络安全实施方案，整体规划完成了部外网网络和财政网络整合后网络系统的安全建设内容。

在做好部机关网络及安全建设的同时，加强对地方网络及安全建设的指导与支持。广域网范围完成了 35 个专员办网络防火墙的实施部署，完成了 31 个省（自治区、直辖市）外网 VPN 的部署工作。统一选定财政系统网络安全建设监理单位，下发《关于"金财工程"网络安全建设咨询和监理有关事项的通知》，做好地方财政部门网络防病毒系统的实施，协调解决地方网络设备采购问题。

（三）及时启动集中存储备份系统建设

一是按照政府采购有关规定与要求，结合中央和地方财政部门的实际情况与应用需求，委托中央国家机关政府采购中心进行了财政系统数据存储备份设备招标。

二是在公开招标的基础上，组织地方财政部门就存储备份设备采购问题与入围厂商进行商务谈判，进一步确定产品采购价格及有关事项。

三是根据金财工程一期建设规划，在对部机关各网络运行的应用系统进行调查摸底的基础上，确定了部机关存储备份系统建设的基本思路，研究制订了《财政部存储备份中心技术规划方案》。

四是组织有关公司进一步研讨了存储备份系统建设的实施问题，编写了实施方案并组织实施。

银行业监管信息系统建设发展概况

一 2005 年银行业监管信息系统建设重点

2005 年，围绕机构建设、制度建设、工程规范化建设、软件开发、安全防范、日常管理、设备运行维护等方面的工作重点，银行业监管信息系统取得了重大进展。

（一）网络建设取得了实质性进展

银监会网络建设工程于 2005 年 11 月初大规模铺开，截止到年底，36 个银监局和银监会机关的广域网全线开通，293 个银监分局实现了与省局的互联互通。网络的全线开通为银行业监管信息系统建设和办公自动化、远程电视电话会议、IP 电话等银监会信息科技建设打下了基础，大大加快了银监会信息化建设的进程。

（二）全面完成基础数据需求的设计工作

银行业监管信息系统业务需求编写工作小组按照银行机关的整体工作部署、设计要求和思路，以"风险为本"的原则和"管法人、管风险、管内控、提高透明度"的审慎监管理念为基础，为实现"统一监管标准"的目标，依据目前已经出台的监管办法、制度和会计原则，竭尽全力推进银行业监管信息系统的数据报表和监管指标的设计工作。在经过各监管部门反复讨论研究、广泛征求各派出机构和被监管机构的意见，以及主席会议的多次协调后，耗时一年八个月，银监会内部终于就各类数据报表和监管指标达成了共识。工作小组对收集的意见进行梳理后，对基础数据需求进行了全面细致的修订，最终形成了 24 张要求法人银行金融机构按照一定统计口径填报，反映被监管银行金融机构风险状况和经营总体情况的基础报表；25 张用于反映特殊银行金融机构的经营情况、风险情况的特色报表，以及 114 个监管指标（基础报表和特色报表共由 52000 多个数据项构成）。在此基础上，为强化对基础数据的深度挖掘，在基础报表和特色报表的基础上，设计了由 151 张报表、360 万个数据构成的系统自动生成报表。基础报表、特色报表、监管指标和生成报表构成一个整体，可以从基本财务、信用风险、流动性风险、利率风险、市场风险等方面定量反映各类法人银行金融机构的风险状况和风险发展趋势，从而形成了较为完整和系统化的法人银行金融机构非现场监管数据报表和指标体系。截止到 2005 年 11 月底，"银行业监管信息系统"基础数据业务需求已全面完成。

（三）银行业监管信息系统各系统的设计开发工作进展顺利

（1）基于数据大集中模式开发设计的"银行业金融机构与业务市场准入管理系统"、"银行业金融机构董事及高级管理人员任职资格监督管理系统"正式上线试运行。该系统是"银行业监管信息系统"中的基础，银监会可以通过该系统实现对被监管单位各级机构的基本情况，高级人员的基本情况、变化情况，以及黑名单等内容的统一管理，在全国范围内实现了"机构"、"高管"信息的双向共享。

（2）全面完成了银行业监管信息系统基础数据库的设计工作。基础数据库的开发建设于 2005 年 5 月开始，在资深数据仓库应用专家和香港金管局专家的协助下，于 6 月底完成了数据库的整体设计。7 月，系统通过了由数千万条信息组成的数据库读写压力测试，为后续工程的招标和实施奠定了基础。

（3）银行业监管信息系统中的"内外网数据采集子系统"和"非现场监管子系统"的开发工作于 2005 年 8 月正式启动。两系统是银行业监管信息系统的核心系统，投产后即可为基础数据库采集数据，进而建立完整的数据库管理系统。由系统自动产生各类基础报表和系统生成报表，形成银行业监管信息系统及非现场监管系统的雏形。上述系统已分别于 2005 年 12 月初和 12 月底全面竣工。按照 10 月由银监会办公厅印发的《关于填报"非现场监管系统"测试数据有关事宜的通知》的要求，银监会信息中心于 12 月中旬选择部分商业银行进行了基础数据试报工作，对系统进行了全面的测试，为 2006 年系统试投产做好了准备。

二 2006 年银行业监管信息系统建设重点

2006 年银行业监管信息系统建设工作的总体思路是：以银行业监管信息系统为核心，围绕着软件工程开发、网络建设及管理、信息安全、制度建设、科技体制及队伍建设全力开展工作，到 2006 年末全面完成银行业监管信息系统各系统的建设任务，实现银行业监管信息系统全线投产试运行，2007 年第一季度正式投入使用。重点工作有以下方面。

（1）全面完成银监会系统一、二级骨干网络的建设任务，确保总会、省局和分局骨干网络的全线贯通。

（2）2006 年 1 月全线开通"银行业金融机构与业务市场准入管理系统"和"银行业金融机构董事及高级管理人员任职资格监督管理系统"。

（3）全面完成银行业监管信息系统非现场监管信息系统的建设工作，为 2007 年的系统正式投产打下基础。

（4）全面完成银行一部、银行二部、银行三部、非银部、合作部和统计部的非现场监管数据集系统建设和数据移植工作，实现对基础数据的深度挖掘、监管、个性化分析的管理。

（5）完成"风险评级系统"的建设工作。风险评级系统可以通过对基础数据库大量数据的分析，对银行金融机构风险状况做出准确的定量分析和评价，是银行业监管信息系统非现场监管信息系统的重要辅助系统。按照银监会领导的工作部署，风险评级系统的系统建设将于 2007 年 1 月与银行业监管信息系统的法人非现场监管信息系统同时推出。

（6）建设风险预警系统。风险预警是防范和化解金融风险的重要的决策辅助系统。根据银行业监管信息系统的进展情况，适时成立风险预警分析小组，编写风险预警分析需求书，在完成风险预警分析需求书的基础上，完成系统架构设计、总体架构设计、系统网络架构设计、系统软硬件结构设计、系统数据存储结构设计、系统的安全结构设计等工作，为下一步的系统开发和启动做好准备。

（7）完成总会、36 个银监局与银行业金融机构之间"数据传输系统"的建设，保障数据采集的安全可靠。系统的工程实施计划与 36 个银监局的二级数据中心的建设计划同步进行。

（8）加快银行业监管信息系统现场检查信息系统的建设。2006 年将启动"银行业监管信息系统"现场检查信息系统的建设工作，成立现场检查需求工作小组，完成需求编写工作，实现银行业监管信息系统现场检查信息系统和非现场监管信息系统之间的互联。

全国最低生活保障信息
系统建设概况

全国最低生活保障信息系统（简称低保信息系统）是社会保障信息系统工程的重要组成部分，是国家电子政务建设的重要内容之一。低保信息系统是利用先进的信息技术手段，借助国家电子政务外网、公网等网络资源，建设支持低保业务处理、信息服务与交换、统计分析与决策，监测预警等核心应用，覆盖全国的低保业务信息系统。

一 低保信息系统建设的目标和内容

全国最低生活保障信息系统的总体目标是：用两年时间，依托国家电子政务外网和公网，建成覆盖全国80%低保业务管理单位的互联互通、资源共享、标准统一的低保网络信息系统，实现低保基础数据的信息化，业务处理的网络化，低保服务的便民化，统计分析和决策的科学化，业务监管的智能化，低保资金发放的社会化，资金管理的透明化，保证低保业务管理的透明、公开、公正和高效，为低保工作信息化管理提供全方位技术支持，提高低保资金的按时发放率，使低保制度切实成为国家社会保障体系的"最后一道社会安全网"。

按照低保信息系统的建设目标，其主要建设内容如下。

（1）依托国家电子政务外网、公共电信网络和其他网络资源，构建低保信息系统网络平台，建设民政部低保中心网络系统，完善各地民政部门的局域网，逐步实现从民政部到省、地市、县区、街道和居委会等低保信息采集点的互联。

（2）建立健全低保工作的业务规范体系和低保信息系统的技术规范体系。

（3）定制并部署全国统一的低保业务应用系统。该系统将包括低保业务子系统、信息服务子系统、信息交换子系统、资金管理子系统、业务监管子系统、统计分析和决策支持子系统、预警监测和响应子系统。

（4）构建低保信息系统的安全平台，为低保业务信息系统的安全运行提供稳定可靠的环境。

（5）做好涵盖两省四市八县区和若干街道、居委会的试点示范工程；重点扶持西部贫困地区的低保信息化建设。

（6）培养一批既熟悉低保业务又掌握信息技术的业务骨干，为低保信息系统的应用提供人才保障。

二 低保信息系统建设进展情况

1. 组织完成了初步设计的招投标工作

为了保证初步设计工作能够顺利开展，民政部以公开招标的形式选定一家咨询公司协助完成初步设计工作。2005 年 9 月，完成了初步设计的招标工作，随后与中标公司签署商务合同。

2. 对设计人员进行低保业务培训

为了让参与初步设计的工作人员尽快了解和掌握低保业务，民政部低保司选派多名业务骨干对设计人员进行集中培训。经过几个月的强化培训，设计人员已经基本掌握了低保业务的规范和流程，为下一步的设计工作提供了有力保障。

3. 进行深入细致的基层调研工作

由于低保业务在各个地方的开展情况不尽相同，在业务调研的过程中，民政部低保司和信息中心挑选了几个有代表性的省份，会同设计人员深入基层，与工作在低保第一线的业务人员进行交流讨论，借鉴和吸取地方低保业务信息化建设的经验和教训。

4. 邀请部分地方的业务骨干进行座谈交流

为了解地方低保业务信息化建设的进展情况，听取基层的宝贵意见，民政部低保司和信息中心邀请地方从事低保业务的骨干到京，座谈交流，取得了良好的效果。

5. 与其他部委和业内专家进行交流学习

为学习和借鉴其他部委在实施金字工程中的经验教训，民政部信息中心和低保司多次邀请其他部委和业内权威人士进行交流讨论，得到许多宝贵的经验和建议。

6. 完成系统的初步设计工作

自初步设计的招投标工作完成后，2005 年 11 月，正式启动项目初步设计工作。经过多次的需求调研和技术论证，初步设计方案几易其稿，目前这项工作已基本完成。

三 2006 年低保信息系统建设工作重点

1. 制定和完善项目管理制度，确保项目顺利实施

低保信息系统涉及面广，技术要求高，工作难度大，任务非常紧迫而繁重，必须建立相应规范的管理制度，才能提高项目实施的效果。因此，在 2006 年工作计划中，已将建立项目财务管理办法、项目管理办法、检查监督制度等相关的制度和规定列为重点。目前，此项工作正在紧张地进行中。

2. 抓紧指导地方开展初步设计方案的编制工作，保障项目按计划分层次推进

本项目是在全国范围内实施的项目，数据中心设在部省两级，有条件的地市也可建设数据中心，数据采集在区县级基层单位。项目资金由中央和地方财政分别负担，项目可行性研究和初步设计方案由部省两级分别报批。目前，部本级的初步设计工作已基本完成。现在，急需指导地方民政部门，配合当地电子政务的建设，尽快开展项目初步设计方案的编制工作，落实建设投资，这样才能按照部的统一要求开展各级系统建设工作。

3. 依据项目建设方案，科学安排项目进程

低保信息系统建设是一项非常庞大、艰巨的工程，它涉及面广，任务繁重。为加快系统建设进度，确保系统建设质量，低保工程项目办公室依据项目建设方案的要求，将系统内容先进行细化，再归纳合并成大的模块，理顺各模块之间的关系，科学安排项目进程。计划在 2006 年完成几个重要模块的招投标工作。

金保工程建设概况

一 2005 年金保工程建设进展

1. 地方立项工作取得新进展

截至 2005 年底，全国 13 个省级单位完成金保工程立项工作。其中，辽宁、湖南、安徽、四川和新疆生产建设兵团等五个省级单位的可研报告在年内通过当地发改委审批，并落实了建设资金。其他省区市也在按要求履行当地审批程序的同时，通过积极努力，多方筹措系统建设资金。

2. 示范城市建设初见成效

经各省市申请，在全国确定了 102 个金保工程建设示范城市。制定了示范城市评估办法和评估验收标准，建立了有效的评价和检查制度。指导各地制订了具体的实施方案，开展了现状自评工作，组织了部分区域的经验交流活动。从而全面了解示范城市的总体建设状况及存在的差距，有针对性地加强指导，"典型引路、以点带面、全面推进"的示范效果正在显现。

3. 数据中心建设日趋统一

按照统一建设的要求，进一步指导和规范、推进省市两级数据中心建设。目前以设备集中、人员集中和数据整理、系统整合为主要特征的数据中心建设，正在各地展开。截至 2005 年底，全国已有近 180 个地级以上城市建立了数据中心，其中大约 20 个实现了生产区的统一。部本级数据中心已投入使用。

4. 全国联网工程建设取得成效，联网应用稳步推进

在 2004 年全面实现部省联网的基础上，2005 年进一步推进省市联网和市域

网建设。下发了《关于加快金保工程省市联网工作的通知》，对省市联网进行督促和指导。2005 年有 11 个省区市实现了与所辖全部地市的联网，在全部地市级以上城市中，67% 实现了与省数据中心的联网，城域网覆盖到 63% 的经办机构，有条件的地区已延伸到街道、社区，部－省－市三级网络结构已初步形成。

进一步完善了养老保险监测软件，指导各地进行养老保险数据整理、比对和数据的上传工作。截至 2005 年底，全国已有 31 个省区市通过网络向民政部上传数据，数据量达到 1.1 亿条，占全部参保人数的 70% 以上。下发了《关于开展失业登记和失业保险监测工作有关事项的通知》，开发了失业登记和失业保险监测软件，2005 年底失业登记和失业保险监测工作进入全面实施阶段，已有 14 个省市完成了监测软件的安装实施工作，部分省市上传了约 90 万条数据。开展了医疗保险管理服务监测、工伤保险管理服务监测、社会保险基金监管、跨地区业务协作等联网应用的前期准备工作。

5. 统一软件开发和推广应用取得较好效果

完成了劳动 99 三版软件的验收、试点工作。截至 2005 年底，社会保险核心平台软件已经推广到 300 个以上统筹地区，劳动 99 三版也已在 60 余个地区实施。天津、河南、安徽、山东、广东、湖北等省市正在此基础上，统一进行全省（市）本地化实施。统计管理信息系统（SMIS5）的覆盖范围继续扩大，全年共推广软件 714 套，并举办了全国性的统计管理信息系统应用培训班。

6. 公共服务系统建设和应用取得进展，电子政务示范工程进展顺利

继续做好民政部政府网站、劳动力市场网站的维护和信息更新。截至 2005 年 11 月底，劳动保障部政府网站的月总点击次数达到 2275 万次，访问人数达到 75 万；中国劳动力市场网站的月总点击次数达到 2204 万次，访问人数达到 57 万。

指导各地进行政府网站和 12333 劳动保障电话咨询服务中心建设。截至 2005 年底，民政部政府网站已与 147 个地方劳动保障厅局的网站实现链接，全国已有 80 余个地级以上城市开通了 12333 专用服务号码，其中近 20 个建立了劳动保障电话咨询服务中心。

劳动保障部电子政务示范工程（863 项目）网上公共职业介绍系统已投入运行。该项目已通过科技部组织的验收，总评结果为 Ab 级。承担了后续 863 项目《可信的劳动和社会保险网络与业务关键技术研究和重大应用》，完成了网上社会保险服务系统的开发，并组织天津、山东等试点地区进行本地化实施工作。

7. 社会保障卡建设日益规范

完成了密钥管理系统、PSAM 卡及应用国产算法的 COS 测试平台的开发，其中密钥系统及 PSAM 卡通过了国家商密办组织的安审。生成了社会保障卡国产算法根密钥。继续开展国产算法社会保障卡的试点工作，无锡、杭州进入发卡和应用阶段。加强了对地方的管理和指导力度，社会保障卡的持有人数已达到 1800万人。加强了对卡商的管理，完成了 COS 复检工作。

8. 对地方工作指导力度加大，队伍素质得到提高

组织召开了全国劳动保障信息化工作座谈会，进一步明确了金保工程统一建设的基本原则和下一步的工作方向、重点和任务，为金保工程的健康发展奠定了基础。下发了《关于做好劳动保障数据中心建设有关问题的通知》、《劳动力市场管理信息系统指标体系——业务部分》、《部省视频会议管理暂行规定》、《劳动保障信息系统统一应用软件本地化实施管理办法》等一系列指导性和规范性文件，进一步完善了相关的标准规范和管理制度。与劳动保障报社共同举办了"我为金保工程献一策"征文活动，为各地方金保工程建设者提供了相互交流的平台。出版了《劳动保障信息化建设文件资料集（2003～2005）》。举办了部内领导干部、地方领导干部，劳动力市场信息系统、社会保险信息系统、公共服务系统、系统管理员及示范城市建设等多期金保工程培训班，培训人员达 2600 人次以上。

二　2006 年金保工程建设重点任务

根据劳动保障部党组的总体部署和金保工程建设的工作安排，2006 年金保工程建设工作重点是：以示范城市为龙头，全面促进城市系统建设；以提高数据质量为重点，切实抓好数据中心建设；以推广统一软件为切入点，加强业务系统建设；以提高联网应用为目标，促进全国联网建设；以贴近服务为宗旨，加快公共服务系统建设；抓好标准规范、资金筹集、队伍建设等基础工作。

三　金保工程发展规划

"十一五"期间将在金保工程一期建设基础上启动金保工程二期建设。并根据劳动保障事业发展新的要求，进一步完善劳动保障信息系统，力争信息化水平迈上新的台阶。

（1）扩大系统的业务范围，在已建立的劳动力市场、社会保险信息系统的基础上，逐步向就业服务、劳动关系、劳动监察、农村社会保险等业务领域扩展，并将系统覆盖人群扩展到进城务工人员、灵活就业人员、农村参保人员等。

（2）扩大网络覆盖范围，在一期市域网覆盖到各社会保险经办机构的基础上，二期要覆盖到就业服务机构、就业培训机构、劳动保障监察机构，并向街道社区和农村重点乡镇延伸。

（3）搭建统一的信息平台，实现社会保险与劳动就业等主要业务系统的整合，实现劳动保障各项业务之间的衔接。

（4）进一步完善跨地区异地业务数据平台和经办系统，为实现全国跨地区业务办理提供支持。

（5）进一步完善公共服务系统，统一公共服务门户，完成公共服务系统基础平台和信息库、数据库建设，集成网上办事（网上职介、网上申报、网上年检等）和电话咨询服务系统，全面建立面向社会公众的信息化服务体系。

（6）实现包括统计分析、监测预警、预测分析、风险分析、精算、政策仿真在内的多层次决策支持模式。

（7）进一步提高网络性能，提高系统的安全性，并逐步实现与国家电子政务网络统一平台的衔接。

（8）构建系统的对外接口，实现与相关部门电子政务系统的衔接。

金水工程建设概况

一 国家防汛抗旱指挥系统一期工程建设情况

1. 水情分中心进入全面建设阶段

为搞好水情分中心和工情采集系统的建设，水利部项目办先期在全国15个省（自治区）和两个流域机构进行了试点工作。目前23个水情分中心和4个工情采集试点项目已全部通过验收，并投入运行。通过水情分中心示范区建设提高了信息传输的时效性、可靠性，加大了信息量，在各地防汛减灾中发挥了巨大作用。

截至2005年12月31日，部项目办已新审批水情分中心75个，涉及1143个中央报汛站，其中：雨量站302个，水位站153个，水文站688个，批复总投资22139万元，其中：中央投资12816万元，地方投资9323万元。

目前，各地项目办正按照水利部项目办《关于做好水情分中心建设工作的通知》（办建〔2005〕36号）和《水情分中心建设项目验收办法》、《水情分中心项目验收测试办法》的要求，做好水情分中心项目建设和管理工作。

一期工程还剩的27个水情分中心的实施方案正由各地编制，将在2006年内报部项目办审批后组织实施。

2. 计算机骨干网和视频会议系统基本建成

国家防汛抗旱指挥系统一期工程计算机网络系统骨干网建设（I）设备采购及系统集成项目和防汛抗旱异地会商视频会议系统通过部项目办组织的全网系统集成初步验收，投入试运行。

国家防汛抗旱指挥系统一期工程计算机网络系统骨干网全网系统集成，实现了全国七个流域、32 个省级单位的宽带网络互联，提高了信息传输的质量和速度，为实现 30 分钟收集完 3000 多个中央报汛站信息的目标提供了网络支持，对支持工情、灾情、旱情信息的实时收集、传输和处理，提高信息共享的程度和各种信息流程的合理性将起到巨大的作用。

同时，计算机网络管理系统和中央系统服务器及数据存储设备采购项目完成招标工作，其他项目也进展顺利，如防洪调度系统、水情预报系统、天气雷达系统及旱情采集试点的实施方案正在编制中，国家防汛抗旱指挥系统二期工程的可行性研究编制大纲已制订完毕，待水利部和国家发改委审查后，将于 2006 年下半年开展二期工程的可行性研究工作。

二 城市水资源实时监控与管理系统建设情况

为提高水务管理能力和水平，保障城乡供水安全，加快节水型社会建设，2004 年起水利部开展了"城市水资源实时监控与管理系统试点项目"（以下简称"试点项目"）工作。为组织实施好项目的建设，水利部先后在北京、苏州、上海召开专题和现场会议对项目前期工作进行部署，对系统建设的目标、原则和主要内容等提出了明确指导意见，要求项目城市和所在省区水行政主管部门高度重视，加强项目前期管理，规范资金使用，按照基本建设程序加快项目建设进度，尽快发挥效益。

为规范对城市水资源实时监控与管理系统建设的管理，管好、用好基本建设投资，水利部组织编制印发了《城市水资源实时监控与管理系统建设项目管理办法》和《城市水资源实时监控与管理系统建设指导性技术文件》，规范了项目建设的主要内容并提出了基本技术要求。同时，为满足城市水资源实时监控管理系统在全国范围内的开发、利用和信息的交换共享，启动了"城市水资源实时监控与管理系统数据库表结构"标准的制订；组织有关科研机构，研究逐步建立水务实时监控与管理标准体系。

迄今为止，共安排了全国 15 个省、自治区、直辖市的 18 个城市开展城市水资源实时监控与管理系统试点建设，中央补助资金 6850 万元，地方安排项目建设资金 5100 万元，并已全部落实到位。从项目建设整体来看，已经取得了阶段性成果，总体效果良好。

三 灌区信息化建设情况

2005～2006 年水利部根据灌区信息化建设的近期目标，针对灌区信息化建设的实际情况，重点开展了行业指导和技术开发两方面的工作。

1. 行业指导方面

2005 年 2 月，制定了"灌区信息化建设实施方案编制大纲"和"灌区信息化建设内容指导意见"，两个技术文件的目的是规范试点灌区信息化建设年度实施方案编制要求。

2005 年 8 月以来，针对灌区信息化人才严重缺乏的现状，水利部组织有关人员进行了灌区信息化相关技术培训，举办了灌区信息采集、量测水技术和设备、灌区用水管理、计算机网络、信息安全、设备网络维护与管理等多个专题讲座。

2005 年 10 月 27 日至 12 月 5 日，开展了年度灌区信息化建设实施方案评估，对过去试点工程从信息采集监测，中心和分中心计算机网络、通信网络，灌区业务应用软件等方面进行全面评估，根据评估结果，对试点工程中存在的不足，提出了改进建议。

为了摸清试点灌区信息化建设情况，掌握建设的内容，2005～2006 年开展了"2003～2005 年试点灌区信息化建设情况调查"，对 29 个试点灌区信息化建设项目、内容进行了调查。根据上报信息化建设资料统计，截至 2005 年底试点灌区共完成信息采集站点 2339 处，建设灌区管理单位机关局域网 29 处，已建分中心 76 处。

2005～2006 年，水利部重点进行了软件技术开发与研究。完善了大型灌区基础数据库管理系统和大型灌区电子地图管理系统；开发了全国大型灌区节水改造项目管理信息系统和大型灌区工情管理信息系统；组织验收了《全国大型灌区基础数据库建设指南》；构建了灌区业务常用软件框架并研发了基础信息平台。并对业务软件进行了推广应用。

2. 试点灌区信息化建设进展情况

目前为止，灌区信息化建设完成了信息采集站点 2339 处，其中信息自动监测 1797 处，自动监控 451 处，视频监视 91 处。

29 个试点灌区已全部建设了机关计算机局域网络，其中：采用 ADSL 接入 Internet 互联网的有 13 个单位，采用光缆接入 Internet 互联网的有 22 个单位，同时采用两种方式接入 Internet 互联网的有 6 个单位。

29 个试点灌区业务应用软件已初步建设了 137 套业务专用软件。其中：正在开发的软件 71 套，能够初步使用的软件 66 套。

四 "数字黄河" 工程建设情况

"数字黄河" 工程建设内容包括：应用系统、应用系统平台、基础设施及标准体系等部分。2005 ~ 2006 年围绕这几部分建设内容开展了前期规划及立项、应用系统建设、建设管理和标准编制等工作。

在规划编制上，完成了《黄河流域水利发展 "十一五" 规划报告（信息化部分）》、《黄河下游近期防洪非工程措施建设可行性研究报告》、《小北干流放淤规划》的编制工作。

在项目立项上，完成了《黄河水文信息服务系统项目建议书》的编制工作，结合国家发改委批复完成了《黄河水量调度管理系统项目建议书》的编制工作，2006 年 2 月通过了水利部初步审查。开展了《黄河中游粗泥沙集中来源区重点治理工程项目建议书》、《"数字黄河" 工程建设管理系统项目建议书》的编制工作。完成了亚行项目《山东黄河防汛指挥中心防汛自动化网络工程技术设计》的编制工作并通过了技术方案论证。

在信息采集建设方面，完成了小花间暴雨洪水预警预报系统水情信息采集传输系统一期工程 31 处遥测站，并于 2005 年 3 月进行了中期评估；二期工程 71 处站点汛前已投入运行；同时还进行了数据接收中心机房改造和宜阳、润城等站整体改造工作。上中游地区部分重点黄河引水口门的数据采集设备安装完成并已向水调有关部门提供数据。

在数据库建设方面，南水北调西线一期工程前期综合基础数据库、工程三维仿真系统的开发与建设取得了重大进展。各种比例尺的基础地理与工程地质空间数据已生产完成，包括生态环境、移民、水文气象、社会经济等数据的数据库初步建立，实现了基础应用服务功能。工程三维仿真系统按实测地形图已初步完成了调水区虚拟场景搭建、工程建筑物三维模型制作；实现了三维场景交互式漫游、工程数据查询、几何分析、与综合基础数据库关联等功能。

在网络建设方面，继续开展济东 SDH 微波干线改造，完成了黄河下游（台子－河口段）SDH 微波通信工程施工设计与建设工作。网络改造和扩展工作继续进行，完成了上中游有关省局与黄委的连接工作。

在应用系统建设方面，依托国家防汛指挥系统建设，进一步完善黄河防洪预报调度与管理（耦合）系统，提高模型精度；完善适合委、省、市、县四级的工情险情会商系统（数据采集）；开展了黄河水库信息管理系统建设；基本完成了基于 GIS 的黄河下游二维水沙演进数学模型研制（已通过初步验收）；完成上游网络连接和退水信息采集系统建设；黑河水量调度系统全面启动；完成了黄河水环境信息管理系统的建设工作，初步应用表明，该系统能极大地提高水环境监测、督察、管理的时效和水平；继续完善水土保持生态环境监测一期工程；组织实施了水土保持坝系三维可视化规划系统开发工作；开展了黄河中游粗泥沙集中来源区电子地图系统的开发建设工作；开发完成了远程安全监测仪器遥测软件；开展了工程维护标准研究，建立智能化工程维护模型，并在水利行业实现工程维修养护标准化方案智能生成；开展了黄委新闻宣传信息系统和档案管理系统的建设；完成了电子政务一期工程内网建设实施方案的编制。

在建设管理方面，针对当前的建设现状、存在的问题、面临的形势和今后的建设任务，"数字黄河"工程建设管理工作坚持以"数字黄河"工程规划为指导，继续深入贯彻"管理、应用、共享"这一思路，把握"加强管理、巩固提高、稳步建设、应用共享"四个方面，在抓好建设管理的同时，把工作重点逐步转移到运行管理上来。在这一思想的指导下，制订了包括继续强化管理，重视运行维护，深入理顺体制，促进信息共享，加快前期工作步伐和加大培训力度等六项具体措施，提高了"数字黄河"工程建设管理水平。

在标准编制工作上，发布了《工情险情信息采集标准》、《黄河治河工程代码》、《黄河水闸代码》、《黄河堤防断面代码》等 12 项新标准，基本完成了"数字黄河"工程标准体系。根据科研和业务需求，在"数字黄河"工程标准体系的框架内，部分单位还开展了新标准编制的前期准备工作并取得很大进展。

金质工程建设情况

一 金质工程（一期）的立项进展情况

金质工程的立项共分三步，即项目建议书、可行性研究报告及初步设计方案和投资概算。2004 年 11 月 16 日金质工程（一期）项目建议书得到国家发展和改革委员会的批复（发改高技［2004］2547 号），2004 年 12 月正式将金质工程（一期）项目可行性研究报告上报国家发改委，并于 2005 年 10 月 13 日获得了正式批复（发改高技［2005］2122 号）。

在报送可行性研究报告的同时即启动了初步设计方案的设计工作，2005 年年底正式向国家发改委报送了《"金质工程"（一期）初步设计方案（中央投资部分）》，2006 年 3 月 10 日国家发改委委托国家投资项目评审中心组织专家对初设方案和投资概算进行了评估，根据专家对金质工程（一期）初步设计方案（中央投资部分）的评估意见，又与编制单位多次研究讨论，进一步对其进行了补充设计和说明，于 2006 年 6 月经总局批准后已报国家发改委待批。

二 金质工程（一期）项目可行性研究报告批复内容

1. 项目建设目标

依托国家电子政务外网和现有信息化资源，通过"一网一库三系统"的建设，逐步实现行政审批网络化、监督管理信息化、决策支持智能化、业务处理规范化、信息交互发布自动化，全面提升质量监督检验检疫行政执法水平，强化市场监管和质量安全监控的快速反应能力，改进质检行政管理。

金质工程一期项目中央投资部分建设期为两年。

2. 项目建设内容

在现有资源的基础上，通过购置必要的软硬件设备，完成下列建设任务。

（1）建立金质工程相关技术标准和管理规范，制订相关指标体系。

（2）充分利用国家电子政务外网，整合建设质检业务专网平台，形成连接国家质量监督检验检疫总局（含国家认证认可监督管理委员会及国家标准化管理委员会）与36个省（含计划单列市）级质量技术监督局和35个直属检验检疫局、16个试点检验检疫分支局、16个试点检验检疫办事处的广域网，并进一步完善国家质量监督检验检疫总局和各试点局、分支局、办事处的局域网。

（3）在国家质量监督检验检疫总局建设国家标准信息库、企业质量信用信息数据库等基础质检数据库。

（4）建设包括全国执法打假快速反应、特种设备安全监管、计量业务监督管理系统、产品质量监督管理、进境货物检验检疫电子监管、国家强制性产品认证监管等内容的质检业务监督管理系统；建设进境货物备案审批等内容的质检业务申报审批系统；建设实施卫生与植物卫生措施协定（WTO/TBT-SPS）国家通报、评议、咨询及风险预警快速反应等内容的质检信息服务系统。

（5）建设相关的安全保障和运行维护系统。

三 金质工程（一期）的启动和实施准备工作

1. 成立了金质工程专家咨询委员会

2005年12月成立了金质工程专家咨询委员会，对金质工程可行性研究、初步设计、建设实施和评估验收环节中所涉及的网络技术、安全保障和信息资源共享等方面的重大技术问题进行了论证并提供咨询意见。

2. 制定了金质工程项目管理办法

为使金质工程的管理纳入制度化轨道，开展了金质工程管理办法的制定工作，编制了金质工程建设组织方案、实施管理办法、财务管理办法、文档管理办法及验收管理办法。

3. 为抓好规范化建设和应用体系架构，开展了金质工程（一期）标准、规范等基础性工作

4. 制定了实施方案

金质工程（一期）目前处在工程立项收尾和工程总体实施开始的交汇期，为了使金质工程能够在国家发改委批准后立即进行工程实施，开展了大量的实施准备工作，制订了金质工程（一期）启动阶段工作方案，编制了金质工程（一期）总体实施方案，明确了工程实施的总体要求、工程实施的阶段划分和各阶段的主要任务，制订了工程实施进度计划。

四　金质工程建设大事记

2005 年 3 月 1 日，中国国际工程咨询公司完成可行性研究报告评估。

2005 年 6 月 1 日，开始金质工程（一期）初步设计方案的编制工作。

2005 年 6 月 16 日，向国家发改委正式上报《金质工程（一期）项目可行性研究报告》。

2005 年 10 月 13 日，国家发改委正式批复《金质工程（一期）项目可行性研究报告》（发改高技〔2005〕2122 号）。

2005 年 11 月 18 日，召开金质工程（一期）中央补贴西部专题会议。

2005 年 12 月 9 日，召开金质工程专家咨询委员会成立会，暨金质工程（一期）初步设计方案和投资概算咨询会。

2005 年 12 月 31 日，正式向国家发改委上报《金质工程（一期）初步设计方案（中央投资部分）》。

2006 年 3 月 10 日，国家投资评审中心进行《金质工程（一期）初步设计方案（中央投资部分）》答辩。

2006 年 3 月 23 日，《金质工程（一期）初步设计方案（中央投资部分）补充说明》上报国家发改委。

2006 年 6 月 12 日，《金质工程（一期）初步设计方案（中央投资部分）有关问题的说明》上报国家发改委。

2006 年 7 月 16 日，召开《金质工程（一期）总体实施方案》研讨会。

2006 年 7 月 21 日，向西部 12 个省区市发布《关于报送金质工程（一期）中央补助资金使用计划的通知》。

金土工程建设概况

2006 年 6 月 13 日，国家发改委正式批复金土工程一期建设初步设计，金土工程立项全面完成，即将进入实施阶段。

一 金土工程建设主要进展

1. 明确实施架构，加强工程实施的规范化管理

2005 年 12 月 19 日，国土资源部专门召开第七次信息化领导小组会议，研究部署金土工程的组织实施，明确由国土资源部信息化领导小组统一领导金土工程建设；成立金土工程办公室，与信息化工作办公室合署办公，负责组织实施金土工程；成立金土工程建设业务指导委员会和技术指导委员会，负责金土工程建设的业务指导和技术指导。为强化和规范金土工程的组织实施，国土资源部制定了《金土工程项目管理办法》、《金土工程办公室工作规则》和《金土工程财务管理办法》等，对金土工程项目的实施管理、财务管理以及金土工程办公室的日常工作、公文处理、文档管理等进行了规定。

2. 制订全国金土工程建设总体方案，确定建设框架

为全面推进各级金土工程建设，编制了《全国金土工程建设总体方案》，明确了各级金土工程建设的总体目标、任务，提出了各级实施金土工程在组织机构、经费保障等方面的要求，基本确立了全国金土工程的总体思路和建设框架。同时，按照国家发改委对金土工程一期建设项目初步设计的批复，并充分考虑全国国土资源信息化建设的现状，制订了《金土工程一期建设方案》，明确了工程

一期建设的目标、任务、技术路线和部署方式；结合业务管理工作的要求，编制完成耕地国家监管系统建设方案、矿产资源国家安全保障系统建设方案和决策支持系统建设方案，形成了系统建设的业务模型。

3. 确定实施计划，启动前期工作

编制完成了《金土工程一期建设项目实施工作计划》，对工程实施的任务进行了详细分解，明确了责任分工，制订了详细的实施进度计划，并将任务落实到部门和具体责任人。按照进度计划安排，启动工程实施的相关前期工作。首先，围绕工程建设的需要，对现有的信息化标准进行了梳理，拟定金土工程一期建设所需标准的建设方案，并启动了有关标准的修订和起草工作。第二，在国土资源部与福建省厅之间开展以建设用地审批为例的远程数据交换和内外网数据交换的技术试验研究。第三，按照国家电子政务项目管理和政府采购的要求，先期启动系统总集成及应用系统开发和工程监理的招标工作。

4. 统一思想认识，全面部署金土工程一期建设

金土工程一期建设涉及国家、省、市和县四级国土资源管理部门，工程实施时间紧、任务重，需要统一思想、统一步调、整体推进。国土资源部分三次组织金土工程一期建设涉及的 31 个省区市、新疆生产建设兵团及 32 个城市国土资源管理部门有关人员就金土工程一期建设的技术方案、各级建设内容、实施方式进行了研讨，广泛听取各地意见。通过广泛地开展研讨，金土工程一期建设的技术路线、业务内容等越来越清晰，达到了统一思想的目的，为整体推进各级金土工程建设做好了准备。

二 2006 年金土工程重点任务及远期发展规划

1. 2006 年重点工作任务

一是开展应用系统开发。尽快完成一期工程详细设计，制订应用系统建设的标准和技术要求，完成应用系统招标工作，开展数据交换系统、业务应用系统开发，完善升级电子政务平台，选择两个省级、两个市（县）开展应用系统及交换系统的部署试点，实现四级业务联动。

二是开展数据库建设与整合。制订统一的数据库建设标准和数据库整合的技术要求，并开展培训工作，各试点地区按照部制订的标准和要求开展基础数据库建设，由部统一开展数据库的整合工作。此外，启动数据集成和数据库管理系统的招标工作。

三是开展决策支持系统和信息服务系统建设。选定耕地粮食能力评估系统和建设用地可供性分析系统的建设试点，完成决策支持系统的需求分析、设计，建立模型，进行系统开发。启动信息服务系统招标工作，完成系统需求分析和设计工作。

四是开展数据中心建设。完成国家级数据中心（交换区）软硬件设备招标，并按照部署方案开始部署。启动异地数据备份中心建设。指导西藏自治区国土资源厅、拉萨市国土资源局进行数据中心建设。各地按照金土工程建设的需要在原有的基础上做好数据中心相关设备的补充，做好省以下网络连接。

2. 金土工程远期发展规划

金土工程的远期发展规划是要建立覆盖国土资源主要管理业务的耕地保护国家监管系统、矿产资源国家安全保障系统和地质灾害预警预报及应急指挥系统，为国土资源管理有效参与国家宏观调控、落实最严格的资源保护措施、切实推行依法行政与执政为民提供信息保障与技术支撑。

金信工程建设概况

一 2005 年金信工程建设概况

（一）各项基础性工作不断完善

1. 国家立项工作取得重大进展

经过工商总局和各试点地区积极配合、努力工作，金信工程的国家立项工作取得实质性进展。目前，金信工程（企业信用监管一期工程）项目建议书已通过专家评估，国家发改委即将批准立项。

2. 工商信息化标准建设工作稳步推进

2005 年，工商总局加快了工商信息化标准研制工作。完成了 22 项标准的编制工作，其中 11 项标准已经或即将下发全系统执行，其余 11 项标准目前正在抓紧修改完善。积极组织并开始着手起草工商系统"十一五"信息化规划纲要。

3. 各级网络基础建设进一步加强

2005 年，工商系统在原有网络建设的基础上，重点加强了市级以下业务专网的建设工作，进一步提高网络联通率，为实现企业信用监管联网工作和推进行政执法网络工作奠定了基础。

4. 应用系统整合和数据建设水平不断提高

2005 年，工商行政管理系统进一步加大了应用系统整合和数据中心建设，成效明显。部分地区结合实际情况，对企业登记与监督管理、12315 消费者申（投）诉举报、执法案件办理等业务进行整合，初步实现了资源共享、信息互通、业务联动。各地工商局在数据建设工作中高度重视数据质量问题，特别是参加企业信用分类监管联网应用工作的地区，对企业历史档案和原有电子数据进行了全面清查和仔细核对，部分地区对目前数据库中的数据缺项进行了分析和补录。

5. 安全体系建设不断完善

2005 年，各地继续加强网络基本安全防护系统的建设。总局信任服务系统通过国办和科技部组织的验收，部分地区在利用总局信任服务系统建立自身信任服务系统方面，开展了初步应用。

6. 工商信息化队伍建设成果显著

2005 年各级工商行政管理机关进一步落实党中央人才战略部署，加强信息化队伍的培训，不断提高工商行政管理信息化队伍的素质。一是进一步加大了对西部地区工商局信息化建设的指导和帮助。二是加强系统培训，注重引进专业技术人才，并努力为他们创造良好的工作和学习条件，充分发挥他们在金信工程建设中的作用。信息化建设队伍不断壮大，据统计，全国工商系统现有从事信息化工作的人员 6400 多人，其中具有初级技术职称资格以上的有 1578 人，占总人数的 1/4。

（二）应用系统建设取得积极进展

1. 企业信用分类监管联网建设工作取得重大进展

一是召开了全国工商行政管理系统企业信用分类监管工作会议，总结、交流了企业信用分类监管的工作情况和经验，部署了下一阶段的工作，为进一步加快金信工程建设统一了思想，明确了目标，指明了方向。

二是截止到 2005 年 11 月底，完成了全国 18 个副省级工商局的联网及数据汇总工作，使副省级以上工商局实现全国企业信用监管联网累计达到 36 个，占全国总数的 78%，共汇总 646.5 万户企业基本信息。初步建立了全国工商行政管理系统黑牌企业数据库，共汇总 258 万户吊销企业信息。

三是组织起草了《关于企业信用分类监管跨区域联网应用试点实施意见的函》，确定上海市、重庆市、浙江省、广州市和青岛市为试点，提出了《企业信用分类监管联网数据应用业务需求方案》和《企业信用分类监管联网数据应用技术解决方案》，对各试点单位进行了具体指导，浙江、重庆等试点单位在市场准入、监管、巡查等方面已发挥作用，为下一步全面推进应用打下基础，摸索路子。

2. 12315 行政执法网络系统建设稳步推进

截止到 2005 年底，全国已有 27 个省 178 个地级以上城市建立了 12315 消费者申（投）诉举报系统，138 个 12315 信息直报点向总局 12315 数据分析中心提供数据。全国 12315 行政执法网络的统一建设方案已初步形成。

3. 总局机关信息化应用取得积极进展

一是总局机关政务信息系统推广的力度进一步加大。完成了总局政务信息系统在总局机关的全面部署并投入试运行，公文、信函交换流转自动化管理系统主要功能开通并运行，初步实现了内部的信息传递、公文处理和信息共享，为实现政务信息系统在总局机关的全面应用打下了基础。正式启动了外资统计分析系统、多语翻译平台系统、不冠行政区划名称审核系统及动产抵押登记管理系统等项目，完成了外资登记管理系统移植并上线运行。

二是继续建设商标注册与管理自动化系统，加快商标数据开放。结合商标网上查询的迫切要求和工作安排，按照"统筹规划、急用先行"的原则，招标实施了以商标网上服务和系统加固为主要内容的急需项目。2005 年 11 月向全国省级以上工商行政管理机关开放了商标数据库网上查询系统，12 月 26 日，商标网上免费查询系统面向社会公众全面开放。

三是全面推进工商行政管理网应用，加快总局机关门户系统建设。推广网络信任服务系统，加强对网站和网络的监控管理。组织起草了《网络和信息安全应急预案》。为全国副省级以上节点统一配置了防病毒软件，按权限配发 CA 证书，全年共计发放安全密钥（KEY）355 个。通过加强与电信部门沟通，完成了总局 5 个在京事业单位与工商行政管理网的联网工作。

4. 运用信息化手段为企业和社会公众提供服务的水平提高

2005 年，为配合中央政府网站的试运行，进一步改造总局政府网站。总局与大部分地方工商局的政府网站开始从初期的简单信息发布向"网上工商"工作平台转变，向社会提供网上企业年检、网上企业名称预核准、网上企业登记申请受理、网上投诉举报、网上互联审批等业务互动功能，促进了政务公开，提高了工作效率，方便了企业办事。面向社会公众的中国外资登记网英文版于 2006 年 1 月 1 日向社会开放。

同时，在总局网站上建立了邮件系统，为青海、宁夏两省区开设用户 500 多个，并进行分组设置，为西部地区的政务交流提供了一种手段。

二　2006 年金信工程建设重点

（1）巩固成果，不断完善工商行政管理信息化建设基础。

（2）突破难点，继续加快"金信工程"建设的步伐。

（3）加强整合，着力提高工商行政管理信息化建设的水平。

（4）深化应用，为工商行政管理改革提供技术支撑和服务保障。

（5）积极推进 12315 行政执法网络体系建设。

国家公共卫生信息系统建设概况

国务院研究通过的国家突发公共卫生事件应急预案提出，建立全国统一的突发公共卫生事件监测、预警与报告网络体系，开展日常监测工作。各级人民政府和卫生行政部门根据监测信息，及时分析并做出预警。发生突发公共卫生事件时，事发地各级人民政府及其有关部门要按照分级响应的原则和有关规定，做出相应级别的应急反应。根据国家整体部署，国家公共卫生信息系统建设按步骤、分阶段逐步得到实施。

一 国家公共卫生信息系统工作进展

1. 全国疾病监测信息系统二期开始实施

为了进一步完善和提高突发公共卫生事件监测能力，全国疾病监测信息系统二期项目开始实施，包括：①信息资源规划，研究和规划疾病预防与控制信息业务架构、应用架构、数据架构和技术架构；②实验室网络管理和监测报告系统；③计划免疫信息系统建设；④数据交换和安全网络等项目相继启动。

2. 突发公共卫生应急指挥与决策系统建设普遍展开

根据国家财政投资计划安排，省级突发公共卫生事件应急指挥中心建设2006年启动，项目建设周期为两年。中央财政对中、西部22个省区市、新疆建设兵团和老工业基地辽宁省的项目建设投资已到位。各项目省已经完成项目方案设计，进入基础设施建设阶段。为了保证全国应急救治信息系统实现信息共享和数据交换，卫生部组织编制了指挥决策信息系统功能规范和数据交换标准。2006年各地将投入软件和数据资源开发与整合工作。

3. 医疗救治信息系统建设启动

国家突发公共卫生事件医疗救治信息系统项目，已经通过国家发改委组织的项目审批。中央预算投资将于 2007 年到位，项目软件功能规范和数据标准开发工作已经开始。项目参加单位包括：卫生部，31 个省区市和新疆生产建设兵团，27 个省会城市和 319 个地级城市。项目总预算投资 2.49 亿元。

二 国家公共卫生信息系统建设主要成效

1. 染病与突发公共卫生事件网络系统提高了信息监测和预警的效能

2005 年底，中央财政投入资金，购置了 17000 台计算机，部署在西部地区，提高基层单位的网络报告能力。这样，卫生部实现了动态掌握法定报告传染病病例个案信息，通过趋势分析和态势判断，及时发现传染病暴发和扩散的苗头。2005 年新闻媒体曾大量报道局部地区"流脑"新闻，导致社会公众过度紧张。卫生部专家根据网络直报系统掌握的全面的疫情报告数据，及时向社会公布"流脑"处于正常态势的信息，很快消除了社会公众的紧张情绪，对于稳定社会秩序，保障居民正常生活，发挥了重要作用。

2. 城市卫生监督网络应用，提高了卫生行政执法效率和质量

一些城市的卫生监督网络化应用系统趋于深入，实现了网络化行政审批和网络化行政执法。例如，卫生监督专用平台投入使用后，全市各级卫生监督机构工作人员通过网络进行日常电子化办公。监督机构内部使用网络分配监督执法任务，监督员外出执法前只需要下载包括执法相对人基本信息的待监督任务到手持设备中，根据任务列表对执法相对人实施现场监督检查。

3. 城市突发公共卫生事件应急指挥与医疗救治信息系统应用效益呈现

在国家和省级突发公共卫生事件应急指挥系统投入实施期间，一些条件成熟的城市，已经初步建成区域性城市应急指挥与调度信息系统。通过对传统 120 急救系统升级和改造，实现可以应对较大公共卫生事件的指挥与决策信息系统功能，包括：利用 GPS 和 GIS 等信息系统手段实现指挥调度急救资源，院前急救、转运和重症病人转运途中的监护；参与省级公共卫生突发事件、重大灾害事故现场的紧急救援；承担培训和技术援助任务等。

三　国家公共卫生信息系统建设重大活动

（1）2006 年 1 月，卫生部组织召开了全国"突发公共卫生事件应急指挥与决策系统建设研讨会"。卫生部和全国各地省级应急指挥中心建设负责人参加会议。会议布置了 2006 年指挥中心建设工作任务，介绍了项目实施管理办法，并对相关技术实施方案和方法进行了研究和讨论。

（2）2006 年 4 月，卫生部组织召开省级突发公共卫生事件应急指挥与决策系统项目培训会。会议介绍了省级指挥中心建设的技术方案要求、系统功能规范和数据规范标准。各省根据卫生部提出的标准和要求，完成项目方案设计和部署实施工作。

（3）2006 年 4 月，中国疾病控制与预防中心信息资源规划项目启动。2006 年 8 月，卫生部组织召开了"国家突发公共卫生事件医疗救治信息系统项目"启动大会，全国省级卫生厅（局）、新疆建设兵团卫生局项目负责人员参加会议。会议介绍了项目背景情况，部署了项目前期工作要求。卫生部要求各项目单位，必须成立项目领导和办事机构，明确责任，加强沟通，认真承担好项目建设的责任。

金智工程建设概况

金智工程——中国教育和科研计算机网 CERNET，始建于 1994 年，是由国家投资建设，教育部负责管理，清华大学等高等学校承担建设和运行的全国性学术计算机互联网络，是全国最大的公益性计算机互联网网络，也是世界上规模最大的学术网。

一　CERNET 发展情况

截至 2006 年 8 月，CERNET 主干网传输速率达到 2.5Gbps ~ 10Gbps，地区主干网速率达到 N × 155M ~ 2.5G，覆盖全国 31 个省区市 200 多座城市，具有 G 比特交换能力的主节点 20 个，主节点的接入能力达到 1G ~ 10G，联网大学、教育机构、科研单位超过 1800 个，用户超过 2000 万人。

CERNET 已在全网的大部分地区配置了 DWDM 设备，传输容量从 80G 升级到 800G，极大地提高了传输网的通信能力，使得 CERNET 成为国际上少有的拥有自己的高速传输网的国家级学术网络，并在国际竞争中获得欧盟资助的横跨欧亚大陆的 TEIN2 合作项目，这标志着 CERNET 的传输和承载能力已经达到或接近发达国家水平。

在提供全面的互联网服务的同时，CERNET 支持多项国家大型教育信息化工程，包括中国教育和科研网格、现代远程教育、数字图书馆、网上高招远程录取等。CERNET 已成为中国第二大互联网、世界最大的国家级教育科研网，是我国教育信息化的重要基础设施，和国家信息化基础设施的重要组成部分。

二　CERNET 承担国家重大工程项目进展情况

1. "十五" 211 工程公共服务体系——CERNET 建设项目（2003～2005 年）

"CERNET 高速地区网和重点学科信息服务体系建设项目"（简称 "十五" CERNET 项目）是由发改委、教育部、财政部联合批准的 "十五" 211 工程公共服务体系建设项目之一，是 "九五" 211 工程公共服务体系建设项目——CERNET 地区主干网和重点学科信息服务体系建设项目的延续。

项目由清华大学和华中科技大学牵头，联合北京大学、上海交通大学、西安大学等国内 40 多所重点高校共同完成。项目分五个专题组织实施，包括 CERNET 高速传输网扩容工程，CERNET 高速地区主干网建设工程，CERNET 主干网运行安全基本保障系统，教育科研网格 ChinaGrid（相对独立），重点学科信息服务体系建设。

2006 年 8 月 3 日，项目顺利通过了由国家发改委、财政部和教育部联合组织的验收。验收专家组认为，项目建设取得了显著成效：通过 CERNET 高速传输系统的建设、CERNET 主干网和地区网的升级以及 CERNET 网络运行安全保障系统建设，不仅大大提高了 CERNET 主干网和地区网的传输速率和联网带宽，而且有力地支持了中国下一代互联网示范工程核心网 CNGI–CERNET2 等国家重大项目，产生了重大的经济效益和社会效益；中国教育科研网格和重点学科信息资源服务平台的建成，有力地支撑了中国教育和科研信息化应用，进一步提升了 CERNET 上重点学科信息资源的共享能力，为相关重点学科建设、人才培养和科学研究提供了有力支持，推动了教育和科研事业的发展。

2. 下一代互联网中日 IPv6 合作项目（2003～2005 年）

"下一代互联网中日 IPv6 合作项目"（IPv6-CJ），是由中国国家发展和改革委员会和日本经济产业省立项，中方实施机构——中国教育和科研计算机网 CERNET 网络中心（简称 CERNET）和日方实施机构——日本信息通信网络产业协会 CIAJ（简称 CIAJ）共同负责实施、中日双方 20 多个单位参加的研究开发项目。教育部是项目的中方主持部门。

项目分为 IPv6 试验网建设与技术试验、IPv6 系统技术开发、IPv6 应用技术开发和 IPv6 标准化研究四个专题等 20 个子项目。项目于 2002 年 1 月开始启动。

项目内容已于 2005 年底完成，2006 年 5 月 27 日顺利通过验收。验收委员会认为，通过该项目的实施，中日双方项目参加单位开展了下一代互联网及其应用领域的技术合作与学术交流，为我国开展下一代互联网大规模试验环境做了必要的技术和人才准备，为 IPv6 技术在中国大规模推广应用进行了探索性试验。

3. CNGI 示范网络核心网 CERNET2 建设项目（2003~2005 年）

CERNET2 是经国务院批准，由国家发展改革委等八部委联合组织的中国下一代互联网示范工程 CNGI 中规模最大的核心网和唯一学术网，是目前所知世界上规模最大的采用纯 IPv6 技术的下一代互联网主干网。

CERNET2 主干网于 2004 年 12 月 25 日正式建成开通，于 2005 年 1 月初进入试运行阶段。它以 2.5Gbps~10Gbps 速率连接分布在 20 个城市的 25 个核心节点，并以 155Mbps 以上速率分别与北美、欧洲、亚太等地的国际下一代互联网实现了互联，为全国近百所著名高校提供 IPv6 高速接入，为相关学校的大规模科学研究提供了基础环境。2005 年底完成部分线路的升级，使得京－汉－广线和汉－宁－沪线的线路带宽从原来的 2.5G 升到 10G；并在清华大学建成了 CNGI 国际/国内互联中心 CNGI-6IX，为中国电信、中国网络、中国联通、中国移动、中国铁通建设的 CNGI 主干网以及 CERNET2 提供互联服务。

CERNET2 主干网建设大部分采用国产设备，为国产设备最终参与国际竞争提供了良好的试验环境，为国产设备的研发、设备性能和可靠性的提高，进而为提供国产设备的国内乃至国际市场占有率等发挥了巨大的作用，达到了促进和带动民族信息产业发展的目标。

到目前为止，CERNET2 已经为近 80 所大学分配了地址前缀长度为 48 的 IPv6 地址，并为这些学校提供了 IPv6 接入服务，还与 40 余个承担 CNGI 技术试验、应用示范和产业化项目的单位签署了提供接入服务的协议。这些用户网络的接入，不但扩大和延伸了基于 IPv6 的下一代互联网覆盖范围，反过来也促进了 CERNET2 主干网的建设和运行，并为我国大规模开展下一代互联网关键技术的研究与试验提供了实验条件，成为我国科技创新的重要基础平台。

全国文化信息资源共享工程建设概况

一 全国文化信息资源共享工程进展基本情况

2005～2006 年全国文化信息资源共享工程（以下简称"共享工程"）建设取得新进展。

1. 资源内容不断丰富

该共享工程整合加工了包括文化艺术、农业技术、科普知识、医药保健、生活百科等内容在内的约 34TB 的数字资源。其中，文化部全国文化信息资源建设管理中心（以下简称"管理中心"）作为共享工程的国家中心，通过各种途径整合加工约 4TB 的数字资源，同时整理、发布多媒体资源目录供基层用户在线索取；共享工程各级分中心通过各种渠道整合完成了约 30TB 的文化数字资源，并建设了一批具有地方特色的专题资源库。

2. 服务网络基本形成

截止到 2006 年 6 月底，共享工程依托现有的文化设施，以各级公共图书馆（文化馆）、乡镇综合文化站、村文化活动室为实施主体，已建成各级分中心和基层服务点 4891 个，包括 32 个省级分中心，228 个地市级分中心，1207 个县（市）级分中心，1324 个乡镇、街道基层中心，1063 个村、社区服务点，其他类型的服务点 1037 个，初步形成了覆盖全国的服务网络；建立了约 7800 人的专业队伍，培训专业人员超过 10000 人次，辐射人群已过亿，收到了良好的社会效益。

3. 服务方式不断完善

共享工程因地制宜，通过互联网、卫星、镜像、移动存储、光盘等多种形式提供资源服务，视频资源主要通过卫星传输，图文信息和部分视频资源通过共享工程网站（www.ndcnc.gov.cn）提供服务，在暂时没有互联网且卫星信号接收效果不好的地方，通过移动硬盘、光盘来开展服务。从 2005～2006 年 6 月底，共享工程网站浏览人次超过 1220 万次，浏览网页超过 8043 万余页，流量超过 2.3TB。

4. 共享机制初步形成

共享工程实施以来，坚持与全国农村党员干部现代远程教育试点工作和农村中小学现代远程教育工程相结合，一方面积极为这些工程提供数字化文化资源和文化服务，另一方面依托这些工程的基层服务点发展共享工程服务网络，共建基层服务点分别达到 14.7 万和 16 万个。共享工程还与中宣部"百县千乡文化宣传工程"、全国妇联"美德在农家"活动合作，取得良好成效；同时积极探索与有线数字电视和有线电视相结合，在青岛、佛山和遵义开展试点，进入 160 万户家庭。

二 全国文化信息资源共享工程建设主要成效

1. 党中央、国务院领导同志高度重视

共享工程的实施和发展得到党中央、国务院领导同志的高度重视。2005 年10 月，胡锦涛同志在党的十六届五中全会上的讲话中指出，要推进全国文化信息资源共享工程；2006 年 2 月 14 日，在省部级主要领导干部建设社会主义新农村专题研讨班上，他再次要求"发展文化信息资源共享工程农村基层服务点，构建农村公共文化服务体系"。2006 年 3 月 5 日，温家宝总理在全国人大十届四次会议上做政府工作报告时指出，文化信息资源共享工程顺利实施。为加快推进共享工程建设，党中央和国务院不仅将共享工程纳入《中华人民共和国国民经济和社会发展第十一个五年规划纲要》，还陆续下发了一系列文件，继 2005 年 2月中办、国办转发《文化部、财政部关于进一步加强全国文化信息资源共享工程的意见》后，中办、国办又在 2005 年底下发的《关于进一步加强农村文化建设的意见》中对文化共享工程目标、任务做了部署。2006 年共享工程作为建设社会主义先进文化的重要工程，列入《中共中央国务院关于推进社会主义新农村建设的若干意见》和《国务院 2006 年工作要点》。中共中央政治局常委李长春同志多次对共享工程做出批示，对加快推进文化共享工程的建设步伐起到了重要作用。国务委员陈至立同志就共享工程建设召开专题会议，对共享工程建设具体部署，提出了明确要求，使共享工程得以顺利推进。2006 年 4 月 29 日，国务院批准成立了由文化部牵头，国家发改委、教育部、科技部、财政部、农业部、卫生部、国家广电总局、新闻出版总署、国务院法制办等十个部委组成的共享工程部际联席会议，以加强共享工程建设的组织领导。

2. 提升基层文化设施服务能力，促成国有公益基础设施、设备、人员等资源在基层的共享

共享工程通过与全国农村党员干部现代远程教育试点工作、农村中小学现代远程教育工程、"村村通"工程及各地地方政务网等项目的合作，共享分布全国各地的设施、设备、人员，通过纵横交错的全国性服务网络传输共享工程资源，深受基层群众、特别是广大农民的欢迎，对促进社会主义精神文明建设和社会主义新农村建设发挥了重要作用。

3. 完善社会公共文化服务体系

共享工程的实施，为保障人民群众文化权益、满足群众精神文化需求提供了一个全新的载体，是促进公共文化服务体系完善的一个重要的内容和途径。共享工程是培养新型农民和合格公民，推进社会主义新农村建设和提高社区人民文明素质的重要途径。

4. 缩小城乡差别，消除"数字鸿沟"

共享工程的实施开辟了一条不受时间和空间限制的崭新的文化传播渠道，最大范围地传播各类信息资源，满足基层特别是农村群众的信息需求，缩小城乡地区之间的信息鸿沟，进一步促进经济社会协调发展，构建社会主义和谐社会。

5. 创新文化工作手段，开创文化工作新局面

共享工程利用互联网络等现代信息技术传播先进文化，为文化工作提供了一个内涵极为丰富的全新平台，推动了文化工作手段的现代化，为广大文化工作者开创文化工作新局面提供了便捷的途径、崭新的平台和极好的契机，是文化工作的重要增长点和创新手段。

三 全国文化信息资源共享工程建设重大活动

1. 召开共享工程经验交流会

2006 年 6 月 22～24 日，共享工程经验交流会在贵州举行，国务委员陈至立到会发表了重要讲话，文化部部长孙家正做了工作部署，共享工程部际联席会议代表发表了很好的意见，山东、浙江、广东、上海、湖北等地区领导介绍了开展共享工程的经验。国务院副秘书长陈进玉主持会议。

2. 召开共享工程部际联席会议

2006 年 5 月 12 日，共享工程部际联席会议召开首次会议，讨论了共享工程在"十一五"期间的工作规划，共商共享工程建设大计。部际联席会议召集人、文化部部长孙家正阐述了共享工程今后发展的方针和工作要求，文化部副部长周和平对共享工程规划的着力点、工作步骤和具体方法等做了细致周全的说明，财政部部长助理张少春发表了大力推动共享工程建设的意见，其他与会代表就共享工程的五年规划提出了很多富有建设性的建议和意见。

3. 发布共享工程"十一五"规划

2006 年 6 月 15 日，文化部发布了经共享工程部际联席会议审议通过的《全国文化信息资源共享工程"十一五"发展规划（2006～2010 年）》。规划按照中央关于建设社会主义新农村的战略部署和中央关于推进共享工程建设的要求，将共享工程"十一五"期间建设重点放在农村，并对共享工程建设的指导思想、总体目标、工作原则、主要任务和保障措施等进行了部署。

4. 召开共享工程工作会议

2006 年 3 月 10 日，共享工程工作会议在北京召开，文化部副部长周和平做了重要指示，文化部社会文化图书馆司司长张旭传达了党中央、国务院对共享工程的重要批示精神，管理中心主任张彦博就共享工程的进展与"十一五"规划做了报告，文化部社会文化图书馆司副司长刘小琴主持会议，并部署了 2006 年共享工程的主要工作。来自各省、自治区、直辖市文化厅局、共享工程省分中心有关领导参加了会议。

四　2006 年重点任务和"十一五"期间规划

1. 重点建设适用于农村的数字文化资源

数字资源建设始终是共享工程的建设核心。重点建设一批能够满足农村需要的讲座、戏曲、图书、电影、专题资源库，特别要将科普知识、农业技术等群众急需的优秀资源整合进来，以丰富资源内容，满足群众需要。到 2010 年，共享工程要提供不少于 5 万种的电子图书，采集制作不少于 14000 场/个舞台艺术、知识讲座、影视节目等视频资源，资源建设总量不少于 100TB，其中管理中心完成 20TB。

2. 加强农村基层服务点建设

以基层图书馆、群艺馆、文化馆、乡镇和社区文化站、村文化室（文化中心）、校园网、有线电视网为依托，建设遍及城乡的文化信息资源服务网络。采用集中连片实施的方式，积极发展共享工程农村基层服务点，在县、乡、村形成规模，发挥示范效应。到 2010 年，实现县县建有中心、乡乡建有基层中心、50% 行政村建有基层服务网点，使基层服务网点成为具有信息服务、教育培训、文化娱乐等多种功能的文化中心。

3. 推动县级分中心建设

共享工程要重点建设能够使用数字图书馆、数字博物馆、数字美术馆等建设成果的县级分中心，逐步使共享工程县级分中心具备数字资源的存储能力、加工能力和传输能力。发挥县级分中心的指导和辐射作用，有条件的地方要逐步使数字文化服务向乡村延伸。到 2010 年，依托共享工程的传输渠道和技术服务条件，全国大部分县级文化机构要基本具备使用数字图书馆、数字博物馆、数字美术馆等资源建设成果的能力。

4. 开展共享工程试点工作

为总结和推广各地在工程实施中好的做法和经验，文化部决定从 2006 年 7 月到 2007 年 6 月开展共享工程试点工作。文化部根据各地申报条件确定在全国两个省、33 个地市、353 个县开展共享工程试点建设。根据共享工程建设的实际和发展需要，在试点地区进行与其他远程教育、有线数字电视、有线电视、互联网、卫星、移动硬盘、光盘等多种建设模式的实验，探索多种方式开展基层点建设与服务。

5. 加强合作共建，建立共享机制

共享工程要继续与全国农村党员干部现代远程教育试点工作和农村中小学现代远程教育工程探索合作的方式与途径，整合资源，形成合力，努力建立职责明确、互相配合、横向协调、相互联动的合作机制；要积极与有线数字电视、有线电视发展相结合，认真总结试点地区经验，积极推广共享工程服务，使共享工程的优秀文化资源能更快捷地进入千家万户。

6. 加强对基层管理和技术人员的培训

要针对需求，通过组织各种培训，建设一支适应共享工程建设需要的管理和技术人员队伍。"十一五"期间，将分批分期地对省、市、地、县、乡、村的约40万专业人员进行培训，并加强设备使用的管理，禁止利用共享工程配备的软硬件设施获取不良信息资源。各级分中心和基层服务点工作人员上岗前均须通过培训、考试，获得从业资格。

金旅工程建设概况

金旅工程是我国旅游信息化建设的系统工程。国家旅游局高度重视金旅工程的组织实施工作，一年来，各项工作进展顺利，取得了显著的成效。

一　金旅工程介绍

2000 年 12 月 24 日，国家旅游局下发《关于建设金旅工程，推进旅游业信息化工作上水平的意见》，决定在全行业实施金旅工程。文中指出，在我国由亚洲旅游大国向世界旅游强国迈进的进程中，必须主动占领市场和技术的制高点，依靠科技，实施制度创新和手段创新，这是中国旅游业发展的战略要求。

2001 年 1 月 11 日，在全国旅游工作会议上，正式宣布启动金旅工程建设。自此，旅游信息化走上了健康发展的快车道。

金旅工程由三个基本的部分组成，一是政府旅游管理电子化，利用现代化技术手段管理旅游业；二是利用网络技术发展旅游电子商务，与国际接轨，最大限度地整合国内外旅游信息资源；三是提高政府的公众服务水平，更好地为公众服务。

为了实现上述目标，国家旅游局计划逐步建立全国旅游部门的国家——省（自治区、直辖市）——重点旅游城市——旅游企业四级计算机网络，重点建立起面向全国旅游部门的，包含旅游业的业务处理、信息管理和执法管理的现代化信息系统，初步形成旅游电子政府的基本骨架；同时，建立一个旅游电子商务的标准平台，建立行业标准，提供对旅游电子商务应用环境与网上安全、支付手段的支撑，支持国内企业向电子旅游企业转型。

二　旅游电子政务建设

中国旅游网已成为综合性的旅游网络平台。在 2005 年信息产业部举办的公众投票评选优秀政府网站的活动中，中国旅游网名列前茅。为保证中国旅游网的信息来源和权威性，中国旅游网建立了信息采集和发布制度，并与地方旅游网站建立了信息收集和共享机制，形成了中国旅游网站群，为用户和游客提供更全面及时的服务。

导游网络管理系统经过三年的建设，2005 年正式竣工，成为第一个全国性的智能卡业务管理应用系统，得到了全国金卡办的高度评价；作为与旅游企业进行数据交换的业务应用系统，旅游星评与复核系统、旅行社经营月报系统 2005 年投入使用，近万家旅游饭店和一万余家旅行社的动态经营情况实现了定时汇总，为宏观决策提供了翔实的参考数据，也为企业提供了有价值的市场调研数据。

国家旅游局联合首都师范大学，承接了国家 863 项目"旅游地理信息系统研究"课题，经过两年的努力，建立了旅游地理信息系统，该项目获得 2004 年度北京市科技进步二等奖。

建立了卫星信息发布平台，配合我国政府和国家旅游局的主题宣传和旅游目的地的形象品牌宣传，将旅游预报、疏导宣传、投诉反馈、政策法规、旅游目的地介绍等旅游相关信息通过卫星信道，发布到预设于各主要旅游城市游客集散地的大屏幕，及时动态地传播。

三　旅游电子商务建设

随着信息技术的发展，旅游电子商务已成为全球电子商务的第一大行业，旅游业是目前公认的最能与电子商务整合的行业之一。为加快旅游行业电子商务建设和发展进程，国家旅游局在全国优秀旅游城市范围内推广建设并应用旅游目的地营销系统（DMS）。并以此推进行业电子商务的应用水平，目前目的地营销系统已逐步得到业界的认同。

为配合旅游目的地营销系统的推广应用，开发了中国旅游目的地营销系统总平台，并于 2005 年 3 月通过了以科学院院士张钹教授为主任委员、中科院软件研究所所长李明树博士为副主任委员的专家委员会的技术鉴定。该项目日前通过了北京市科委组织的 2005 年度北京市科学技术进步奖答辩和专家审定，被评定为二等奖。

制订了旅游电子商务的系列标准中的旅游目的地营销系统分册。

2004～2005 年，连续举办了两届国内、国际旅游网上博览会，力图用快捷、形象、可交互和低成本的网络营销模式，丰富和提高旅游宣传营销的手段和水平。2005 年首届中国国际旅游网上博览会首次实现了传统旅展和网络宣传营销的有机结合。建设了国家旅游局现实展馆和虚拟展区，参加网络博览会的商家超过 2000 个。

四 金旅工程发展规划

"十一五"期间，旅游信息化建设将主要围绕电子政务、电子商务和现代社会服务三个核心平台系统进行。

提高管理部门的执政效率和创新能力，是"十一五"深化电子政务建设的核心目标。"十一五"期间，将在现行电子政务系统的基础上，整合网络设施、应用系统、信息系统和安全系统，集成平台资源和信息资源，完善辅助办公环境和办公决策支持系统，建立服务性政府政务公开网络体系等。在"十一五"期间，将进一步形成互联、互通、共享的电子政务平台，逐步实现温家宝总理对电子政务提出的"提高行政效率、降低行政成本，改进政府管理和方便人民群众"的总要求。

为旅游电子商务搭建一个安全、标准、高效的应用环境，建立旅游电子商务示范项目，提升旅游业界的核心竞争力，是"十一五"期间旅游电子商务建设的主要目标。"十一五"期间将进一步抓好旅游电子商务平台的建设工作，建立起全国范围的统一的旅游电子商务总平台，力争成为国际旅游业电子商务的重要成员，使全国 80% 以上的旅游企业，实现网上宣传营销，50% 以上的交易通过网络进行。"十一五"期间，旅游电子商务，将成为旅游宣传促销的重要手段。

逐步建立和完善面向公众的旅游信息综合服务体系，是建立服务性政府，提高政府权威性和竞争力的重要手段，建立现代公众服务基础平台，健全公众服务机制，是"十一五"强化现代公众服务体系的主要目标。"十一五"期间，将逐步形成旅游信息服务的采集、加工、使用、反馈和再加工的良性循环链。

第六篇
案 例 分 析
Part VI
Case Studies

案例一
让信息资源集成平台
实现最佳共享与最大融合

——东软以"超越技术"概念引领中国电子政务市场

丁明刚

电子政务是一项庞大而复杂的系统工程，从对用户业务的理解到信息系统的总体规划，从软件架构设计到系统开发、测试与实施，每一个环节出现问题都可能导致电子政务工程的失败，这就对电子政务解决方案供应商的综合能力提出了更高的要求。作为中国最大的软件与解决方案供应商，东软凭借在解决方案领域深厚的业务与技术积累，在电子政务领域异军突起，成绩斐然，充分体现了"超越技术"的东软风格。

东软做电子政务的考虑是：首先，不仅需要技术，更要超越技术；第二，以发展的观念来看待电子政务建设，针对的不仅是一个项目，而是一个动态变化的过程；第三，跟踪政府的改革，进行流程优化。为此，东软提出了"3P3M"模型：3P，即系统建模平台、标准化的开发平台和信息资源集成平台；3M，即系统安全模型、系统建设管理模型和系统运营维护模型。

从国土资源部、公安部部级人口管理系统，以及广州社保等个案中，东软成功地诠释了IT企业在打造电子政务过程中，技术与服务的魅力所在。

一　国土资源部电子政务基础平台：
引领行业技术方向

2003 年 12 月，东软中标国土资源部电子政务基础平台建设项目。2005 年底，国土资源部组织专家对电子政务基础平台建设项目进行了验收，认为这一平台实现了资源的高度集成和共享，形成了一系列的公用组件和通用的业务组件，依托此平台，可以快速方便地搭建应用系统，方便维护和修改。两年以后，专家和学者对平台做出了很高的评价，认为其技术架构先进、合理。基础平台的研制成功大大改善了国土资源电子政务原有的信息孤岛现象和软件开发方式，促进了国土资源电子政务信息化快速发展。在国土资源信息化建设中，东软给自己的基本定位就是引领行业技术发展的方向。

（一）中标：平台统一，不忘组件化

你建一个我建一个，最后各个部门都有了自己的系统，但往往是"鸡犬之声相闻，却老死不相往来"，数据不能共享，系统不能互联。这就是我国很多政府机关信息化建设的现状。

国土资源部打破了这一怪圈。国土资源部信息中心意识到，必须构建一个适合国土资源部的平台化电子政务系统，未来所有的垂直业务系统都构建在这个平台上，数据交换可以由平台来完成，继而各地的国土资源部门也可以逐步在这个统一的大系统上开发自己的系统，从而形成整个国土资源系统的统一的信息化体系。

2003 年 11 月，国土资源部信息中心发布的标书表明，国土资源部要建立一套统一的平台，而且平台上的数据格式是异构的，有的来自于 GIS 系统，有的来自于纸面。更关键的是，国土资源部对平台的要求远不仅这些，他们还希望整个平台上有很多工具箱，相当于半成品，这样以后国土资源系统再建应用系统的时候不用事事从头开始，而是用工具箱现成的组件就可以了。

这么高的条件和要求吓退了不少 IT 企业。一个月后，只有 21 家企业按时应标。这让沈阳东软软件股份有限公司高级副总裁兼运营总监卢朝霞心里既高兴又担心。高兴的是，门槛高了竞争者就少，非技术化因素影响也就小，而且这么多年来，做一个统一的电子政务平台一直是东软的梦想；担心的是，梦想能实现吗？东软对国土资源业务不了解，也不知道用户水平怎么样，到底怎么看所谓的统一平台问题？东软组织了精兵强将准备投标文案，由于东软在电子政务方面有丰富的经验，其平台、组件的技术和产品（如 UniEAP）相对比较成熟，在这个项目上具备一定的竞争优势。

先是过第一关。21 家应标厂商必须在一天的时间内，用搭架的应用环境进行现场演示，尤其是图形化数据和结构化数据的同时查询。2003 年 12 月 23 日，国家招标办将这 21 家已经递交标书的企业进行筛选后推荐给国土资源部。当天走进国土资源部大门的只有三家企业：联想、长城和东软，每家半天的讲标对于这三家企业来说是至关重要的。卢朝霞是东软的讲标人，她的总结陈词非常坦诚，也非常实在。她说："我们的优势是技术，东软在电子政务方面有很强的技术实力。我们的劣势是对业务不熟悉，但是这恰恰是国土资源部信息中心的强项，强强结合、优势互补正是完美搭配。"

三家都讲完后，由专家和国土资源部相关部门的负责人组成的评标小组对三个厂商进行了评议。有专家意识到了一个细节，就是项目的工程性。该系统建设不是一两个月就能完成的，参与人多，战线长，系统复杂，需要乙方有良好的项目管理能力，而这正是东软讲标时强调的强项。讲标结束的当天下午，评标小组决定——东软中标。在北京办公室里焦急等待的卢朝霞接到中标通知时愣了半天，她没想到自己谁都不认识也能中标，她更没想到评标过程会如此迅速，周日讲标才全部结束，周一就接到通知可以去洽谈合同了。

（二）启动：从业务需求开始

2004 年 1 月，项目正式启动进入需求分析阶段。东软项目组投入了以大连基础软件事业部为主的 12 名需求设计人员，期间主要与信息中心的相关人员通过会议、产品演示、小组讨论、文档反馈等形式进行需求交流。双方一经交流，东软就"悲喜交加"。喜的是，国土资源部对电子政务平台的认识非常深刻和到位，国土资源部信息中心提出系统的基本要求是可配置，可定义，也就是说，它不是一个固定的系统，而是由一些积木搭成的建筑，如果业务流程有变化，或者是要开发新系统，不用沙石水泥一起上，用这些积木就可以。信息中心更提出了"人、操作、信息合一"的高标准。他们希望将来的电子政务平台能够把针对国土资源的公共数据和功能集合在一起，形成工具箱；能够把来源不同的信息统一管理起来，形成唯一的数据库；三是要机构统一，换句话说，国土资源从上到下一条线的相关部门，都要能在这个平台上工作。悲的是，东软对业务实在不熟悉，得从头来。好在国土资源部的业务人员在 IT 方面并不陌生，没有出现语言不通的现象。

2 月 10 日，整个项目组转入关键的系统设计阶段，利用工具进行系统建模，框架设计、接口设计以及各个组件工具的完善设计都要在两个月内完成。组件的设计是当时双方需要不停讨论的关键点。按照国土资源部的计划，未来的电子政务平台上有很多模块化的组件，就像标准件一样，这样以后在平台上构架应用系统时，就可以拿来使用那些组件，而不用从头开始。但是每个组件到底多大，涵盖多少功能，是双方需要慎重讨论的重点。太小的话，没有什么意义，大部分工作还得重复；太大的话，可复用性不高，下次做应用系统还得重来。几经磨合，每个模块都进行了反复的讨论和定义，终于双方构建了合理的组件库，这意味着下次应用系统的编写将顺利不少。

项目的运行速度也是国土资源部最担心的。庞大的数据库，异构的数据格式，如何快速查询和检索，会不会导致系统运行很慢甚至导致系统瘫痪？为了解决这一问题，大家采用了引擎技术，通过引擎检索快速找到相关数据，再以表的形式展现。之后，整个系统不断优化。事实证明，最后的平台测试报告，924 个功能点测试速度都非常理想。

项目进行过程中的难点很多，最突出的两个是：GIS 与 MIS 的一体化设计、应用系统中动态图层加载和坐标转换。国土资源部用到最多的当然是 GIS 系统，需要采用一体化的数据源管理，统一的公共数据词典管理，一体化的系统配置界面和工作方式，与业务案卷关联的地图操作方式，把 GIS 系统里的数据与应用系统实现交换，对于甲乙双方来说都是难事。事情最终的解决方案是基于大数据量的并发访问实现多专业数据信息共享，GIS 数据库存储平台以 Oracle 为主，同时支持 SQL Server 平台，提供 B/S 和 C/S 相结合的在线业务数据编辑工具，提供可配置的基础地理数据资源管理工具。动态图层加载的时候，采用动态方案，创建少量地图服务，满足多个业务需求。另外，在数据库设计和功能实现上支持动态坐标转换，对大数据量基础数据不同坐标系间的坐标转换采用静态集中转换方案，对小数据量坐标数据采用动态转换方案。

　　国土资源部和东软，就这样克服了大量的技术困难、业务困难，开始了为期两年的攻坚合作。

（三）实施：从单兵作战到合纵连横

　　2005 年 12 月 20 日，国土资源部组织专家对项目进行了验收。整个项目最大的突破是，建立了高度资源共享的电子政务统一平台，并在平台上搭建了建设项目用地规划预审、固体矿产探矿权等级转让审批、固体矿产采矿权登记审批三个应用系统，业务办理集成化。而且，项目还留下了很多组件库，这些组件库将是国土资源部的知识产权，未来，国土资源部再开发其他业务系统，以及下属各国土资源局都将可以免费使用电子政务平台以及组件库。只是，如果在组件库的基础上再进行业务系统开发，仍然需要 IT 厂商的服务。而对于国家来说，统一的国土资源信息管理将是宏观调控的重要依据，诸如"退耕还林"、"西北大开发"、"京沪高速铁路建设"等众多国策的制定都离不开对国土资源信息的掌握和分析。

　　国土资源部的电子政务统一平台将国土资源部的所有系统、数据贯穿了起来，标准和规范统一，应用系统数据共享，代码体系贯通，县市省部四级机构数据无缝交换，是中国电子政务领域里的样板工作。其实整个电子政务平台建设中来源不同、格式不同的庞大的数据量并不妨碍平台最后的先进性，整个平台采用了 SOA 架构，易于扩充新功能，也方便和其他部委进行数据交换，而且应用系统有了可视化的权限设计，用户可以根据需求的变化而自己更改权限。

　　项目的成功是双方努力的结果，甲方是成熟的用户，能提出明确的需求，能给乙方稳定的配合，能协调相关部门共同运作是项目成熟的关键，而东软的项目管理能力、出色的项目经理、J2EE 的选型、不计成本的付出，也都是项目成功的关键。

二　公安部部级人口信息管理系统：
沉淀技术，直指高端

　　2004 年 6 月，金盾一期工程的第一号项目——公安部部级人口信息管理系统/全国人口基本信息资源库项目启动招标；2004 年 8 月 6 日，东软中标公安部部级人口信息管理系统/全国人口基本信息资源库项目。经过东软公司与多方 14 个月的共同努力，终于圆满完成了既定目标。

（一）人口信息资源库建设势在必行

全国人口信息资源库是我国国家信息化建设四大战略性、基础性的信息库之一。它建设的基础是公安部建设的全国人口基本信息资源库，全国人口基本信息资源库是金盾工程的重要组成部分，是由公安部牵头，将公安机关所掌握的常住人口信息汇集到公安部形成的。在全国人口基本信息资源库建设完成后，由公安部牵头，国家人口和计划生育委员会、国家统计局等部门参加，共同建设全国人口信息资源库。

公安部部级人口信息管理系统的预期目标是在全国人口信息管理系统建设基础上，充分利用公安综合业务通信网络资源，建立部级人口信息管理系统，集中存储全国常住人口的文字和照片信息，为全国各级公安机关广大民警提供人口基本信息快速查询查证服务，逐步为其他公安信息资源库和公安应用系统提供信息共享；提供确认、查询跨省市、地市之间公民身份证号码重号问题的方法和手段，为第二代身份证换发工作提供技术保障；逐步实现部级人口管理业务的信息化，提高宏观指导能力和决策水平，进一步规范和创新人口管理工作；为国家人口信息基础库的建设和人口信息社会化应用奠定基础。

（二）前瞻性需求，创造性构建

该项目没有手工办理业务模型，也没有电子化处理模型，其需求都是前瞻性需求。前瞻性需求的基础是目前全国省、地市、区县、派出所运行的户籍和身份证管理系统，以及公安部治安管理局对全国常住人口信息化管理的需要。所以，整个系统开发可以说是一项非常富有创造性的工作，同时东软也面临着巨大的压力和挑战。项目的每一步进展都必须由公安部人口业务专家同开发该项目的技术人员一起进行思考和讨论，形成创造性需求。通过与客户交流沟通以及系统实施过程的逐步推进，逐渐整理出具体需求和需要解决的问题，并给出解决客户需求和问题的方法。

公安部部级人口信息管理系统开发建设自 2004 年 8 月 26 日启动，东软高度重视这个项目的开发实施。在项目刚刚立项开始就按照东软严格的质量管理体系建立了项目组织管理制度，积极组织行业内资深业务专家、技术架构师参与到项目的需求分析、业务建模、技术架构设计，并协调 IBM、ORACLE、BO 等国际知名的公司参与协作，对部级系统进行整体规划，并最终按计划、分阶段地完成系统的需求分析、系统设计、编码测试、试运行、现场实施等各个开发阶段的工作。项目组每周召开一次小例会，每两周召开一次大例会。在公安部各级部门和省级、地市单位的配合下，经过东软公司与多方 14 个月的共同努力，终于圆满完成了既定目标。

公安部部级人口信息管理系统的组成及实现的功能主要有以下方面。

数据管理子系统，包括数据报送登记、首次加载、重载、业务信息维护/业务信息维护测试、加载过程的调度和监控；其中重号管理融于首次加载、重载和业务信息维护当中，但在需求上把重号管理作为一个独立的业务管理模块，放在业务管理当中。

业务管理子系统，包括加载情况反馈、重号管理、代码管理等业务功能。

信息服务子系统，包括地理显示接口、综合查询系统接口、对外查询、身份核查等功能。

统计分析子系统，是在确定的基本信息、业务维护可分析数据项内，进行在线分析和自定义报表。

业务工作考核子系统，包括数据报送、数据质量考核。

系统管理子系统，包括对用户、操作权限、数据权限、日志等管理功能。

（三）精心打造金盾工程坚实基础

部级人口信息管理系统的建设推动和促进了省级系统、地市系统的建设和升级改造，有力地支持了全国换发第二代身份证工作，为全国范围内公民身份号码重号清理工作打下了坚实的技术基础。经过实际运用，东软认为系统设计合理，能够满足系统建设的业务需求。系统对外开放查询以来，累计提供对外查询 120 万余次，查询响应速度及统计分析速度能够满足用户需求。

2005 年 8 月，面向"全警开放"的人口基本信息快速查询查证服务已全面启动。截至目前，部级人口信息管理系统已加载了 12.6 亿人的人口信息，实现了超大规模数据的集中存储、管理和使用。人口信息系统建设也取得了突破性成果，以部、省、地市级为信息汇集点的人口信息管理系统三级架构已基本形成。

各地公安机关向公安部报送人口数据 12. 55 亿条，其中 12. 28 亿条数据已经加载入库，全国人口信息管理系统建设任务基本完成。150 多个地市完成了地市级人口集中数据库的建设，形成了以地市级系统为核心，市局、分县局、派出所为一体的建设格局。99% 的户籍派出所建立了人口信息管理系统，纳入计算机管理的人口总数超过 12. 6 亿人。经过 2004 年、2005 年两年的努力，完成了 12 亿多人口的全部户口核对和数据清理核对工作。2005 年各地公安机关累计清理公民身份号码重号 710. 9 万人，清理重复登记人口 252. 6 万人，纠正主要项目差错 3586 万人，纠正一般项目差错 9235. 7 万人。

三　广州市劳动保障局社保信息系统：
编织一张社保便民服务网

经过十年的艰苦历程，东软股份在社保领域已经拥有了自己的、全面的社会保障方面的成熟技术方案，东软社会保险管理信息系统 SIMIS V2. 0 被中国软件协会评为优秀软件。多年的研究开发和服务得到了客户的高度认可，凭借自身强大的技术实力、完善的内部管理和服务，东软在中国劳动和社会保障领域的市场占有率名列第一，中心城市社保用户数已达 100 多家。其中，为广州市劳动保障局开发的社保信息系统，有效地管理了 210 万在职参保人员和 80 万退休人员的各类信息，为使参保用户得到贴心、细致、周到的服务，提供了强有力的技术支持。

（一）伙伴＝技术＋服务

2004 年 8 月，我国金保工程立项。2005 年 6 月，中央立项审批工作顺利完成。劳动和社会保障部将其作为"一号"工程，制订了总体规划，对软件开发、部省联网、数据整理等工作进行部署安排，全国各地的劳动保障信息化工作逐步展开。

相对于其他地区，广州市劳动保障局在社保信息化方面开展比较早，而且具有一定经验，这为其在金保工程启动后迅速铺开系统升级、改造建设提供了有利条件。但是，作为开展社保信息化工作比较早的城市，广州市劳动保障局的老系统也存在很多问题：以前使用的社会保险信息系统（1994 年招标，1998 年投入使用）虽然经历了多次大的升级改造和 800 多次小的修改，但还是存在一定不足，比如个人资料以养老保险为基础，其他险种的征收必须依附于养老保险的个人资料；个人资料存放在多个基表中，造成数据的不一致和统计上的困难；功能不齐：如没有建立基表来保存失业、生育、个人缴费历史；基本资料中，某些关键字段存在重复、不规范现象，如单位、个人基本信息表的关键字段存在部分不符合国标、省标规范的数据。

要对这样一个老系统进行再次改造难度可想而知。因此，广州市劳动保障局选择了全面替换原有的社保系统的路径，并开始对新系统建设进行立项、招标工作。

正式招标时，广州市劳动保障局社保系统技术部分采取的是暗标方式（即方案没有公司名称），东软以总分第一胜出。广州市劳动保障局在评价时指出：选择该技术方案基于两点：首先，技术方面，系统采用劳动保障部社会保险管理信息系统核心平台二版作为技术和业务平台，体系结构采用基于 J2EE 的 C/S/S 三层结构，RUP 的软件过程方法等等；其次，稳定性好、可用性佳、灵活性高，例如，强大的复核/回退、日志、权限等功能都是通过专用工具配置出来的，另外，系统各个子系统可分可总，可以满足用户各类需求。

最终，广州市劳动保障局选择东软作为此项目的最终合作伙伴。广州市劳动保障局相关负责人指出，选择东软不仅仅是因为其技术方案，还在于其专业的服务能力：一方面，近年来，社保项目的技术含量越来越高。以往的社保项目多是单一险种的系统，中小 IT 服务公司还可以实施。但是由于资源配置需求，将来的五保合一将是必然趋势，而且会是一个庞大的系统工程，中小 IT 服务公司难以承担，因此选择一家成熟的合作伙伴是必然的；另一方面，社保信息化在基本建设完成后，将从项目型转变为服务型。服务除了系统升级外，还有相关的人员培训、系统维护等，此时才真正体现出"软件就是服务"的未来软件产业发展趋势。而东软在除了总部沈阳以外的十多个地方建立了社保的分部，江苏、昆明、西安、长沙、长春、广东、河北、大连、河南、安徽等省市都设有研发中心，大面积的本地化服务使得社保系统的建设及应用更趋完善。

（二）用高标准打造高端技术与服务

广州市劳动保障局希望新建立的社保系统能够覆盖全市的社会保险业务，以逐步提高广州市社会保险基金统筹层次和业务管理水平；实现市、区社会保险网络的逻辑连接；建立全市统一、规范的社会保险信息资源数据库，实现市（县级市）、区、街的社会保险信息的交换和共享；建立提交省的数据交换库；对业务流程进行规范和优化，对应用软件进行改造和升级，以利于系统的维护和前台业务的办理；改进统计分析系统，建立数据预测分析系统，为领导和业务部门提供决策支持信息，以实现社会保险工作的科学决策；推进社会保险业务电子柜员制的建设，实现网上办理社会保险业务，为参保单位和个人提供多种服务方式；实现与社会保障信息系统内其他部门的网络互联和数据交换，以利于共享信息资源、提高管理效率、改善服务质量；实现社会保险、税务、财政、银行之间的网上对账、核账和结账等功能，实现基金财务会计信息化。

目前，东软为广州市劳动保障局悉心打造的社保信息化系统已初步达成该目标，建立的社会保障信息系统涵盖了社会保险、社会福利、社会救济、优抚安置、医疗卫生、劳动就业、住房公积金、公安户籍以及地税征收等部门。其特点主要体现在以下方面。

首先，系统承载量大。广州社保系统需要管理约 210 万在职参保人员和约 80 万退休人员的各类信息，每月有大约 15 亿元的社保基金通过系统征收，大约有 10 亿元保险金通过系统发放，系统承载负荷非常大，对系统的性能要求非常高，数据库最大单表数据量约为 21 亿条。

其次，办事效率高。系统采取"一站式"设计思想，操作流程大量减少，为业务经办人员带来方便，也为参保人员带来方便，很大程度上避免了"参保人拿着单子楼上楼下跑"的局面。

第三，业务特色多。系统提供了强大的复核、日志、回退功能，回退、复核、日志之间有着人性化的联系，查看日志时可以方便调用回退，复核时也可以方便回退等等，权限控制也很清晰，哪些回退业务员可以做，什么时候回退业务员做不了，科长可以做，都可以配置完成；系统提供安全的权限管理，可以实现模块级、业务级、界面元素级、数据级的多级操作权限管理功能，也可以实现按部门、岗位、操作员、业务的多级复核权限管理功能。

第四，性能稳定。系统在运行期间不断得到完善，在系统承载量非常大的情况下，系统运行平稳，前台模块响应速度基本达到预期效果。

案例二
用信息化推动人事工作科学化

——广州数字人才工程的建设与实践

张占峰

　　近年来，广州市人事局通过实施"广州数字人才工程"，加强整体规划和信息资源整合，改造优化业务流程，实现业务协同，促进数据共享，成功推出一批能适应多方办理业务需求，提供网上业务全过程服务的人事人才业务应用系统。2002 年，广州市人事局被授予"广东省信息化示范单位"称号；2004 年和 2005 年，"中国广州人事网"连续两年获"广州市优秀政府网站"和"便民服务先进网站"称号。2005 年 3 月，国家人事部正式批准广州市人事局为全国人事人才基础数据库建设试点单位之一。2006 年，广州市人事局获得了 2006 年中国电子政务运维管理创新奖，局人事信息中心的"中国广州人事网的建设与维护项目"被评为"2006 年中国电子政务最佳运维服务机构 20 强"。

一　项　目　概　况

（一）建设背景

　　广州市人事局人事电子政务系统建设经历了从政务信息公开，网上单项业务系统建设，到以注重资源整合、统一标准、数据共享为显著标志的整体规划全面推进、协同发展阶段，于 2004 年提出了实施"广州数字人才工程"的人事信息化战略目标，要求运用先进的信息技术和管理理论，对人事人才业务进行优化和重整，以服务对象为中心整合人事人才业务应用系统，进一步提升资源共享和信息化水平，统一规划，分阶段建设广州市人事人才电子政务系统，提高行政效率，降低行政成本，努力实现全市人事人才管理工作的现代化。

（二）建设内容

广州数字人才工程由广州市人事人才电子政务基础平台、硬件网络系统、各类人事业务应用系统、人事局门户网站、局办公自动化系统及人事人才基础数据库等系统组成。该项目的实施，实现了对人事局各类业务应用系统、数据库系统、网站系统及网络硬件设施的统一管理与信息资源共享，形成了市人事局、区县及市直单位人事部门、人事户头、基层单位网上协同办公的良好格局，在数据共享、网上协作、业务管理创新等方面取得了一定成效，实现了人事人才业务开展从分散、粗放管理到集约、精细管理的转变，大大提高了工作效率及公共服务水平，收到了良好的社会效益。

人事局门户网站——中国广州人事网（http：//www. gzpi. gov. cn），以服务对象为中心共建立了公务员、高校毕业生、专业技术人员等 14 个专业频道，有660 多个栏目，信息总量已达 5000 多兆，信息总数达 150 多万条，网站首页点击率累计达 1640 多万次，日均访问数达 2.2 万人次，平均日访问 45.1 万个页面，单篇文档累计点击率最高达到 10 多万人次。丰富的门户网站内容方便了群众办理各项人事业务及信息查询，切切实实发挥了"门户"的功能，为社会公众提供了"一站式"公共服务。

二 主 要 做 法

（一）统一思想，确立原则

在实施资源整合前，广州市人事局信息化工作面临诸多困境。许多业务系统各自为政，满足不了业务快速发展和服务对象多方面的需求，影响了全局人事人才业务综合水平的提升。

1. 系统建设缺乏统一规划

由于历史的原因，许多业务应用系统软件来自国家、省、市有关人事部门，各业务系统在建设初期缺乏系统的规划和协调，导致系统重复建设，应用条块分割，并加重了基层单位的工作量和经济负担。

2. 数据管理分散

所有数据都分散在各个处室或单位的个人电脑上，无法集中进行存储和安全备份，因人员变更或设备故障导致的数据丢失情况时有发生，存在着严重的数据安全隐患。

3. 数据标准不一，业务系统孤立

各处室和属下单位已有的业务系统缺乏联系，同时数据标准不统一，数据无法共享；为领导提供的数据，常常因为数出多门，导致数据不统一，给决策带来一定困难。

4. 业务协同性差

跨部门业务系统协同性差，数据重复采集，所处理的数据只能满足某一业务日常处理需要，无法形成有效的数据积累，不利于对全市人事政策做宏观决策。

5. 网站存在信息孤岛，数据无法共享

由于历史原因，局属各单位建立了各类专业小网站，同时各类业务系统彼此分离，形成一个个信息孤岛，从而导致各网站彼此独立，网站入口不一，给群众办事带来困难，同时信息重复采编，不便于对各业务系统管理与维护，并造成严重的安全隐患。

为着力解决局各部门因采用不同的技术和体系结构建设的信息系统所形成的信息孤岛问题，广州市人事局确立了"统一规划、统一标准、统一平台、统一数据库、统一门户、统一管理、资源共享、安全保密"的全市人事人才信息化建设原则（参见图1），并提出了"以服务为中心，以应用促发展"的建设指导思想，要求局各业务系统与门户网站的建设均以服务对象为中心，以人为本，服务人才，服务政务；尽力推进人事人才业务管理的信息化。

（二）全面分析，总体研究，系统规划

对全市人事业务进行整体研究并全面分析，理清数据与业务的关系。把全市作为一个整体的管理研究对象，对人事人才业务数据关系进行分析，从宏观人才

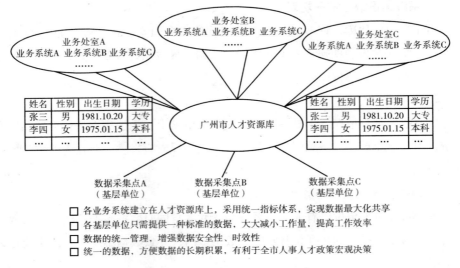

☐ 各业务系统建立在人才资源库上，采用统一指标体系，实现数据最大化共享
☐ 各基层单位只需提供一种标准的数据，大大减小工作量，提高工作效率
☐ 数据的统一管理，增强数据安全性、时效性
☐ 统一的数据，方便数据的长期积累，有利于全市人事人才政策宏观决策

图1　统一规范、统一标准、资源共享

资源管理角度，对影响全市人才资源数量的绝对变化和相对变化的人才数量指标与质量指标进行分析与分解，确立其与具体人事人才管理职能部门和业务应用系统的关系，进一步分析其对相关业务数据增减变动和人才资源数据库数据动态更新之间的相互关系（参见图2、3、4）。

（1）研究主要人事业务与人才资源数据库的数据变动关系。

（2）从人才在不同体制单位的流动过程研究业务信息和人才信息的关系及其规律。

（3）从人才成长过程和能力培养与确认方式，研究业务信息和人才信息的关系。

（4）对人才资源数据库进一步分析研究，并细分为人才基础数据、人事业务数据、历史数据和公共数据。

业务数据是办理业务过程中产生的业务过程和状态数据，具有明确的时间及权限标识，是以事为主要描述对象的。记录的业务过程的数据要求可以再现当时业务实况和状态，如：何时、何地、何人、批准了何事项，以及业务的前一流程和后一流程资料等。

人才基础数据以人为主要描述对象，反映的是相关人的自然属性和社会属性的当前状态。把人才或单位的当前数据按时间顺序存储就形成了个人或单位的历史数据即个人、单位的档案材料记录。

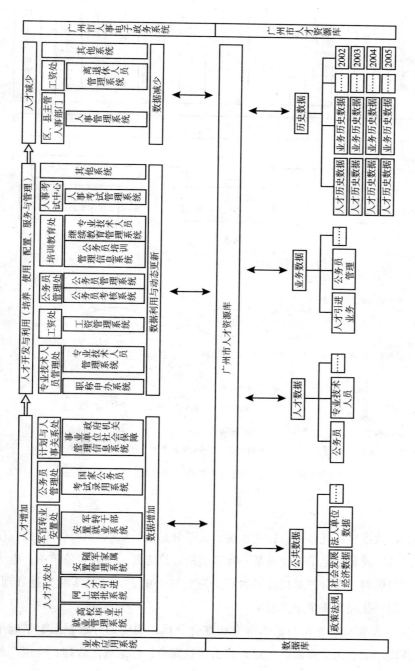

图2　广州市人事人才业务数据关系

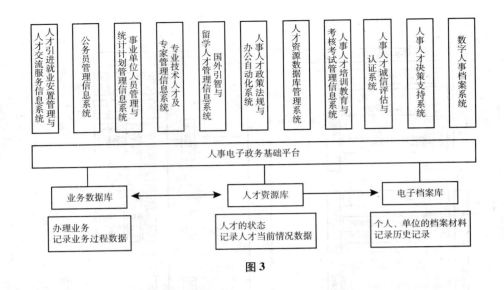

图 3

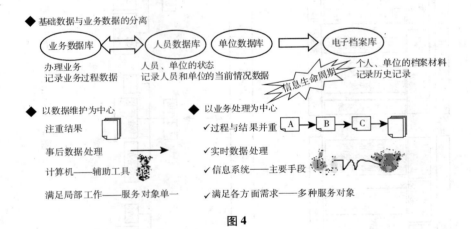

图 4

传统的以数据辅助处理为目标的系统，大部分是事后数据处理，计算机仅仅作为辅助工具，满足的是单项业务某一环节上的计算需要，服务对象单一；电子政务系统要提供网上服务，是以业务过程处理为核心的，完全是实时数据处理，强调业务流程，往往有多个服务对象。

（5）通过人事人才业务的总体研究和综合分析，明确划分数据层、基础平台层、业务应用层、用户界面展示层，突出信息安全、标准规范管理，确定广州数字人才工程总体架构（参见图5）。

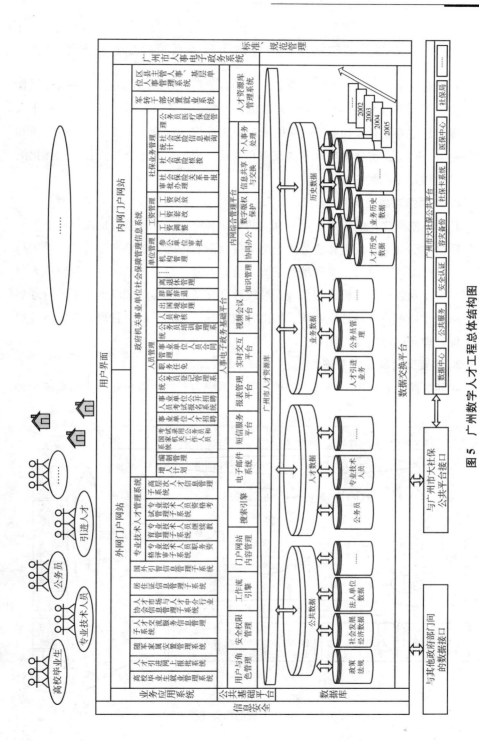

图5 广州数字人才工程总体结构图

（三）从人事业务架构出发研究电子政务系统的业务主要素对象

通过对人事电子政务系统的业务主要素对象进行分析研究，从人事人才工作业务架构和人事电子政务系统的管理或服务对象着手进行分析，将分别对应于人事管理业务主要素对象和业务关系的业务应用系统进行分类，研究其各自特点和服务对象。确定系统分析与规划的难点和重点，明确资源整合及业务流程优化的主导对象和业务协调责任。

1. 单要素对象业务系统

其业务流程优化的重点是业务纵向的简化和完善，资源整合也以纵向上下级单位数据共享为主，流程和业务优化结果应该由业务处室领导和分管局领导进行确定。包括①以人员为主要管理对象的系统，如公务员管理系统、事业单位人员管理系统、专业技术人员管理系统、继续教育管理系统等；②以事为主要管理对象的系统，如单位信息管理系统、编制管理系统、公务员职位管理系统、事业单位岗位管理系统等（参见图6）。

2. 多要素对象业务系统

对同时涉及人与事，以人员和单位管理系统为基础的综合业务应用系统，如

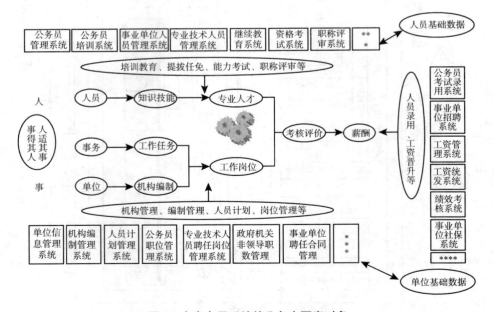

图6　人事电子系统的业务主要素对象

工资管理系统、绩效考核系统，其业务流程优化的重点除业务本身纵向的简化和完善外，还包括业务横向的协作和数据共享，资源整合的难点是横向协调，流程和业务优化结果往往要由局领导或通过召开由业务多方参加的联合办公会议才可以确定。

（四）以管理活动为中心进行系统功能规划，使系统适应未来组织机构调整和业务分工的变化

业务系统如果仅按现有组织机构的业务职能进行划分并规划建设，则往往经不起时间的考验，一旦组织结构调整或业务政策变动，也就预示着该系统生命周期的完结或调整改造的开始，而系统改造又要受原始技术资料是否完备和技术架构支持与否的限制。这也是目前许多系统刚上线不久，就又要求追加资金进行二次开发，不能很好发挥作用的重要原因。

在广州市人事电子政务系统建设规划中，我们坚持以管理活动为中心进行系统功能规划，区分业务系统边界，尽量摆脱对现行组织机构职能划分的依赖，严格避免按现有业务处室业务分工来确定业务系统名称和数量（参见图7）。具体

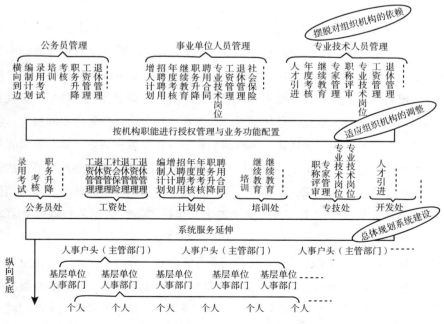

图7 以管理活动为中心进行系统功能规划与建设

实施中，通过研究分析、整理，将原有各业务处室以各自职能命名和确定的 17 个业务子系统，整合为 8 个大业务系统，通过统一规划建设的电子政务系统基础平台，提供业务应用系统所需的安全身份认证、用户管理、工作流管理、业务系统授权、内容分发等服务，为实现用户单点登陆，统一平台、统一门户奠定了基础。通过业务授权管理系统按机构职能进行授权管理与业务功能配置，可以使系统适应未来组织机构的调整和业务分工的变化。

同时还要注意业务的横向协同和纵向延伸，增加服务的广度和深度，系统规划时"横向业务协同到边，纵向服务延伸到底"，纵横兼顾，统筹发展。在横向上，坚持以管理活动为主线，把对同一服务对象的不同业务协同起来，通过数据共享和业务流程对接等手段，将人事业务规范化、流程化，实现全面的业务协作及广泛的数据共享。在纵向上充分考虑人事系统垂直业务指导和分级审批管理的特点，与区县人事局、人事户头、单位、个人等的业务流程纵向贯通，实现人事系统内纵向业务协作和垂直服务延伸。

（五）通过业务"梳理"与流程分析，实现横向数据共享，纵向流程优化

在系统规划中，按业务部门职能分工，将大量重复交叉、业务边界不清晰的人事业务逐一"梳理"，规范业务流程及业务数据管理权限，理清管理活动中的业务主线，明确管理主业务流程，使横向上有利于规范业务流程和保持部门之间的业务衔接，纵向上便于上下级人事管理职能部门信息沟通和工作联系，实现各业务部门间相互配合。通过信息化手段，加大管理幅度，减少管理中间层次，实现纵向重复数据精简和流程优化，横向前后业务协作及数据共享。如公务员管理中的个人基本信息、考核结果、职务任免等数据只需在具体业务办理环节一次采集后，便可应用于工资管理、工资统发管理、离退休管理等多方业务，基本消除业务数据重复采集和数据不一致现象的发生，保证了系统数据的权威性和真实性。

从整体上研究人事系统业务，在单项业务纵向深入发展的基础上，注重业务系统的横向联系和资源整合，改变过去各自独立应用的局面，避免数据重复采集，形成一个业务流程清晰的、规范的人事业务系统，从而使政府人事部门能够以规范、清晰的形象出现在社会和公众面前，提高管理效率。

（六）建立业务应用驱动下的人才资源库数据动态更新模式

人才资源库是数据共享和业务系统运行的基础，保持其数据的实时动态更新，要实现集中管理、集中存储、集中更新维护、统一出入口，并与产生业务数据源头的业务审批系统互动，实现基础数据的集中一次采集，多方多次应用，全面共享。广州数字人才工程实施后人事人才数据更新机制，采取与业务应用系统挂钩，以实现数据的动态更新，确保数据的权威性。人事人才基础数据信息经过审批发布，作为人事人才基准数据，提供给各级人事部门在宏观科学决策、公共人事管理、日常人事管理和个人服务中使用；业务应用系统产生的新的数据会实时或周期性地更新人事人才基础数据库。人事人才基础数据实行集中管理、集中存储、集中更新维护、统一出入口，集中单次采集，多方多次应用，高度广泛共享（参见图8）。

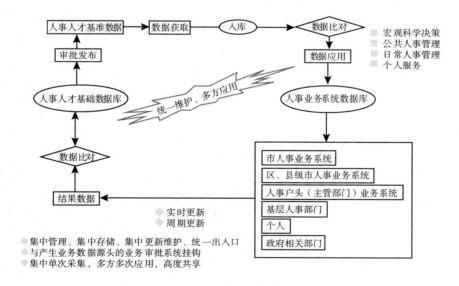

图8　基础数据库的更新维护与应用

（七）以服务为中心进行系统功能设计

广州数字人才工程在门户网站与各业务系统的建设中均以服务对象为中心，坚持"以服务为中心，以应用促发展"的建设指导思想，尽量方便公众和基层，体现以人为本，服务人才，服务政务的电子政务系统建设理念。具体设计中由以前传统政府管理模式下的以方便部门监管为核心，强调为政府部门自我服务，转向管理与服务并重，重视系统的每一个服务对象的具体需求，使政府部门工作人员与系统中的其他服务对象处于同一位置，甚至比以往更加强调便民服务。

如在高校毕业生就业管理系统中，就确定包括了：市及各区县人事部门、人事户头（主管部门）、高校毕业生就业指导中心、基层单位人事部门、高校毕业生、各高校就业指导部门等多个系统服务对象，依据每个对象在系统业务流程中的位置和作用，分别提供各自所需要的功能和服务，因而服务是系统建设的出发点和落脚点。在广州数字人才工程系统中，通过系统调研和业务分析及流程优化，每个系统都有其完整详细的业务服务对象和系统业务流程资料。

案例三
实施农民信箱工程　建设数字新农村

浙江省信息办　浙江省农业厅

近年来，浙江省认真贯彻中央关于加强农村工作、建设社会主义新农村的有关精神，深入实施"数字浙江"发展战略，全面建设"数字新农村"，启动了农民信箱、农村党员干部远程教育、新型农村合作医疗、农技 110 等一批重点工程建设，全省农业和农村信息化工作取得了显著成效。2000 年，时任国务院副总理的温家宝同志在关于衢州农技 110 调查报告上做了重要批示："这是为农服务的一个创造，建立农业信息体系是一项重要而迫切的任务。"浙江省贯彻温总理批示精神，在全省范围内全面实行"农技 110"。衢州市的"农技 110"被国家列为 2003 年联合国公共服务奖的五个推荐项目之一。为进一步提高为农信息服务水平，在"农技 110"的基础上，浙江省政府提出了浙江农民信箱工程（www.zjnm.com）。该项目实施一年多来，架起了政府与农民之间信息互通的桥梁，开辟了农业信息新的绿色通道，深受广大农民群众的欢迎。

一　农民信箱建设概况

"浙江百万农民信箱工程"于 2005 年 9 月启动。它是根据"数字浙江"建设的总体规划和"以用促建"的原则，通过研究开发方便、实用和可管理的系统应用软件，利用互联网技术，为农民量身定制的信息服务工具。它立足用户需要，本着方便实用的原则，实名制注册并与手机相连，农民群众可借助电脑和手机短信进行网上双向交流。"浙江百万农民信箱工程"是一个由政府主导，集个人通信、电子商务、电子政务、农技服务、办公交流、信息集成等功能于一体的面向"三农"的公共服务平台。

"浙江农民信箱"由浙江省农业厅和浙江移动公司为主承建，其他通信运营企业参与建设，省、市、县三级农业部门负责管理、维护和培训，乡镇政府组织基层干部、农技人员、农村工作指导员等承担推广应用任务，采用逐级授权分级管理。农民信箱系统运行平台由省移动公司投入建设，在农民信箱系统运行的前两年，省政府对系统平台建设给予一定的补助，注册用户使用"农民信箱"接收、发送信件和手机短信全部免费。系统运行满两年后，农民群众使用"农民信箱"原则上仍免费，发送手机短信视情况实行优惠。

"农民信箱"主要特点：一是系统容量大，目前用户设计规模达100万以上，同时在线1万名用户以上；二是采用省市县分级授权管理；三是按身份证实名制开户注册；四是发邮件与手机短信相结合；五是由权威部门发布公共信息；六是根据权限可以分类有针对性的群发短信和信件。

"农民信箱"目前主要能实现以下功能：一是网上推销，注册用户可通过信箱推销农产品。二是网上采购，注册用户可通过信箱采购农产品和其他产品。三是网上联系，注册用户可通过信箱与外界进行远距离免费联络。四是网上信息获取，注册用户登录农民信箱，即可获得农业政策、生产技术指导、气象消息、农产品市场信息等。五是网上统计考核，所有在农民信箱系统运行的数据都有记录，以便主管部门统计分析和考核。六是网上政府与农民沟通。一方面政府部门可以方便地发送相关信息，另一方面注册农户也可通过信箱向政府部门反映民情民意，便于政府及时掌握农民的需求。截至2006年8月22日，农民信箱信息发布情况如图1。

"农民信箱工程"自启动以来，广大干部、生产企业、农民群众注册使用积极性很高，目前，用户已达到116万户。2006年6月底，浙江农民信箱系统开发与应用项目通过由中国工程院副院长潘云鹤任组长的专家组鉴定，得到高度评价，认为："农民信箱创建的信息服务模式居于国内领先、国际先进水平"。实践证明，农民信箱的推广对于促进农产品买卖信息的对接、增强农技服务能力、防御自然灾害、提高农民信息化意识，培育新型农民，丰富农村文化生活有很大

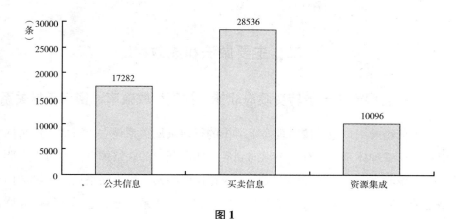

图1

的好处。通过农民信箱加强了上下信息双向交流，创新了服务方式，提高了为农服务的能力，有效解决了信息进村入户的最后一公里问题，是进一步转变政府职能，改进工作作风的有效途径，是抓"三农"工作的重要手段，有利于促进社会主义新农村建设。截至 2006 年 8 月 22 日，农民信箱农户构成情况如图 2。

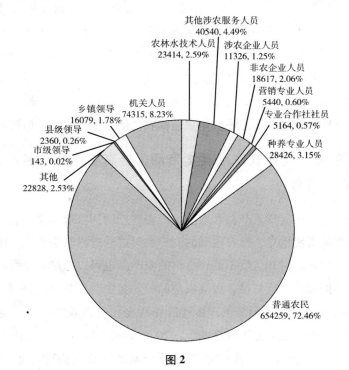

图2

二 主要做法和成效

（一）着眼于进一步转变政府职能，提高行政效率、密切干群关系

农民信箱的用户列表按照现实生活中的行政隶属关系建立，形成了一个网上的虚拟政府管理体系，还是一个纵向到底、横向到边的联络体系。通过省设联络总站、市设联络分站、县设联络支站、乡镇设联络站、村设联络点、各级部门设联络室的方式构成一个农民信箱的管理网络和联系体系。通过这样的网络和联系体系，快速传递信息，收集民情民意，进行网上调查，提高了政府各部门之间的业务协调和工作效率，实现政府部门之间的资源整合。如以前要发一个紧急通知到各市、县，一般都采用传真、电话通知，按每个单位 5 分钟计算，全省 100 多个单位也要 500 分钟，通过农民信箱总站发信到各市县分站、支站，从发信到收到一般不超过 5 分钟，速度提高了 100 倍，如果是发到乡镇、村两者的差距就更大。一位多年从事农村工作的领导感叹：过去要发一个涉农政策文件，层层批阅，等到具体工作人员手中，时间已花去很多，有时还延误了工作。有了农民信箱，省里直发到基层，时间大大缩短，效率大大提高。

浙江省很多省市县乡党政领导也建立了相应的农民信箱，农民有事可以向各级领导反映，领导也可以问政于民，实现互动，加强了政府与老百姓的沟通联系，拉近了干群之间的距离。一些用户还称农民信箱是一个电子信访局。

（二）着眼于连接农产品买卖市场，提高农产品知名度，帮助农民增收、农业增效

通过农民信箱可实现农产品和农业生产资料产销的有效对接。农民可以在信箱内发布农产品买卖信息，没有电脑的农户也可以通过村联络点、乡镇联络站进行信息的委托发布，对知名度不高、急售的农产品也可以通过各级系统管理员进行信息的分类群发，实现对接，提高农产品的知名度。至 2006 年 9 月 20 日，信箱发布农产品买卖信息 25615 条，通过信件回复和电话联络洽谈，达成交易额 3.3 亿元，减少产品营销支出 1427 万元。2006 年 6 月 14 日，农民信箱开设"六月杨梅红"专场，通过网上集中推介让销售期极短的杨梅插上了网络的"翅

膀"，温州文成县仰山乡塘山村村民林碎松通过农民信箱上网发布了杨梅出售信息后第二天，就有温州的客商打电话来咨询杨梅的出售日期、产量、价格等情况，收购价卖到平均每斤15元左右，让杨梅种植大户喜上眉梢。

在成功举办"六月杨梅红"专场后，2006年8月2日，又开设"浙江农民信箱农家乐避暑专场"，帮助农民免费做广告，用低成本、零距离、全天候的方式，充分展示浙江"农家乐"形象，吸引了更多的城市居民去"农家乐"休闲度假，帮助农民增收，效果明显。

又如，2006年7月初《杭州日报》刊登杭州江干区九堡镇的重点建设拆迁户高妙水手中有价值40多万元的100多万只鸭蛋皮蛋急需出售消息，2006年7月15日省总站帮助将信息发送全体用户后，销售情况很快好转，短短几天，100多万只鸭蛋皮蛋就已售出大半，高妙手高兴地说，以后有事还找"农民信箱"。

农民信箱还为合作社、企业拓展了销售渠道、降低了成本，成了他们的"贴心人"。

（三）着眼于促进农技服务能力，拓展信息咨询渠道

农民信箱已注册各类农技服务人员23337名，用户遇到农业技术问题即可选择相应的地区、专业的农技人员进行信件或短信咨询。同时，通过普查，建立分地区、分行业、分职称的全省农技推广人员信息数据库，用户可以方便地查找到所需服务的农技人员进行电话咨询。嵊州市依托农民信箱进一步深化农技大师和责任农技师制度，将农民信箱服务列入农技人员的重要考核内容，结合当地产业发展特点，在农民信箱中设立了茶叶、花木、粮食、蔬菜等12个产业集群，将全市种养、贩销大户，农业企业，专业合作组织以及农户按产业进行集中管理，提高了服务的针对性和有效性。温州文成县通过农民信箱发送植物病虫短讯，在病虫害及兔病防治方面发挥了很大的作用。农民信箱使该市的农户和农技人员进行了有效沟通。

（四）着眼于加强防灾预警能力，减少灾害损失，保一方平安

农民信箱在防台、防冻、防火等突发性自然灾害中发挥着积极作用。2006年以来，省市县镇各级群发预报台风、强冷空气、强暴雨、森林防火等信件2525万封，短信1861万条，挽回农业经济损失5.5亿元。

如 2006 年第 8 号超强台风'桑美'对浙江省造成很大影响，8 月 8 日起，农民信箱各联络站及时编写、发送防台消息，提示做好防台抗台工作，8 月 8 ~ 10 日，全省共发布防台短信 306.9 万条。一位村干部说，前几年遇到大台风，为了了解台风最新动向，每隔一会儿都要去看一下电视或听听广播，现在只要打开手机就能收到最新的情况。各地还及时发布灾后自救指导信息，指导恢复生产工作。

清明前后是森林火灾的高发期，各地通过农民信箱向用户宣传森林防火，也取得了较好的效果。如建德市是一个山区，森林防火任务重，为此市里在农民信箱里建立了各乡镇（街道）森林防火机动队通讯夹，用农民信箱手机短信群发功能召集防火队员，大大节省了通讯时间，提高了森林防火效果。

（五）着眼于提高农民的信息利用意识，增强信息获取能力，培养新型农民

发展现代化农业，需要掌握一定科学知识的农民，需要会收集、分析、利用信息的新型农民。由于历史原因，农民文化水平相对偏低，对农业信息化缺乏了解，对学习信息化知识有畏难情绪，认为信息化属于高科技，深不可测。农民信箱秉承"以人为本"设计理念，走通俗化产品路线，让农民看得懂，学得进、能使用。针对汉字不会输入的用户还专门设计了"写信常用语"，用户只要复制粘贴就可以完成。在推广过程中，始终抓住应用这条主线，突出培训工作。为提高学习效果，各地努力创新学习方法和载体，采取领导干部领学、信箱管理员讲学、典型宣传促学、电化教育助学、互相结对帮学等方式开展因人因时因地多形式、个性化的培训。编印农民上网手册 1 万册、信箱使用手册 10 万册、宣传海报 3.6 万份，制作农民信箱使用教学光盘 1000 盒，在浙江电视台新农村频道播放，制作系统管理员和乡镇信息员使用手册及 PPT 课件，将使用手册群发到所有农民信箱用户。至 2006 年 9 月 20 日，全省累计培训 67 万人次。通过培训，使用户学会了使用农民信箱，提高了农民的信息化意识，增强了信息收集应用能力，引导推动农民对信息技术的应用，还丰富了农村文化生活，有利于促进社会进一步和谐。

浦江黄宅镇杨林村农民信箱联络点信息员是一位年过 60 的村文书，对计算机并不熟悉，听了县管理员的辅导课后，说"还好，还好，不是很难。"顺利地开展了村联络点的工作，帮助村农户发布、查看信息。

（六）着眼于加快农村信息化的进程，有效解决信息进村入户的"最后一公里"问题

随着信息技术对农业和农村经济发展的促进作用逐渐显现，如何将信息快速、有效地传递到农村、农民手中成了一个新的课题。各级政府一直在努力探索信息服务的有效手段，投资建设了大量的涉农网站，希望给农民提供更多信息，但是农民的真正利用率却很低，信息服务"最后一公里"问题仍然是个瓶颈问题。如果不能解决信息到户的"最后一公里"问题，农民就享受不到信息时代给他们带来的种种便利和机会。实践证明，农民信箱的组织联系体系、推广应用模式是将信息直达农民手中的很好的切入口。目前，信箱建立总站 1 个、分站 11 个、支站 90 个、乡镇联络站 1441 个、村联络点 3.2 万个，部门联络室 1757 个，省、市、县、乡联络站建立率 100%，行政村联络点建立率 95%。配备专兼职管理员、信息员近 3.3 万人，进村入户的信息组织基础和服务手段已形成。通过对用户按行政级别、专业、用户类型进行分类，将信息有针对性地发送到手机，使没有电脑的用户也享受到了信息化带来的便利，有效解决了信息进村入户的"最后一公里"问题。

随着农民信箱的进一步推进，农民群众对信箱功能的进一步了解，农民信箱服务触角不断延伸，服务能力不断提高。

2006 年 8 月 3 日，省总站向全体用户发布了家庭经济困难大学生求助热线电话，提示有困难的家庭可通过拨打热线等途径获得帮助；桐乡市同福乡利用农民信箱传递计生信息；建德市利用手机短信发送测土配方施肥技术；富阳市场口镇人武部代企业发布招收在家退伍军人当保安的信息。各地还利用农民信箱发送廉洁自律警句，加强党风廉政建设宣传教育，开展村级财务公开。

三　下一步工作打算

在前一阶段工作的基础上，下一步将做好以下工作。

一是加快软件二期开发，加强信箱功能。在收集分析用户需求，完善一期软件的基础上，加快实现二期的网上摊位市场、农技 110、网上调查等功能的开发，进一步加强农民信箱功能。

二是进一步扩大用户群，严格信箱管理。重点发展涉农工商企业、农业龙头企业、专业合作组织、种养大户、超市、宾馆、饭店、食堂、农产品批发市场经营户，逐步发展外省用户。加强用户注册、信息群发、信息发布等管理。

三是完善信箱联络网络，夯实服务基础。按照"场所共用、设备共建、人才共育、信息共享"的原则以及"八个一"——有一个固定场所；有一台上网电脑；有一部固定电话，并将号码向全村公布；有一个兼职信息员，并能够比较熟练操作电脑；有一块牌子（××村"农民信箱"联络点）；有一批"农民信箱"注册用户；有一套服务制度；有一个信息发布栏——的要求，加快农民信箱村联络点建立，进一步推进农村信息综合服务室建设，完善信息服务队伍。加强系统管理员和信息员培训，提高信息技术和管理能力。

四是整合信息资源，丰富信息内容。进一步完善信息的采集指标体系，推行统一的数据标准，完善公共信息发布维护制度，做好农业信息资源集成维护，整合各单位资源，发布与农民生产、经营、生活息息相关的政策法规、最新农情、市场行情等信息，开展信息制度化和规范化管理。

五是强化培训指导，提高应用水平。多渠道、多方式抓好农业信息知识培训，普及计算机基础应用、农民信箱使用知识，提高用户的实际操作水平，深化信箱应用功能。

六是加大宣传力度，扩大社会影响。充分利用广播、电视、网络、报纸等媒体，面向农村基层干部和广大农业生产经营者，大力宣传实施农民信箱工程的意义、用途和使用方法，进一步扩大影响，使农民信箱深入千家万户，成为广大的企业和农民群众开拓市场、指导生产、获取信息的有效工具。并加强部门协同，集合多方力量，进一步加强推广工作。

案例四
制度重于技术

——安徽淮南市电子政务绩效管理案例

何留进

淮南市位于安徽省中部，全市总面积 2600 平方公里，总人口 235 万人，下辖五区一县和一个国家级综合实验区。淮南是国家大型能源基地，1984 年被国务院批准为"较大的市"，享有地方立法权。近年来，淮南市积极响应党中央、国务院大力推进信息化建设的号召，把电子政务建设与政府公共管理改革紧密结合，在制度创新方面进行了有益的探索，创造了发展中城市电子政务建设和应用投资省、功能全、效果好的成功案例。

一 淮南市电子政务建设中遇到的问题

淮南市于 2002 年启动电子政务一期工程，按照"统一规划、分步实施，技术领先，适度超前"的设计理念，先后建设了政府外网、内部办公、视频点播、决策支持等十套市级电子政务系统。电子政务虽然对提高政府服务和管理水平起到了积极作用，但和其他城市一样，在应用过程中也暴露出一些突出问题，一些部门的网络建设、网站建设、应用系统建设等尚处于起步和无法应用阶段；安全措施、建设资金、网络技术人员和业务流程重组参差不齐。电子政务系统更不能实现多部门协同工作，对于政府职能的转变、宏观经济的调节等尚不能全面支持。具体表现在以下方面。

1. 各自为政、低水平重复建设，资源难以共享

从全市范围来看，设备和软件大量重复购置，网络设施和传输通道没有合理分配，部分资金匮乏的单位没有自己的内部局域网和对外服务的政府网站，没有开发自己的业务应用系统，部门之间网络利用差距和信息利用差距较大。

2. 纵强横弱，应用系统建设水平有限

市直部门多数处于个别政务流程信息化阶段，流程整合和服务创新没有起步。很多部门的应用软件是上级部门推广安排下来的，市直单位或部门之间无法协同，更不能协同解决问题。

3. 信息资源未能实现共享和共用

许多部门由于资金、人员等方面的限制，没有及时将业务数据电子化。有能力利用业务系统的部门，也由于部门之间业务系统的数据格式不同，平台不同，信息交换渠道不畅，信息资源无法共享，可重复利用度低。

分析这些问题发现，重视技术而忽略政务是最重要因素。电子政务的本质是一场革命，而且是深刻的革命，绝非像完成几个工程项目那么简单，更不是单纯的技术工作，它要开辟新的政府业务，但又不限于此。发展电子政务涉及作为最重要公共管理即政府管理的体制和机制的改革创新，或者说，它与政府管理现代化方方面面的问题都有关系，不仅与技术、经济问题有关系，还与社会、政治、文化等其他问题有关系。因此，必须正确处理推进电子政务发展过程中已遇到或将要遇到的各种关系。只有这样，才能使电子政务的发展风险低、回报高，达到经济、有效、可持续发展的目的。

淮南市发展电子政务的实践表明，制度建设重于技术应用。由原来传统的体系结构或管理模式，转化为基于信息化背景下的体系结构和管理模式，是一个剧烈的制度变革过程。当前，电子信息技术已经基本可以保证电子政务发展需要，也逐步趋于成熟，而政务方面问题的解决，则要复杂得多。暗藏着的要公开，独享着的要共享，多少年苦心经营的"小日子"既得利益要被打破重组，有许多人不愿意做这样的变革。因此，在推进电子政务建设的进程中，关键的问题并不在于投资的多寡，技术人员的多少和所用技术的新旧，而主要决定于管理制度的安排及其营造的人文环境和文化氛围。因此，电子政务建设必须把解决政府管理中的体制、制度方面的障碍放在重要的地位，才能解决电子政务建设中遇到的通病，推动电子政务实现质的发展。

二 淮南市解决电子政务发展瓶颈问题的主要办法

为了解决上述问题，从 2005 年起，淮南市把"绩效管理"引入电子政务建设与应用领域，建立起一套党政一体的电子政务绩效管理体系，做到制度与技术协调推进，使两者之间相互促进、互为补充。

（一）绩效管理内容

1. 明确电子政务实施目标

淮南市电子政务建设根据标杆管理和参与式规划的理念方法，编制了《淮南市电子政务"十五"规划》、《淮南市电子政务"十一五"规划》等。这些规划为全市电子政务发展提供了一种可行、可信的奋斗目标。

2. 实现手段的逐步改进

电子政务绩效管理的内容包括"电子"和"政务"两个方面，在实现职能推进方面，绩效管理要体现出目前电子政务的实现程度，这是"政务"部分所表达的内容。2004 年，淮南市在政府网站上设立了"市民心声"互动平台（www.hnbbs.gov.cn），建立起网上受理回复制度，目前这一平台已累计受理咨询投诉 4 万余件，办结率和满意率均在 90% 以上；2005 年，又依据各部门行政职能编制了信息资源目录，对 179 个服务事项实行网上公示、申报、办理。而在"电子"方面，以最能体现政府公共服务职能的政府门户网站为核心，并逐步深入到其他应用系统等领域，基本实现了"外网受理、内网办理；一个平台对外，多个系统协同"的目标。

3. 建立人才队伍

2003 年，淮南市开始着手网管员队伍的建设，即由各单位选拔一名政治素质高、业务能力强、计算机专业技能过硬的同志担任网管员，负责本单位的网络管理、网站维护、网上业务受理及内部培训等工作。市政府对此项探索性的工作非常重视，市信息化工作领导小组办公室制发了《淮南市政府机关网管员岗位职责》，市政府办公室先后下发了《关于开展市政府网站"市民心声"在线回复的通知》、《关于进一步加强市政府网站"市民心声"网上回复和在线访谈工作的通知》和《淮南市政府网站管理办法》等一系列文件，针对网管员具体工作提出要求。

队伍建立初期，网管员的基础各不相同，有些网管员计算机科班出身，但缺少机关工作经验，对政务流程不熟悉，而有些网管员已在机关工作十几年，实际工作经验丰富，但对计算机网络知识知之甚少。为此，全市从培训抓起，实行了每周五学习例会制度，采取"请进来、走出去"的办法，先后邀请清华大学、同济大学、中国科技大学、东华大学等高校教授来淮授课，选送40名网管员赴清华大学培训，系统学习电子政务相关知识，使网管员基本适应了这一复合型工作。经过三年多的磨合，全市网管员人数已经达到200多人，一支服务于全市信息化事业的人才队伍基本形成。

4. 制定评估方案

从2003年起，每年初围绕市委、市政府中心工作任务，市信息化工作领导小组办公室下达年度绩效管理工作要点；各评估对象根据工作要点编制各自年度绩效评估的常规指标和重点指标，送市信息办审核；市信息办与专家进行研究讨论，并与评估对象充分沟通后，提出年度绩效评估方案，按规定程序报批后公布实施。2003年、2004年信息办仅对政府门户网站进行绩效评估，2005年开展对全市电子政务绩效评估，2006年下半年开展了对全市公共服务部门和党政机关全面信息化绩效评估。

5. 实施过程控制

市信息办通过跟踪督查、绩效例会、中期检查等形式，全面了解绩效评估方案的实施效果、存在的主要问题及其原因，及时帮助评估对象解决实际问题。

6. 开展绩效评估

评估对象对照各自年度绩效评估方案，进行自查自评，并形成自查报告。市信息办成立若干评估小组，采取各种方式方法对评估对象进行绩效评估；有固定统计渠道的定量指标，由相关部门提供统计数据；满意度调查由群众评议员作为第三方组织实施。

7. 审批评估结果

市信息办将评估的初步结果反馈给评估对象，评估对象有权提出申诉，市信息办根据申诉，组织调查核实，按规定程序报批，形成评估结果后，对外公示，接受监督。

8. 沟通与改进

市信息办根据绩效管理工作中存在的问题和不足，与评估对象进行沟通，总结经验，吸取教训，指导、督促评估对象制定、落实绩效改进计划。

（二）绩效评估体系

由于电子政务投资的效益长期处于无法有效评估的状态，电子政务的建设已经在一定程度上形成了粗放式发展的端倪，而只有通过有效的绩效评估体系，才能从制度上确保电子政务建设走向精准化、可持续化的健康发展道路。淮南市把电子政务绩效评估纳入党政效能建设体系，实现了将电子政务绩效评估纳入政府日常管理活动的破冰之举。

1. 评估原则

受国际电子政务绩效评估理论影响，我国电子政务绩效的实践更多地采取的是理论特点鲜明的评估体系。这些体系在强调理论体系的同时，忽视了电子政务在各地的不同发展程度和特殊矛盾，必然缺乏评估过程中所应有的良性的激励效应。这些问题具体表现在不同评估主体的评估范围有所不同，评估方法也存在很大的差别。由市组织的评估有时是针对电子政务建设项目的，有时是针对全市各委办局的网站的；由省组织的评估则更为多样，有的是针对政府垂直机构的 OA 建设的，有的是对各市整体建设水平的，有的甚至是将多种评估对象融合起来。由于各种评估范围及对象纵横交错，界定模糊且不确定，使基层工作无所适从。因此，在淮南市电子政务绩效评估体系制定过程中遵循了以下评估原则。

（1）具有综合性和全面性。电子政务评估指标体系的综合性、全面性主要体现在以下几个方面：首先，电子政务评估是对政府电子政务水平的综合反映，这就要求指标的设置要全面反映电子政务的情况，而不是局限于局部或某些具体方面；其次，尽量选取较少的指标反映较全面的情况，为此，所选指标要具有一定的综合性，指标之间要有较强的逻辑关联。再次，在进行比较时，特别是在进行部门间比较时，如果指标过细，会带来许多模糊问题，难免会产生许多误差，而选用综合指标能够很好地规避误差问题。最后，电子政务评估应重点关注最终用户的意见，要统计调查出各种问题意见的比例。

（2）具有计量性和可操作性。建立电子政务评估指标体系的目的是要将难以测量的电子政务状况转换成为可以量度、计量和比较的数字、数据和符号，它是电子政务状况与规律的一种具体而明确的再现。由于意识、能力、需求满足度等现象难以计量，因此，淮南市在设计电子政务评估指标时，采用定性和定量两种指标，尽量做到在定性的基础上用定量的方式来衡量电子政务的运作状况。

（3）具有导向性。电子政务评估指标体系将体现电子政务各方面的具体标准，揭示全市各部门电子政务建设状况的差别，形成评估报告，发出预警信息。

（4）具有可延续性。为了使电子政务评估的指标体系有较长的生命力，淮南市除选择反映传统、现实的电子政务水平的指标外，还选择了一些能反映未来电子政务发展趋势的指标，如信息化培训、信息化参与度等，以保证指标体系在时间使用上有可持续性。

2. 评估范围

淮南市电子政务绩效评估范围包括全市 101 家党政群团以及具有公共管理和公共服务职能的事业单位。

3. 评估内容

淮南市电子政务绩效评估的主要内容包括执行力、公信力、回应力和发展力四个方面。

（1）执行力。反映评估对象电子政务建设与应用情况，包括外网、内网、专网三类指标（参见表1）。

表 1　市公安局执行力指标

一级指标	二级指标	三级指标	指标说明	计算方法	权重	自查结果	评估结果	评估方法
执行力	网络设施建设	局域网	局域网建设与使用	使用服务器可得 5 分，未使用服务器但有局域网可得 2.5 分	5			现场检查、测试局域网
		内网	接入市党政专网	已使用得 5 分，测试中得 2.5 分，没有得 0 分	5			现场测试
		外网	有对外服务网络系统	同上	5			现场测试
		专网	有本单位业务系统网络	同上	5			现场测试
		网络安全	内外网物理隔离，外网互联网逻辑隔离，局域网接入互联网有防火墙	每项措施占 1 分	3			现场检查
	办公系统		办公系统建设与使用	有独立办公系统且已使用得 10 分，正在测试中得 5 分，正在建设中得 2 分	10			现场检查
	专用系统		专用系统建设与使用	有专用业务系统且已使用得 10 分，正在测试中得 5 分，正在建设中得 2 分；无业务系统的单位，其办公系统分值加倍	10			现场检查

（2）公信力。反映评估对象的公众信任度，如制度落实情况、软件正版化情况等（参见表2）。

表2 市司法局公信力指标

一级指标	二级指标	三级指标	指标说明	计算方法	权重	自查结果	评估结果	评估方法
公信力	管理制度		重点考查信息化管理制度是否健全，应包括日常保障、设备管理、信息管理、安全管理等方面内容	四方面内容各2.5分	10			检查文字信息（上墙制度、手册或电子版）
	正版软件		正版软件使用	操作系统、办公系统、杀毒软件分别占2、2、1分	5			现场检查软件包装或政府文件

（3）回应力。反映评估对象对社会公共事务及公众诉求的回应能力，如市民心声回复情况等（参见表3）。

表3 市信访局回应力指标

一级指标	二级指标	三级指标	指标说明	计算方法	权重	自查结果	评估结果	评估方法	备注
回应力	电子邮箱使用水平		电子邮件收发（不限制邮箱类型）	发送、接收各2分	4			现场随机抽测2人	
	网站绩效			得分为15×网站绩效指数	15			群众评议员评估	
	专职机构和人员		信息主管单位与专职人员，对"市民心声"的回复情况	每项各1分	2			现场测试	
	网管员周五制度学习		参学率	实际参加天数÷应参加天数×2	2			在信息中心查记录	

（4）发展力。反映评估对象自身建设能力与发展潜力，如信息化培训比例等（参见表4）。

表 4　市房地产局发展力指标

一级指标	二级指标	三级指标	指标说明	计算方法	权重	自查结果	评估结果	评估方法	备注
发展力	信息发布	数量		每月信息量均达10条以上得1分，每月每少1条扣0.1分	1			抽查一个月的信息量	
		时效		信息间隔跨度在1周以内得1分，每超过1次扣0.25分	1			抽查一个月的信息量	
	信息报送			实现电子化方式得1分	1			现场检查	
	数据中心	建成		有数据中心得1分	1			现场检查	
		维护	检查备份与安全措施	每项各0.5分	1			现场检查	
		共享		开放数据共享平台得1分	1			现场检查	
	公务员信息化培训		参训率与合格率	参训率累计数达100%得2分，每降10%扣0.5分；取得合格证书达培训人数60%以上得1分，每降5%扣0.1分	3			检查培训记录和合格证书	
	知识问答1			答对得1分	1			随机抽题提问	
	知识问答2			答对得1分	1			随机抽题提问	
	知识问答3			答对得1分	1			随机抽题提问	

三　应用效果

经过几年的努力，目前淮南市电子政务正处于从基础设施建设向系统应用服务阶段过度的重大转折时期。

1. 促进了信息化意识提升和信息化应用普及

通过连续四年的评估活动，促使各部门领导转变观念，进一步提高了政府机构利用信息技术提升服务的意识和水平。据统计，2003 年淮南市市直机关公务员的计算机拥有量约为 44 台/百人，2006 年提高到 72 台/百人；电子邮件使用人数由 2003 年的 29 人/百人增加到 2006 年的 88 人/百人；通过现场知识抽测，2003 年知道淮南市政府网站域名的约为 23 人/百人，2006 年提高到 65 人/百人。

2. 规范了政府网站体系

政府网站是其服务社会、服务公众的平台，是政府管理水平、服务水平的具体体现。在 2003 年政府网站评估工作时，全市约 43% 的市直部门建立了政府网站，且基本上处于无人维护的状态，2006 年电子政务评估时，全市 84% 的市直部门建立网站，符合《淮南市政府网站管理办法》中规范性要求的占 79%。由于各部门网站日益规范和完善，保证了"中国淮南"市政府主网站能够从为市民、企业、投资者、旅游者服务的角度提供信息服务。在政务公开、便民服务、查询服务功能的基础上，各部门网站突出互动服务和数据中心功能，大大优化了网站结构，提升了网站的整体效能。"中国淮南"市政府网站连续三年入选全国地级市网站 50 强，在《2005 年度中国政府网站评估报告》中位列地市级网站第六位。

3. 推动了党政专网平台建设

该网络与互联网完全隔离，采用独立光纤上联国家电子政务骨干网，下联54 家业务部门，实现各业务系统横向或纵向的互联互通。通过评估，市党政专网覆盖面由 2004 年的 27 家增加到 2006 年的 60 家，目前全市党政专网已运行的系统包括省级党务、政务信息报送系统，省级检察院、法院办公系统，省级审计系统，市级国库支付系统，市级非税收入管理系统等 12 套系统。下一步在接入范围上，将根据应用需要把部分政府二级机构和大中型企业纳入该平台；在业务系统上，在扩大省级纵向业务系统的同时，重点在市级公文流转、并联审批等横向业务系统上有所突破。

4. 提高了信息化系统效果

2006 年，全市各部门业务系统应用实现突破。率先在省内开发应用了流动党员管理系统和选派干部管理系统，使信息技术在加强基层党组织建设、促进新农村建设方面取得了实效。决策支持系统重点针对宏观经济、区域发展、能源战略等领域，开展信息分析和民意调查，先后承担了"对接长三角四大快速通道建设"等课题研究，开展了山南新区规划、淮南十景等重大决策的前期民意调查，为政府科学决策提供资料和依据。视频会议系统可对全市各类会议进行网上直播，在线收看，目前该系统已收录会议、讲座等各类视频资料近8万小时。金财、金保、金盾、金安、金水、金土等"金"字工程正在淮南市纵向延伸全面推进，为全市范围内推广共性、重点和跨部门的业务系统和开发全市综合政务信息资源库提供技术条件。

5. 优化了信息化发展环境

评估发现，2003年全市市直部门仅有四个单位成立了信息化机构，制定信息化工作年度计划的没有一家；2006年，已有43个部门成立了信息化机构，37个部门制订了本部门的信息化年度计划或"十一五"规划。全市电子政务管理体制也逐步理顺，在机构方面，组建了市信息中心，先后成立了市信息化工作领导小组、市电子政务工程建设领导小组和数字淮南建设领导小组。在制度方面，先后制定了《淮南市政府网站管理办法》等一系列政策、制度、规范和标准，促进了电子政务规范化发展。在规划方面，编制的《淮南市电子政务"十一五"规划》于2006年11月4日在北京通过专家评审。在人才队伍方面，在国内率先建立起一支服务于全市信息化事业的信息主管队伍，成为推动全市信息化和电子政务建设的中坚力量，得到了领导、专家的肯定，市信息中心为此获得2006年度中国政府信息化创新团队奖和管理创新奖两项荣誉。

案例五
用信息技术手段支撑社区卫生服务改革

北京东城区信息化工作办公室

多年来，北京东城区在社区卫生服务方面进行了积极、有益的探索，开展了很多工作，取得了较大成绩，2005 年被评为首批全国社区卫生服务示范区。但是由于体制、机制等方面的深层次问题没有解决，社区卫生服务仍远远不能满足居民的需求。

2005 年，区委主要领导同志在对社区卫生服务存在问题进行深刻思考和对改革方向深入探讨的基础上，亲自设计并提出了采用信息化支撑的新型社区卫生服务模式的总体框架，提出将社区卫生服务系统从医院医疗服务系统中分离出来并相对独立、对社区卫生服务工作进行网格化管理并做到全方位和全人群覆盖、搭建社区卫生服务信息平台、再造管理和服务流程、创建监管评价体系等八项改革的设想方案。

2006 年，东城区新建社区卫生服务系统，全面支撑东城区社区卫生服务改革新模式，建成了完善的社区卫生服务信息化体系，最大限度地满足了人民群众对社区卫生资源的需求，最大限度地发挥了社区卫生资源的功能效益，降低政府和全社会医疗费用支出，为最广大的辖区居民服务。

新的社区卫生服务系统，将信息技术应用引入到社区卫生服务中，依托东城区政务网和互联网，以社区卫生服务管理中心为网络应用中心，以东城区电子政务中心为网络与数据交换核心，充分利用东城区网格化城市管理信息平台的空间数据资源，将现代信息技术与统计学、流行病学、全科医学融为一体，整合社区卫生服务资源，搭建社区卫生服务网格化管理信息平台，建立社区卫生服务数据库，与政府相关部门、区属医院、业务指导机构等形成纵、横两方面联系，实现全区社区卫生服务管理信息和居民健康信息的共享。

一 服务情况

北京东城区社区卫生服务系统自 2006 年 6 月 1 日起试运行，现已初步支撑起全方位覆盖、全过程监控、信息化支撑、网格化管理、扁平化结构的新型社区卫生服务模式。

2006 年初，东城区社区卫生服务系统第一批试点选定了 17 个社区卫生服务站，30 个全科医生工作室（覆盖 47 个社区）；到 10 月份，已经扩展到 19 个站（覆盖 52 个社区）。2006 年底，社区卫生服务系统扩展到 29 个社区卫生服务站，45 个全科医生工作室（覆盖 74 个社区）。

东城区社区卫生服务系统，目前可以为全区五种慢性病患者、残疾人、儿童、低保人员、女 55 岁男 60 岁以上老年人提供社区卫生服务，最终实现六位一体的社区卫生服务。服务内容包括医疗就诊、检验检查、免疫门诊、传染病防控、妇女保健、儿童保健、残疾人康复等。

东城区居民使用健康卡就诊，可以享受免挂号费、免诊疗费、药品零差价销售等服务。还可以通过社区卫生服务热线，将需求发送至社区卫生服务管理中心，享受全科医生的上门服务。

二 工作创新点

东城区把自主创新作为社区卫生服务系统建设的内在动力。在服务供给、系统设计、软件开发、系统运行和维护管理的过程中，大胆创新，凸显出"创新创活力"的东城区信息化建设特色，利用信息化手段全面支撑了社区卫生服务改革。

（一）创新以健康卡为载体的社区卫生服务模式

东城区社区卫生服务系统，以居民健康卡为载体，以其作为社区卫生服务的电子凭证，利用其信息存储、查询和支付交易功能，在居民、全科医生和站室之间建立起方便快捷的信息沟通桥梁和卫生服务通道，解决了管理信息不对称的问题；同时，使社区居民能够及时掌握自己的健康信息，解决了医患之间信息不对称的问题。此外，以健康卡为载体的社区卫生服务系统，提供了相对独立的、自成体系的、封闭运行的网上服务系统，从而用信息系统的独立管理和服务能力来强化社区卫生服务改革的主体性，为改革落实到位提供技术保障，也因此支撑起社区卫生服务新模式。

健康卡作为全部信息化过程中的中心纽带，存储有 24 项信息，连接起社区居民、全科医生大夫和护士、药房人员、社区卫生管理人员、服务质量监督人员等社区卫生服务工作相关的全部工作人员，实现社区卫生中心与社区卫生服务站（中心站）之间，社区卫生服务站（中心站）与社区居民之间的信息互动，将信息平台、电子病历、电子健康档案等相关信息有机地关联在一起，通过信息集成实现了社区卫生服务的透明化。

健康卡带动了整个社区卫生服务模式的改变，更加突出了居民健康"守门人"的功能，更加突出了社区卫生与医疗卫生不一样的地方，就是以人的健康为中心，而不是以医疗、治疗为中心的健康管理模式。调查表明，卫生站真正的服务对象是社会上低收入的弱势群体。因此，东城区确定当前健康卡发放的对象，主要是五种慢性病患者、残疾人、儿童、低保人员、女 55 岁男 60 岁以上老年人。

东城区利用健康卡在活动形式上的创新，还带动了以全科医生为团队的、上门服务的、分片包户的服务供给模式。社区居民对健康卡非常欢迎，不到一个月就发了两万张，现在已经发放了近七万张，对这种速度很多部门感到惊讶。

通过实践东城区认识到：社区卫生改革必须有居民参与，否则政府给他们办了好事，他们也不认可。东城区通过健康卡的方式，把居民的积极性调动起来，居民越来越认可社区卫生改革，现在还没有办卡的社区居民有些着急，经常催问什么时候可以办理。通过发放健康卡，建立电子档案，把全区居民的健康信息掌握起来，把群众的积极性调动起来，变成一种有组织的社区卫生服务，这就是以健康卡为载体推进社区卫生改革服务模式的创新。

（二）创新以流程梳理为依托的服务流程优化方式

东城区通过社区卫生服务系统的建设，于 2006 年 2 月完成了社区卫生就诊业务梳理，9 月完成了防保业务的梳理，整理出预防、医疗、保健、康复、健康教育、计划生育服务等六类卫生管理服务，整理出站长业务管理、健康档案管理、全科医生业务管理、护士业务等 17 个业务主流程及 65 个业务子流程，新增 40 个业务子流程，优化了 25 个业务子流程。其中，医疗主流程梳理出咨询、预约、接诊、诊疗、处置、检验检查、转诊、会诊等子流程，预防和保健主流程梳理出儿童保健、妇女保健、计划免疫、传染病防控等子流程，康复主流程梳理出残疾人康复服务等子流程，健康教育主流程梳理出工作计划管理、组织机构管理等子流程，此外，还梳理出健康档案管理、药品管理、财务管理、收费管理、人事管理、信息管理、指挥调度、电子钱包、健康卡管理等子流程，每个子流程还绘制了社区卫生服务信息化流程图。

东城区通过梳理和规范这些服务流程，设计出一套全新的、充分优化后的社区卫生服务流程，并通过社区卫生服务系统将优化后的服务流程，嵌入到具体的服务内容中。以居民需求为导向所建立的新型工作流程，包括预约、就诊、转诊、回诊等，在网上实现了全流程的信息化支撑，保证全区居民都能够获得方便、便宜、周到、快捷、安全可靠的社区卫生服务，从而提高社区卫生的服务水平。社区卫生服务系统保证了改革后新流程的稳定运转，避免传统社区卫生服务流程的反复，通过固化和内嵌新型工作流程来巩固改革成果。

（三）创新以"全科电脑"为终端的服务供给方式

东城区社区卫生服务系统，为每个全科医生配备笔记本电脑、无线网络接入卡、数字证书、读卡器等设备，实现了依靠"全科电脑"对居民健康服务信息的采集、数字化健康档案、电子病历和处方建立的管理，支撑全科医生负责制这项改革内容的推行，为实行"包户到人"和上门服务打下了基础。

全科医生使用"全科电脑"看病，是一种革命性的变革。"全科电脑"里面有全科医生分管的居民的各种健康信息，有从建立健康档案、接诊、撰写病历到进行处置的整个程序，有针对各种疾病的治疗处方，有卫生站可以提供药品的种类、价格，有读卡器，有与社区卫生服务管理中心连通的功能，它能够实现对患者科学的、精细化的管理，就像战士的武器一样。

过去很多医生没有学过计算机，写字龙飞凤舞，一般的药方病人都不认识，因此，推广"全科电脑"有很大难度。为了解决这个问题，东城区给每个站都配上计算机辅导员和信息助理，帮助他们学习使用"全科电脑"。2006 年，东城区社区卫生信息化专业培训 2059 人次，人均培训 12 次，培训内容有：计算机基础知识、城市管理信息化、社区卫生信息化流程、软件操作、软硬件简易维护等。经历了艰苦的培训和自学过程后，医生们慢慢地适应了这个现代化的手段——"全科电脑"，操作越来越熟练，大大提高了工作效率。

（四）创新以网格技术为基础的服务资源布局方法和精细化管理模式

为了合理、均衡地分布社区卫生服务机构，东城区根据属地管理、方便管理、负载均衡和按需布局等原则，利用网格化信息技术在各街道、社区，划分了社区卫生服务工作网格和管理网格，设置社区卫生服务站（中心站）和全科医生工作室，形成社区卫生服务管理中心、服务站、工作室为相应区域责任人的三级管理空间，实现社区卫生资源、居民健康状况、重点疾病的分布特征等信息资源的网格化管理，方便了居民。全区统一划分为 10 个街道、126 个社区、44 个工作网格和 1593 个管理网格，44 个工作网格中各设置一个社区卫生服务站，在不设站的 82 个社区中各设置一个全科医生工作室，形成网格化布局，使群众步行 10 分钟之内就可以获得服务，从而体现社区卫生的可及性和方便性。

东城区社区卫生服务系统，以网格技术为基础，将万米单元网格技术、大屏幕技术、地理空间技术、数据库技术、图形图像技术全部集成在一起，建有卫生服务资源、人口、全科医生、其他医疗资源等共 13 大类 86 个专题图层，利用地理空间数据、房屋地址数据和人的健康数据，在万米单元空间网格上分布全区人、房、病普查信息，将社区居民信息全部注入到信息平台每个具体的管理网格中，实现了服务对象的定量、定性、定位，建立图文一体化的社区卫生服务、管理、调度的信息环境，为社区卫生资源的按需重新配置提供实时的、灵活的、直观的、全面的数据支撑和决策工具，实现了空间地理网格、居民需求网格、服务资源网格和卫生管理网格的融合，真正做到了管理的精细化和服务的人性化。今后如果一旦有禽流感等突发情况出现，东城区要查清楚实际情况就非常容易了，病源在哪里、现在是什么状况、由哪个全科医生负责监管，都一清二楚，解决了直观、动态监控全区卫生资源的运行状况的问题。

（五） 创新以数据库为支撑的统计分析决策手段

东城区通过采集面向社区居民健康服务的信息，整合区域内社会医疗服务资源，将各类与社区卫生服务相关的居民健康属性数据、卫生统计数据、医疗资源数据、工作管理数据、业务标准数据、相关法规数据以及地理空间数据进行收集整理，建成涵盖了全区 58 万人口的人、房、病普查基础数据库，构建新型社区卫生服务模式的数据库群。东城区新建的社区卫生服务数据库群，包括社区卫生服务资源数据库、社区卫生服务对象信息数据库、社区卫生服务业务信息数据库、社区卫生服务评价系统数据库、社区卫生服务管理信息数据库、药品、医用耗材配送管理数据库、空间信息数据库、专业知识数据库等八大类数据库。

社区卫生服务数据库群，可以为社区卫生服务管理的标准化、数据化、精细化、实时化提供数据保障，为社区卫生服务的统计分析提供数据基础；还可以实现对慢性疾病准确的统计，对重点传染病的爆发流行的预警，在应对突发公共卫生事件过程中，为政府应急指挥提供决策依据，为东城区社区卫生服务模式提供现代化支撑手段。

（六） 创新多种信息技术所集成的呼叫中心综合应用

东城区社区卫生服务系统，综合应用多种网络接入技术（ATM、ADSL VPN、GPRS），服务网站、短信中心、呼叫中心等信息化技术，通过通信技术的大集成实现了社区卫生服务供给方式的多元化，做到社区居民和服务体系之间的无缝连接，削平了信息技术能力不足的社区居民享受社区卫生服务潜在的技术障碍，保证了社区卫生服务的可用性和易用性，为实现无处不在的普遍性的社区卫生服务（U-PHS，即 Ubiquitous-public health service）提供了可能。

信息技术的集成创新，突出表现在呼叫中心上。东城区社区卫生服务系统的综合呼叫中心，集成了空间信息技术、数据库技术、网络传输技术、移动通信技术、多媒体技术、信息安全和电子签章技术等十几项信息技术，直接调用以 GIS 为核心的多个数据库群，可以随时查询到居民的健康状况、诊疗的动态变化和医护人员的工作状况，实现了诊疗、药房、器械设备、财务、人力资源等全过程管理工作，还可以对重点传染病的爆发流行进行预警，实现了技术集成创新。

（七）创新以安全系统作为保障的社区卫生改革稳妥推进方式

稳步推进社区卫生改革，要求信息系统安全稳定可靠运行，对安全性的要求是非常高的。东城区将社区卫生服务平台纳入电子政务的整体框架中，充分依托东城区电子政务信息安全保障体系所形成的安全保障能力，重点加强保障业务连续性的安全建设，形成了一套有效防范黑客攻击、防范意外事故的保护机制以及响应恢复及时的应急机制。

在社区卫生服务平台建设中，东城区以北京市统一的政务数字证书为核心，利用电子签章和 VPN 加密传输等多项安全技术，建立了以密码技术为基础的信息保护机制和网络信任机制。每个全科医生通过使用统一配发的"安全 Key"（包含数字证书、电子签章、VPN 密钥），就能够与服务平台进行可靠的身份认证和加密交换信息，对处方、病历进行可靠的电子签名并加密保存可靠的身份管理，保证了所有敏感信息在传递、使用和存储过程中不会被非授权泄漏。

三　实　际　效　果

（一）老百姓受益最大

自 2006 年 6 月 1 日起至 12 月 31 日止，社区卫生服务系统在 29 个社区站的试运行收到了很好的效果。共接诊 137381 人次，持卡就诊 72406 人次，上门服务 46169 人次，对持卡居民优惠 34213 人次，免除挂号费和诊疗费 102639 元，优惠药费 823451.87 元，单笔处方最高优惠药费 301.70 元，人均优惠药费 24.07 元；药品价格比医院降低了 19%；单张处方平均 78.66 元，和改革前的 158.82 元相比，降低了 50.47%，实实在在地优惠了老百姓。居民持健康卡就诊，药品价格比医院低 10%~20%，同时免收挂号费，诊疗费用优惠。

通过社区卫生服务系统，实现了高血压、糖尿病两种慢性病限级别用药在社区站使用。通过社区卫生服务热线、网站等，为居民提供主动服务，在全科医生与居民间建立新型的健康契约关系。利用社区卫生服务系统提供的信息化手段，及时更新健康信息，能够快速、准确地通过相关信息，为社区居民争取治疗时间。居民步行 10 分钟内能够到达社区卫生服务站，方便了居民。

群众普遍反映，社区卫生服务系统开通以来，现在看病不仅方便而且比医院便宜，拿着"健康卡"还能得到不少优惠；站上的医生可以为持卡居民提供上门服务，而且态度和蔼，服务水平高，责任心也非常强，使居民真正体会到了社区卫生服务信息化带来的实惠。

（二）医护人员和管理人员反应良好

东城区社区卫生医护人员经过计算机使用培训和社区卫生信息系统操作培训后持证上岗，实行统一的服务标准。东城区社区卫生服务共需医护人员561名。目前，29个社区站需全科医生168名，防保人员100名，社区护士84名，共计352名，现除差19名全科医生正在招聘当中，其他人员已全部到位。目前有75%的全科医生持有计算机证书，剩余的25%要求一年后经过培训持证上岗。医护人员每年接受培训时间不少于100学时，其中市、区级培训比例不少于1/2，保证了医护人员的信息化操作水平的不断提高。

医护人员认为，有了社区卫生服务系统和全科电脑，社区卫生服务水平有了提高，也方便医护人员给病人看病，不再考虑创收问题，只是考虑服务工作量和服务质量。现在医护人员深深体会到一种职业的荣誉感。

社区卫生服务系统，为社区卫生管理建立了新的监督评价体系，改变了评价方式，实现了对社区卫生服务有效的监督。通过社区卫生服务评价系统，过去由卫生部门主观打分变为计算机系统根据日常服务情况，自动生成评价结果。通过社区卫生服务系统，客观记录日常服务过程和管理环节，实现了社区卫生服务评价结果的系统自动生成，增加了评价的科学性分量，实现了服务质量的客观评价，减少人为因素。

社区卫生改革中新制定的16项社区卫生服务标准的有效执行，都需要利用社区卫生服务系统提供的信息作为保障。而且，信息化手段为标准的完善和扩充也提供了科学的信息反馈机制。

通过社区卫生服务系统，各服务站的药品、医用耗材由社区卫生服务管理中心统一采购配送，减少中间流通环节，降低价格，保证质量，杜绝不正之风。

有了社区卫生服务系统，可以实行收支两条线的财务管理方式。社区卫生服务管理中心对各服务站统一财务管理，各服务站的人员和办公经费由管理中心统一拨付，收入上缴管理中心，减少了药品回扣和医疗腐败的发生。

（三）带动了社区信息化基础设施建设

社区卫生服务系统的应用，实现社区卫生服务的业务用房的标准化建设，带动了社区卫生站室的网络建设，提高基层工作人员计算机应用水平，也加快了社区居委会的信息化基础设施建设进程。

东城区要求，服务 1~2 个社区的社区卫生服务站的业务用房面积必须大于100 平方米，服务 3~4 个社区的社区卫生服务站的业务用房面积必须大于150 平方米，并设置独立的治疗室、诊室、药房、健康教育室、候诊区，这就为社区卫生信息化提供了良好的条件。

和卫生站室比较邻近的社区居委会，可以直接通过社区卫生信息平台连接区政府政务外网，避免了重复建设和重复投入。

四　系　统　简　介

（一）总体框架

东城区社区卫生服务系统的总体框架分为五个层次和两个支撑体系。五个层次包括基础设施层、数据层、逻辑层、应用层和表示层，两个支撑体系包括标准化体系和安全保障体系。

1. 五个层次

（1）基础设施层。基础设施建设是东城区社区卫生服务系统的基础，包括网络建设和硬件设施建设。网络建设由互联网和政务专网组成，硬件设施建设依托东城区电子政务平台和东城区公共卫生系统建立。

（2）数据层。数据层是东城区社区卫生服务系统的核心数据载体，主要由空间信息数据库和非空间信息数据库组成。

空间信息数据库包括基础地理数据、空间网格信息数据和人员健康地理编码数据。非空间信息数据库包括社区卫生服务资源数据、社区卫生服务对象信息数据、社区卫生服务业务信息数据、社区卫生服务评价系统数据、社区卫生服务中心管理信息数据、药品、医用耗材配送管理数据、数据交换子系统和专业知识数据等。

（3）逻辑层。逻辑层为社区卫生服务系统提供功能服务的支撑，包括 WEB 服务中间件，地图服务中间件，数据交换组件和健康卡服务组件。

（4）应用层。应用层是根据社区卫生服务的需求开发的各类应用系统。

（5）表示层。表示层提供应用系统的用户界面和门户网站的访问页面。访问人员包括：社区卫生服务人员、各级领导和社区居民。接入渠道包括：专网门户、互联网门户、短消息、邮件、电话等。

2. 两个支撑体系

（1）标准化体系。包括系统建设遵循国际标准、国家标准、行业标准和北京市地方标准，工作管理按照社区卫生服务标准体系开展。

（2）安全保障体系。包括健康卡应用安全、网络及传输安全、主机系统安全、应用系统安全和数据库系统安全。

（二）系统构成

具体而言，东城区社区卫生服务系统主要包括十个应用系统：

（1）全科医生业务管理子系统；

（2）社区卫生服务站（中心站）业务管理子系统；

（3）社区卫生服务监控子系统；

（4）社卫中心内部管理子系统；

（5）社区卫生服务评价子系统；

（6）居民健康档案管理子系统；

（7）健康卡管理子系统；

（8）药品医用耗材配送管理子系统；

（9）数据交换子系统；

（10）社区卫生服务网站。

东城区社区卫生服务系统，采用网格化、数字化、精细化、人性化的现代政府管理理念，支撑和推动全方位覆盖、全过程监控、信息化支撑、网格化管理、扁平化结构的社区卫生服务新模式的建立，提高了社区卫生服务效率，提升了社区卫生管理水平，提高卫生服务质量，初步实现基本卫生服务均等化，为社区居民享受到方便、快捷的基本医疗服务和优质、连续的健康保健服务以及在部分社区有效缓解普通群众"看病难、看病贵"的问题提供了有力保障。

案例六
河北衡水市电子政务建设经验

衡水市信息化工作办公室

一 衡水市经济社会发展概况

衡水市位于河北省东南部，总面积8815平方公里，总人口425万人。2005年全市实现国内生产总值540亿元。"十五"期间，衡水市市区基础设施投资累计完成120亿元，水、电、路，供气、供热、通讯等基础设施不断完善，信息化进程不断加快，城区规模不断扩大，城市功能日趋完善，生活环境明显改善。冀州等五个县成为国家级生态示范区试点，城市化水平达到35%。

二 "十五"期间信息基础设施发展迅速

到2005年底，全市固定电话用户达100多万户，移动电话用户达98万户，互联网用户10多万户，其中宽带用户7万户，光缆总长1万1千多公里，程控交换机200多万门，有线电视用户共13万户，电视覆盖率达到100%。"十五"期间，衡水市信息化基础设施更加完备，信息化环境日趋成熟，为城市信息化建设提供了可靠保障。

三 "十五"期间电子政务成效显著

(一) 开展信息资源规划城市试点工作,加强标准体系建设

按照省信息化建设总体要求和衡水市信息化规划,衡水市政府报请省信息办同意,成为全省唯一的信息资源规划试点城市。2005 年 1 月 10 日至 5 月 30 日,由市信息化办公室组织协调,开展了电子政务信息资源规划工作。仅用 4 个多月,就完成对办公自动化系统、一站式办公及网上审批系统、农业信息发布及服务系统和城市应急联动系统 4 个应用系统的规划,系统共涉及 47 个市直部门和开发区,共形成 97 张数据流程图、4 个业务模型、4 个功能模型、4 个数据模型、4 个体系结构模型、57 个主题数据库、3029 个数据元素的标准、433 个信息分类编码的标准、1237 个用户视图的标准、618 个数据库基本表标准和 5 个专项报告。信息资源规划反应了衡水市信息化的需求,结束了数据元素不统一对信息共享的制约,为全市信息资源的进一步开发利用提供了基础。

(二) 加强应用系统建设,提高政府公共服务能力

信息化的生命力在于应用,城市信息化的关键是发挥电子政务的引导作用,只有抓住这个主要矛盾,用信息技术手段解决群众热心、政府关心的问题,信息化才会得到普及,才会得到人们认可。2006 年,我们把应用系统建设作为政务信息化的工作重点,充分发挥信息技术对政府管理创新的拉动作用,促进城市管理的法制化、机关效率的最优化和社会服务的多元化,促进城市现代化。

1. "三个一"互动,促进政府机关管理方式转变

(1) 建设了市县两级政务服务中心,开展"一站式"服务。依靠信息化的手段,市县两级政务服务中心打破政府部门地域上的界限,把分散在各部门的审批、服务项目全部纳入了政务中心管理,实现了集中办公;打破行政管理的条块分割界限,依托数据中心的共享信息,对行政审批和服务实行流程化的管理,实现部分窗口的网上虚拟办公。到目前为止,全市有 428 项审批、服务项目在网上公开,并可在各级政府政务服务中心办理。

(2) 以 12345 为民服务联动电话中心为平台,开展"一线式"服务。12345

为民服务联动电话集事务咨询、办事查询、建议征集、接受投诉为一体，在与群众关系密切的 12 个部门抽调了懂技术、懂业务的人员，经过严格的岗前话务礼仪培训到中心工作，为群众提供服务。目前有中心坐席 12 个、部门坐席 36 个、县市区分中心 11 个，市、县、部门三级联动，对外展示了衡水良好的发展环境，对内密切了群众与政府之间的联系。

（3）以衡水市政府网站群为平台，开展"一网式"服务。以衡水市电子政务网络平台为基础，将市政府公众信息网、12 个县市区网站（包括开发区）、25 个市直部门网站统一进行改版，集成资源共享的网站群。市县两级门户网站和各部门分站点实现同一平台运行，统一后台管理，各部门网站资源共享，把分散的优势、资源变成综合的优势和资源，拓宽了信息来源渠道。在政府门户网站上建立网上办事专区，即"衡水市电子政务在线服务平台"网站，开辟网上业务咨询、业务受理、办事查询、政策咨询等栏目，实现了企业、群众与政府部门之间多样化互动。群众和企业通过公众信息网了解业务办理的政策、程序、时间、费用以及已经受理业务的办理进程，群众通过市长信箱向政府反映关系到切身利益的热点、难点、焦点问题，政府及时了解社情民意，加深了政府与人民群众的血肉联系。在 2005 年衡水市人大三届三次会议和政协三届三次会议召开期间，我们派出 8 人的报道组，成为继报纸、广播、电视之后的第四媒体，全程参加了会议报道，大会实况实时在网上发布，并对开幕式、闭幕式进行了网上直播，位于市中心广场上的电子显示屏同步直播。

2. "六合一"互通，促进政府机关工作效率提高

当今社会，以信息技术为代表的高新技术和知识经济迅猛发展，给政府运行带来了巨大的压力和挑战，也给现代政府构筑了一个履行职能、实施管理、提供服务的行动平台。因此，我们从改善机关办公手段入手，从提高工作效率着眼，从简化内部工作流程切入，进一步完善了"六合一"公务员在线服务平台项目。平台集成了办公自动化、公务信箱、视频会议、短信服务、信息采编、IP 电话，不仅是办公的平台，更成为交流、沟通、学习的手段，使人们切身体会到信息化高效、快捷带来的便利。该平台已在信息办机关正式运行，并在市计生委、安平县信息办试点。

3. 多方推进，促进全市信息化水平的提高

（1）立足优化招商环境，国际、国内、科技"三网同织"。为推进衡水经济的快速发展，用信息化更新传统理念，用信息技术服务经济建设，我们建立了以国际信息网、国内周边信息网、科技项目信息网为载体的"三网同织"信息网络，统一网上招商形象和品牌，以信息为纽带、以项目为基础、以服务为支持，实现国内外、省内外、市内外信息的对接，国际版、国内版、科技版优势互补，提升衡水的对外形象和招商水平。并且利用协同办公系统，优化业务流程，减少办事环节，实现多部门联合审批，为招商引资提供了优良的环境。

（2）坚持打造特色品牌，完善劳务输出在线服务平台。劳务输出是衡水市的传统产业和品牌，是延伸信息化服务能力的重要载体。我们建成劳务输出平台后，为劳务输出提供辅助服务，形成一个覆盖全市，可以随时提供劳动力资源和就业信息、相关政策的信息服务网络。市就业服务局利用劳动力人口信息管理系统，对全市200多万劳动力进行了普查，为领导决策、流动人口管理提供了可靠依据。

（3）坚持服务县域经济，推进农村城镇化。我们组织实施了企业上网工程、电子商务工程，推动企业接入互联网。安平县80%以上企业通过宽带接入了互联网，有400多家企业建立起独立域名、独立WEB空间和企业邮局的电子商务网站，成为企业开拓市场、了解市场的有力工具，提高了企业的知名度，扩大了市场份额，降低了宣传、交易成本，有力地促进了丝网产业的外贸出口，2006年全县对外出口1亿美元。由衡水市工程橡胶产业协会开发的中国工程橡胶网，集三十余个主频道、近一百个分栏目为一体，立足衡水、面向全球，以国际互联网为载体，大范围、广领域、高层次地推介中国工程橡胶产业及相关行业，为众多的工程橡胶生产和销售企业提供了行业信息、相互交流、产品展示和进行电子商务的多层面信息平台。信息化建设有力地推动了县域经济发展，提高了各个领域的信息化水平，促进了农村各项事业的发展。

四　主要做法

1. 领导有力是信息化实施的保障

信息化的实现过程根本上是政府机关职能转变、流程优化的管理过程，如果没有市委、市政府的坚定信心和强有力的行政决策，就难以实质性推动信息化。为确保信息化建设的顺利进行，市委、市政府多次召开会议，研究部署信息化工作。每年召开一次信息化领导小组会议，制定信息化政策、研究信息化工程、推进信息化建设。同时市委、市政府主要领导先后带领各县市区、市直主要职能部门的主要负责同志，到江苏、浙江、上海以及河南安阳、山西太原等地考察学习，解放思想，统一认识，在全市营造出抓环境就是抓发展、抓体制创新就是抓生产力、抓城市信息化就是抓城市现代化的浓厚氛围，为信息化建设的决策、管理、协调提供了强有力的组织保障。各县市区把信息化作为改善经济环境，提高县域经济竞争力，提升城镇化水平的重要手段，强力推进，在不到一年的时间里，建成以信息化为支撑，以政务中心为载体的信息化工程，运行两年来，收效显著，有力地促进了信息化的发展。

2. 科学规划是信息化成功的前提

信息化是一项复杂的系统工程，涉及全局，影响深远，没有一个科学的、具有指导性的整体规划，信息化建设不可能取得成功。衡水市邀请 10 名来自国务院发展研究中心、中国人民大学、中国社会科学院的知名专家学者，依据世界信息化发展的潮流和趋势，结合衡水市的实际情况，编制了《衡水市信息化发展规划》，明确构建信息化园林城市的建设目标，它是衡水市抓住发展机遇，实施信息化带动战略的指导性文件，对利用信息化促进工业化，带动城市化，拉动产业化，提高经济增长的科技含量，提升城市的品味，提高全市的整体竞争力具有深远的影响。

3. 需求驱动是信息化建设的基础

我们综合各种资源，重点建设了一批能改善衡水经济发展环境，能够带动县域经济发展，拉动产业链条的信息化项目，以激发信息化的活力，促进衡水快速发展。结合衡水市的城市特点和县域发展特点，开展信息资源规划，依据需求进行应用系统的设计开发，既保持了政务信息化的主导地位，又推进了城市信息化。衡水市先后被河北省政府信息化工作办公室、省信息产业厅命名为信息资源规划试点城市、信息化试点城市，安平县、桃城区被命名为县域经济信息化试点。

4. 创新思路是信息化建设的生命

一是坚持用政府主导和市场运作相结合的办法，推动信息化建设。2003 年，通过招标衡水网通公司投资 2000 多万元，市政府也从财政挤出一部分资金，建设衡水市信息化一期工程。2004 年又分别与衡水移动分公司、衡水电信分公司合作电子显示屏等项目，两个企业共投资 110 万元。市场化的运作办法，使政府和企业互惠互利，实现双赢。多渠道的投资方式，保证了信息化建设的顺利进行。二是坚持与行政审批制度改革结合起来，以规范、快捷、廉洁为宗旨，以服务群众为己任，创建高效便民的新型服务体制。由市纪委、市政务中心、法制办、物价局对所有审批、便民项目进行梳理，严格以《行政许可法》等法律法规为依据，明确收费标准，明确办理程序，明确办理时限，专门开发为民服务应·用系统，用信息技术手段规范政府公共管理和服务行为，比较好地解决了审批事项过多、过滥、过繁和审批行为暗箱操作、程序不规范等突出问题。市政务中心运行三年来，共完成审批服务事项 8 万件，完成行政事业性收费七千多万元。

5. 政策指导是信息化建设的策略

为切实强化对全市信息化工作的指导，2004 年以来，衡水市先后下发了《衡水市人民政府办公室关于衡水市 2006 年信息化重点工程实施意见》、《衡水市信息化领导小组关于成立衡水市信息化专家委员会的通知》、《衡水市信息化领导小组关于进一步加强全市信息化项目管理的实施意见》、《衡水市信息化领导小组关于对全市信息化工程进行监理的实施意见》、《衡水市信息化领导小组关于建立网络与信息安全协调通报制度的意见》等一系列文件，规范信息化项目立项、审批、管理等程序，加强对信息化项目的监督检查，确保信息化项目的安全可靠。

6. 队伍建设是信息化发展的关键

信息化建设之所以能取得成效，还有一个重要的前提，是我们有一个团结的领导班子，有一支善打硬仗的干部队伍。市信息办组建以来，不断加强队伍建设，利用各种方式增强队伍的凝聚力、创造力、战斗力。首先是采取激励机制，制定各种规章制度和考核办法 28 项，规范人们的行为，增强全体人员的责任感，同时开展人性化管理，使全体人员都能感受到家庭般的温暖，保持机关的向心力。其次是通过弘扬机关文化，增强凝聚力。根据工作人员年轻人多、思想活跃的特点，开辟业余时间活动室，增加娱乐设施，组织开展了乒乓球赛、歌咏比赛等一系列丰富多彩的集体活动，使人们劳逸结合，凝聚了人心，激发了活力。第三是领导班子率先垂范，以自己的实际行动影响周围的人、带动周围的人，用忘我的工作热情，无私的奉献精神，团结一致、共同拼搏，创造了信息化建设的一流业绩，我们的工作得到社会各界的认可，已收到锦旗、表扬信 280 多面（封）。

附　录
2006 年中国电子政务大事记

2006 年 1 月

2006 年 1 月 13 日，"中国 – 欧盟信息社会项目"在北京正式启动。项目旨在根据中国信息化工作的政策和实施战略，加强中欧交流与合作，通过信息化，促进中国的改革开放和经济社会发展。该合作项目从 2005 年 7 月 1 日开始运行，到 2009 年 6 月 30 日结束。中国国务院信息化工作办公室和欧盟驻华代表团是项目执行机构。其中，欧盟提供 1500 万欧元，中方投入 7000 万元人民币。

2006 年 1 月 16 日，我国个人信用信息基础数据库运行。中国人民银行 16 日宣布，全国统一的个人信用信息基础数据库于 2006 年 1 月正式运行。这一数据库目前已收录的自然人数已达到 3.4 亿人，其中有信贷记录的人数约为 3500 万人。到 2005 年底，收录个人信贷余额 2.2 万亿元，约占全国个人消费信贷余额的 97.5%。

2006 年 1 月 17 日，CNNIC 发布了"第十七次中国互联网络发展状况统计报告"。报告显示，截至 2005 年 12 月 31 日，我国网民人数达到 1.11 亿；宽带上网网民人数为 6430 万人，比 2004 年增加了 2150 万人，增长率为 50.2%。宽带上网成为上网接入主流。

2006 年 2 月

2006 年 2 月 13 日，汉字激光照排系统创始人王选病逝。王选是汉字激光照排系统的创始人和技术负责人。他所领导的科研集体研制出的汉字激光照排系统为新闻、出版全过程的计算机化奠定了基础，被誉为"汉字印刷术的第二次发明"。1992 年，王选又研制成功世界首套中文彩色照排系统。先后获日内瓦国际发明展览金牌，中国专利发明金奖，联合国教科文组织科学奖，国家重大技术装备研制特等奖等众多奖项，1987 年和 1995 年两次获得国家科技进步一等奖；1985 年和 1995 年两度列入国家十大科技成就，是国内唯一四度获国家级奖励的项目。他本人被授予国家级有突出贡献的专家称号，并多次获全国及北京市劳模、先进工作者、首都楷模等称号，1987 年获得中国印刷业最高荣誉奖——毕昇奖及森泽信夫奖，1995 年获何梁何利基金奖，2001 年获国家最高科学技术奖。

2006 年 2 月 21 日，信息产业部启动"阳光绿色网络工程"。该工程主要包括清除垃圾电子信息、治理手机违法不良信息、宣传网络安全、打击非法网上服务，将持续一年。

2006 年 2 月 21 日，国信办下发《关于加强信息资源开发利用工作任务分工的通知》（国信办［2006］10 号文件）。

2006 年 2 月 23 日，《中国 Web2.0 现状与趋势调查报告》正式发布。《中国 Web2.0 现状与趋势调查报告》对 Web2.0 的 6 个主要发展领域以及总体状况、其他应用等共计 8 个方面进行了系统的调查、分析和预测。报告将帮助从业者全面、深入的把握 Web2.0 的发展状况与未来趋向。

2006 年 2 月 23 ~ 24 日，首届中国信息界学术大会成功召开。此次大会由中国信息协会主办、《中国信息界》杂志社承办。大会的"电子校务·教育信息化"、"电子军务·国防信息化"、"电子政务·城市信息化"、"电子商务·企业信息化"、"数字农业·农业信息化"、"数字医院·卫生信息化"六个分论坛同时进行，以主题演讲、专题讨论等形式展开深入交流。

2006 年 2 月 28 日，《中国信息产品污染控制管理办法》正式发布。《管理办法》共分为 4 章 27 条，从电子信息产品生产时产品及包装物的设计、材料和工艺的选择、技术的采用，标注产品中有毒有害物质的名称、含量和可否回收利用、电子信息产品环保使用期限，以及电子信息产品生产者、销售者和进口者应负责任等方面做出了具体规定。《管理办法》确定了对电子信息产品中含有的铅、汞、镉和多溴联苯（PBB）、多溴二苯醚（PBDE）等六种有毒有害物质的控制采用目录管理的方式，循序渐进地推进禁止或限制其使用。

2006年2月28日，公安部政府网站（www. mps. gov. cn）改版运行。网站的改版运行，进一步创新政府管理模式，对于构建阳光政府，改进公共服务，提高行政效能，实现公民与政府间双向互动具有重要意义。

2006 年 3 月

2006年3月1日，互联网络域名体系正式实施。新的互联网络域名体系规定，顶级域名 CN 之下设"类别域名"和"行政区域名"两类英文二级域名。其中，"类别域名"7个，分别为 AC 适用于科研机构、EDU 适用于中国的教育机构、GOV 适用于中国的政府机构、MIL 适用于中国的国防机构等。"行政区域名"34个，适用于我国的各省、自治区、直辖市、特别行政区的组织，主要以其汉语拼音的第一个字母命名，如北京市域名为 BJ，上海市域名为 SH。

2006年3月1日，我国明确2006年信息化重点工作。信息产业部信息化推进司日前公布了2006年工作要点：一是加快推进信息化法律法规环境建设；二是推进以农业信息化为重点的领域信息化；三是推进以企业信息化为基础的行业信息化；四是推进以城市信息化为中心的社会服务信息化；五是配合做好农村远程教育试点工作，积极开展信息化人才教育和培训；六是积极引导推广电子商务应用。

2006年3月2日，百度联手国家邮政局推出邮编搜索服务。通过该项服务，用户不仅可查询具体邮政编码的归属地，还可通过搜索具体地名甚至街道查询该地段的邮政编码。百度首席产品设计师俞军表示，利用百度精准的搜索技术，结合国家邮政局名址信息中心的权威数据，可准确查询到省、地市、县、乡镇、街道的邮政编码。

2006年3月9日，《铁路用地管理信息系统专项规划》通过审查。该规划成为铁路系统土地管理业务部门第一部有关信息化建设的规范性文件。

2006 年 3 月 9 日，交通部启动"省级公路交通信息资源整合工程"、"区域性道路客运综合信息服务系统"、"公众出行交通信息服务系统"三项信息化建设示范工程。交通信息化建设示范工程的实施，旨在有效提升交通行业的监管、安全运营和公共信息服务的能力，推动交通行业实现新的跨越式发展。示范工程将以交通信息资源整合、开发、利用为中心，以应用实效为目标，分前期准备、开发、试运行和验收四阶段组织实施，为期 14 个月。

2006 年 3 月 10 日，中国电子商务协会诚信评价中心在京颁布由该中心制定的《中国企业电子商务诚信基本规范》。该规范涉及企业的真实性与合法性、企业对客户个人信息的保护、企业的在线商务行为等三方面内容。推出这一规范的目的，主要在于规范企业的在线业务。今后，电子商务诚信评价中心将根据电子商务诚信规范，通过 12 个一级指标和 60 个二级指标，核查和评价企业的在线业务符合诚信规范的程度。

2006 年 3 月 17 日，《中国信息化发展报告 2006》发布。"报告"全文包括"十五"期间我国信息化发展状况、经济领域信息化、社会领域信息化、电子政务、信息资源开发利用、信息产业和信息技术、信息基础设施、信息安全、信息化环境、2006 年我国信息化展望 10 个部分。

2006 年 3 月 19 日，中共中央办公厅、国务院办公厅印发《2006～2020 年国家信息化发展战略》（中办发〔2006〕11 号）。

2006 年 3 月 21 日，中国社会科学院信息化研究中心在北京发布了《中国电子政务实施及应用调查报告》。

2006 年 3 月 30 日，《互联网电子邮件服务管理办法》开始实施。该办法一是明确了"办法"的适用范围，二是重申了电子邮件通信秘密保护原则，三是制订了互联网电子邮件服务管理的基本措施，四是明确了垃圾邮件的界定原则，五是确定了规范广告电子邮件的选择政策，六是建立了垃圾邮件的举报机制，七是规定了违反"办法"的处罚措施。

2006 年 3 月 31 日，江西省全面启动"信息化新农村"建设。江西省农村综合信息网的开通，标志着江西省"信息化新农村"建设全面启动。2006 年，江西省将建设 100 个"农村信息化示范乡镇"和 1000 个"农村信息化示范村"。

2006 年 4 月

2006 年 4 月 7 日，信息产业部、国家版权局、商务部等三部委 6 日联合发布公告称，计算机必须按照国家相关法律规定预装正版操作系统软件。公告中称，在我国境内生产的计算机，出厂时应当预装正版操作系统软件；进口计算机在国内，销售前应当预装正版操作系统软件；进口计算机需向信息产业部提供与其进口计算机数量相符的正版操作系统软件的授权文件。公告中强调，任何单位和个人可向版权主管部门、信息产业主管部门、商业主管部门举报预装盗版软件的行为，版权主管部门依法予以查处。

2006 年 4 月 13 日，中国互联网协会互联网新闻信息服务工作委员会向互联网新闻信息服务单位和从业人员发出"提供文明服务，创建和谐网络"倡议书。倡议书提出"提倡正确导向，反对不良网风"、"提倡遵纪守法，反对违规违纪"、"提倡客观真实，反对虚假新闻"等八项要求。

2006 年 4 月 17 日，我国成立互联网应用试验室，推动通信产业升级。该实验室是由国家发改委授意并投资成立的，中国网通、北京邮电大学、华为、中兴等运营商、研究机构和国内厂商也都共同参与。实验室力争通过产学研相结合方式，对互联网应用的前沿技术和应用进行研究。

2006 年 4 月 19 日，中国互联网协会发布《文明上网自律公约》。全文如下：自觉遵纪守法，倡导社会公德，促进绿色网络建设；提倡先进文化，摒弃消极颓废，促进网络文明健康；提倡自主创新，摒弃盗版剽窃，促进网络应用繁荣；提倡互相尊重，摒弃造谣诽谤，促进网络和谐共处；提倡诚实守信，摒弃弄虚作假，促进网络安全可信；提倡社会关爱，摒弃低俗沉迷，促进少年健康成长；提倡公平竞争，摒弃尔虞我诈，促进网络百花齐放；提倡人人受益，消除数字鸿沟，促进信息资源共享。

2006 年 4 月 24 日，国家信息化专家咨询委员会第三届委员会成立。中共中央政治局委员、国务院副总理、国家信息化领导小组副组长曾培炎出席并讲话。国家信息化专家咨询委员会是国家信息化领导小组决策咨询机构，本届委员会分为政策规划、电子政务与信息化应用、网络与信息安全、技术与专业等四个专委会，共 55 名委员。

2006年4月25日，全国银行卡工作会议召开。此次会议由国家发改委、中国人民银行、公安部等九部委联合召开。会议分析了当前我国银行卡发展面临的形势和挑战，就今后一个时期的银行卡工作进行了具体部署。

2006年4月27日，我国"遥感卫星一号"发射成功。我国在太原卫星发射中心用"长征四号乙"运载火箭，成功将"遥感卫星一号"送入预定轨道。2006年是中国航天事业创建50周年，也是航天发射较为活跃的一年，年内将发射多颗通信卫星和科学试验卫星。"遥感卫星一号"的发射成功，实现了"中国航天年"的"开门红"。

2006年5月

2006年5月10日，国务院常务会议通过保护信息网络传播权条例。国务院总理温家宝主持召开国务院常务会议，审议并原则通过《信息网络传播权保护条例（草案）》。会议认为，为保护著作权人、表演者、录音录像制作者的信息网络传播权，鼓励有益于社会主义精神文明、物质文明建设作品的创作和传播，根据《中华人民共和国著作权法》，制定《信息网络传播权保护条例》是十分必要的。

2006年5月11日，大学生科学就业综合服务平台建设启动。该平台的建设，是为全面落实科教兴国和人才强国战略，为建设创新型国家奠定坚实的人才基础，把解决大学生科学就业问题与为科技型中小企业、国有大中型企业、地方骨干企业、事业单位提供高素质人才服务工作紧密地衔接起来，推进大学生科学就业综合服务体系建设，使大学生逐步成为事业创新、管理创新、技术创新和科技成果转化最具活力的主力军，更好地促进科技、教育、经济与社会协调、可持续发展。

2006年5月13日，公安部在八个试点城市推广设立"虚拟警察"。为解决公安机关在互联网公开管理、公开执法上的缺位，公安部决定在重庆、杭州、宁波、青岛、厦门、广州、武汉、成都等八个试点城市，率先推广深圳公安机关做法，设立网上"虚拟警察"，把公安机关互联网管理纳入社会治安管理总体框架，依法公开管理互联网。

2006年5月16日，《2005年中国互联网络信息资源数量调查报告》发布。

本次调查是由国务院信息化工作办公室主持的对我国互联网络信息资源的第五次全面调查，报告显示，2005 年我国互联网进入了新的发展时期，互联网络信息资源总体上继续保持健康、快速的发展态势，我国信息化建设取得较大进展。

2006 年 5 月 17 日，我国有线电视数字化工作由试点进入全面推开的新阶段。在全国有线电视数字化推进工作现场会上，国家广电总局副局长张海涛总结了 2003 年以来我国推进城市有线数字电视的试点工作，并对下一步的工作做出新的部署。这次现场会的召开标志着我国有线电视数字化工作由试点进入全面推开的新阶段。

2006 年 5 月 17 日，第 38 个世界电信日。同时也是首个世界信息社会日。国际电信联盟将 2006 年世界电信日的主题定为"让全球网络更安全"。

2006 年 5 月 18 日，国务院公布《信息网络传播权保护条例》。国务院总理温家宝签署第 468 号国务院令，公布《信息网络传播权保护条例》（以下简称《条例》），自 2006 年 7 月 1 日起施行。依据《著作权法》，《条例》规定了信息网络传播权的保护措施，并规定了合理使用和法定许可。《条例》建立了处理侵权纠纷的"通知与删除"简便程序，并参考国外立法，规定网络服务提供者向公众提供侵权作品，在四种情形下可以免除赔偿责任。《条例》是保护著作权人、表演者、录音录像制作人的信息网络传播权的重要行政法规，是我国著作权保护进一步加强的标志。

2006 年 5 月 18 日，由国家信息中心常务副主任王长胜担任主编的《中国电子政务发展报告 No.3》发布。该报告指出，当前中国电子政务发展仍处于初级阶段，在"十一五"时期，将逐步由办公自动化与政务信息上网阶段向业务信息化与网上政务阶段过渡。

2006 年 5 月 22 日，全国首个"新农村热线"开通。全国统一的专用特服号码"12316"农民服务热线在吉林省率先开通，吉林省将之定名为"12316 新农村热线"。今后，农民在生产中遇到各种问题，都可以直接向专家咨询。据了解，继吉林省率先开通热线后，农业部正着手积极推动各省、自治区、直辖市有步骤地开通"12316"公益性服务专用号码，大力推进信息进村入户，使之成为农民朋友发家致富的"千里眼"、"顺风耳"和好帮手。

2006 年 5 月 25～26 日，"2005 年中国特色政府网站测评"活动颁奖大会和高峰论坛在北京召开。此次测评活动由中国社会科学院和国脉互联合作完成，从四大类共 250 个政府网站中评选出 48 个（项）奖项。

2006 年 5 月 31 日，中国未成年人网脉工程在北京启动。由共青团中央、国务院新闻办、中央文明办、教育部、信息产业部、中国社会科学院等部委指导，联合社会各界力量共同打造、惠及亿万未成年人的工程——"中国未成年人网脉工程"在人民大会堂隆重启动。同时，以各发起网站优秀内容为主建成的一个面向未成年人的公益性互联网信息导航平台"网脉"（www.wm360.cn）试开通运行。

2006 年 5 月 31 日，国家基础地理信息系统 1∶50000 数据库更新工程启动。1∶50000 数据库是我国最基本的基础地理信息数据集，也是应用领域最广、使用频率最高的空间信息平台，是数字中国地理空间框架的重要组成部分，对推进国家信息化建设进程有非常重要的作用。该工程计划用 5 年的时间，采用具有自主知识产权的新技术，采取"上下联动、共建共享"的组织方式，组织全国测绘系统的力量，共同完成 1.9 万多幅地形图数据的更新。更新后的数据将与西部测图工程取得的成果一起，形成全国 1∶50000 基础地理信息的全面覆盖与更新，将建立 1∶50000 数据库的实时、动态更新机制。

2006 年 6 月

2006 年 6 月 2 日，信产部公布第五届软件百强。华为技术有限公司连续五届名列软件百强榜首。该公司软件收入达到 152.1 亿元，成为首家软件收入超百亿元的企业。排名前十的企业还有海尔集团、中兴通讯、UT 斯达康、神州数码、浙大网新、熊猫电子、北大方正、浪潮集团、海信集团等公司。

2006 年 6 月 2 日，无线局域网国家标准完整版公布。国家质量监督检验检疫总局和国家标准化管理委员会在其网站上联合发布了中国无线局域网的最后一系列国家标准。与此同时，中国无线局域网国家标准 WAPI 也再次向国际标准发起冲刺。此次正式颁布为国家标准则意味着政府部门在采购无线局域网产品时，必须采购国家无线局域网安全标准的产品。

2006 年 6 月 2 日，国内首家"反垃圾邮件综合处理平台"启动。此平台由中国互联网协会联合运营商和服务商建立。目的是为反垃圾邮件的规范管理提供基础数据保障，打造有效治理垃圾邮件的反垃圾邮件综合体系。中国网络通信集团公司作为宽带及主机托管的总赞助为"反垃圾邮件综合处理平台"提供长期的支持服务。

2006 年 6 月 8 日,"国家机关事业单位域名注册网"正式开通。今后各级机关、事业单位注册通用网址和中文域名,统一由指定的"国家机关事业单位域名注册网"(www. chinagov. cn)书面受理和审核。

2006 年 6 月 8 日,中国新农村建设信息网(www. xinnongcun. gov. cn)开通。中国新农村建设信息网是我国推进社会主义新农村建设的专题网站。该网以"宣传政策,服务'三农',促进发展"为宗旨,设计有政策法规、领导讲话、新闻动态、理论研讨、典型模式、国外经验、农业现代化、持续农业、农村改革、乡村新貌、基础设施、规划设计、建设项目、行业信息、百姓生活、农村教育、示范行动、数据库等十八个栏目,涉及到农民生活、农业发展、农村建设的方方面面。

2006 年 6 月 9 日,《中国射频识别(RFID)技术政策白皮书》在北京发布。该白皮书由科技部、国家发改委、商务部、信产部等 15 个部委共同编制,为 RFID 技术与产业未来几年的发展提供系统性指南。

2006 年 6 月 9 日,我国开通首个非物质文化遗产保护国家级门户网站。中国非物质文化遗产保护首个国家级门户网站"中国非物质文化遗产网·中国非物质文化遗产数字博物馆"(www. ihchina. cn)开通。据介绍,中国非物质文化遗产网是由文化部主管、中国艺术研究院主办的公益性非物质文化遗产保护专业网站,旨在利用现代化网络平台推广传播中国和世界非物质文化遗产领域的相关知识与信息,充分利用全社会的学术、经济、舆论资源,调动社会公众的参与,以促进我国非物质文化遗产保护工作的全面健康开展。

2006 年 6 月 12 日,全国电子政务工作座谈会在北京召开。中共中央政治局常委、国务院总理、国家信息化领导小组组长温家宝,中共中央政治局常委、国务院副总理、国家信息化领导小组副组长黄菊作重要批示。中共中央政治局委员、国务院副总理、国家信息化领导小组副组长曾培炎出席座谈会并讲话。

2006 年 6 月 13 日,我国国家域名顶级节点全面启用。据悉,北京科技网节点、北京联通节点、北京网通节点、广东移动番禺节点、广东电信广州节点等五个节点,作为中国国家域名顶级节点为全球网民服务。与原有节点相比,新的顶级节点分布更加合理,性能更加优越,结构更加安全。

2006 年 6 月 27 日，国务院办公厅下发《关于加强电子口岸建设的通知》
（国办发〔2006〕36 号）。

2006 年 6 月 29 日，中国首个农村移动信息村村通工程在广东启动。以推进
医疗、教育、科技、管理进农村，实现"信息助农、信息富农和信息惠农"为
目标的国内首个农村移动信息村村通工程在广东德庆启动。

2006 年 7 月

2006 年 7 月 1 日，《云南省电子政务管理办法》开始实施。《云南省电子政
务管理办法》明确了电子政务的基本概念和使用范围，设立了电子政务建设的
管理制度，确立了资源共享、信息公开、在线服务、网上办理、增值开发、信息
安全、业务培训和绩效考核等电子政务的应用规则。

2006 年 7 月 6 日，中国政府签署了《联合国国际合同使用电子通信公
约》。在美国纽约召开的联合国贸易法委员会第三十九届年会上中国政府签署
了该公约。该公约是联合国贸易法委员会根据委员会早先通过的《电子商务示
范法》和《电子签名示范法》的基本原则而制定的，旨在消除国际合同使用
电子通信的障碍，消除现有国际贸易法律文件在执行中可能产生的障碍，加强
国际贸易合同的法律确定性和商业上的可预见性，有助于促进国际贸易的稳定
发展。

2006 年 7 月 7~9 日，民政部信息化建设领导小组办公室和国务院信息化工
作办公室推广应用组在浙江嘉兴联合主办全国社区信息化建设论坛。论坛以
"构筑信息平台、提升社区服务、建设和谐社区"为主题，就全国社区信息化问
题通过专家演讲、典型经验介绍、信息化解决方案介绍、互动交流等多种形式进
行了广泛深入的探讨。

2006 年 7 月 10 日，我国首个"电子眼"管理办法对保护隐私做出规定。
《重庆市社会公共安全视频图像信息系统管理办法》在重庆市政府常务会议上通
过。这是国内首个城市"电子眼"地方管理办法。今后，重庆市所有城市主干
道与重要交通路口、治安保卫重点单位、歌舞娱乐场所出入口和主要通道都必须
安装"电子眼"，并由公安机关负责对全市"电子眼"的建设、使用和管理进行
监督。

2006 年 7 月 11 日，我国出台第一部《网吧专用计算机应用标准》。该标准针对网吧计算机的特殊使用环境要求和技术发展趋势，对网吧计算机配置、噪声、抗扰度、稳定性以及 3C 认证等多方面提出了要求。

2006 年 7 月 12 日，阳光绿色网络工程宣传月活动启动。阳光绿色网络工程宣传月活动的主题为"同在阳光下、绿网心连心"。宣传月活动内容之一被确定为"网络带你重走长征路"——长征 70 周年纪念活动搜寻赛。此外，被列入阳光绿色网络工程计划当中的第十六届全国国际儿童节威盛中国芯计算机表演赛将在全国设 33 个赛区。

2006 年 7 月 12 日，上海互联网举报中心网站（www. shjubao. cn）正式开通。举报中心网站的开通，为广大群众举报本市互联网违法违规行为提供了一个绿色通道和便利窗口。据网站负责人介绍，任何公民都可通过举报中心网站对所有在本市登记注册备案的互联网站和 IP 地址，在本市但未登记注册备案的互联网站的违法违规信息、行为进行举报。中心网站将严格保护举报人的权益，并及时公布举报查处结果，以维护网络文明，营造和谐、文明、健康的网络环境。

2006 年 7 月 19 日，中国互联网络信息中心（CNNIC）发布《第十八次中国互联网络发展状况统计报告》。报告显示，截止到 2006 年 6 月 30 日，我国网民人数达到了 1.23 亿人，与去年同期相比增长了 19.4%，其中宽带上网网民人数为 7700 万人，在所有网民中的比例接近 2/3。

2006 年 7 月 27 日，中国电信启动信息化新农村建设工程。据介绍，"千乡万村"示范工程将依托中国电信遍布乡村的农村服务支局点，整合目前与新农村建设有关的科技、供需、教育等服务资源，用语音、短信息、电话录音机、宽带网络等方式，搭建一座促农致富的"科技金桥"

2006 年 7 月 27 日，金税三期工程启动。金税工程三期是依托计算机网络集中处理信息，覆盖所有税种和税收工作重要环节的税收管理信息系统。国家税务总局局长谢旭人表示，要通过实施金税工程三期项目，进一步规范税收执法，提高税收征收率，使税款实征数不断接近法定应征数，保持税收收入与经济协调增长，进一步提高税收收入占国内生产总值的比重。

2006 年 7 月 28 日，我国主导的五项 NGN 标准在 ITU 获得通过。国际电联标准化局（ITU-T）在 SG13 的全会上通过了下一代网络（NGN）的两份补充文件和 14 份建议。在此次通过的建议中，我国主导了五项标准。

2006 年 8 月

2006 年 8 月 1 日，"第三届亚太公共服务高峰论坛"在北京举行。此次论坛由中国国务院信息化工作办公室、联合国开发计划署（UNDP）主办，思科系统公司协办。主题是"资源共享，协作无间"，致力于解决政府跨部门数据资源交换与共享，搭建公众服务平台，实现部门间的信息共享。

2006 年 8 月 4 日，戒除网瘾全国行"十百千万工程"在北京启动。本次"十百千万工程"是由中央文明办、共青团中央、新闻出版总署、信息产业部、文化部、民盟中央、中国社科院、中国关工委、光明日报社等共同主办的"健康上网拒绝沉迷——帮助未成年人戒除网瘾大行动"的主导活动。本次"十百千万工程"的主要内容是：组织青少年教育、心理、社会、医学等领域的专家学者分赴 10 个城市进行巡讲，寻找 100 名网瘾少年，培训 1000 名志愿者，携手 10000 户家庭，戒网瘾促和谐，培养创新人才。

2006 年 8 月 7 日，深圳市成为首个国家电子政务试点城市。作为全国首个国家电子政务试点城市，深圳市提出了"提前两年全面实现国家电子政务总体目标"的口号。深圳将建设全市统一的公共服务呼叫中心、全市统一的电子政务网络、改造政府公众服务网站。到 2008 年，深圳将建成全市统一的党政机关网络平台，联通各级党政机关，实现 100% 的要求公开的政务信息可在网上查询，100% 的行政审批项目可在网上申请及查询结果，50% 以上的行政许可项目可实现在线处理，100% 的政府行政许可和非行政许可审批项目纳入电子监察范围。

2006 年 8 月 8 日，国内首个社区信息化标准颁布。深圳市质量技术监督局正式发布了《社区服务与综合管理信息化技术规范》。这是国内第一个社区服务与综合管理信息化领域的标准，将从 9 月 1 日起正式实施。届时，深圳市社区信息化系统建设的集成商、开发商和监理单位，以及所有延伸到社区服务与综合管理业务中的政府投资信息化项目将有章可循。

2006 年 8 月 14 日，教育部教育管理信息中心与西藏自治区教育厅合作共建西藏自治区教育电子政务签字仪式在拉萨举行，标志着教育部教育管理信息中心"情系西藏"教育电子政务合作共建活动正式启动。根据合作协议，双方将开展全方位、多层次的建设合作。教育部教育管理信息中心将结合西藏自治区教育信息化发展现状，以提供有关电子政务规划指导和项目咨询，提供教育电子政务有关软件产品、技术支持和服务等多种方式，全力支持、共同推进西藏教育信息化的发展。

2006 年 8 月 17 日，中国国防科技信息网正式开通运行。中国国防科技信息网是"十五"期间在国防科工委支持下建设的服务于国防系统、军工行业广大工程技术人员和管理人员的权威性和专业性网站。网站汇集了国内外核、航天、航空、船舶、兵器、电子领域的新闻动态、文献、特色信息资源、情报研究成果、图片、声像产品等资源，是科技人员全面、及时了解全球最新国防科技信息动态，实现异地协同工作和快速情报咨询服务的平台。

2006 年 8 月 17 日，我国第一次公开处罚垃圾邮件发送者。基于用户的举报，广东省通信管理局对一些涉嫌群发垃圾邮件的公司展开了调查，并查实深圳市合生智慧企业管理咨询有限公司从 2006 年 1 月起通过软件从互联网上收集电子邮件地址，在未经接收者同意的前提下，大量群发包含商业广告内容的电邮。广东省通信管理局首次对发送垃圾电子邮件的公司给予了行政处罚，责令其停止发送垃圾邮件，并罚款 5000 元。

2006 年 8 月 29 日，中国新农村商务信息化研究中心成立。该中心由商务部与中国农业大学协商成立，农业部副部长牛盾、商务部副部长廖晓淇、中国农业大学校长陈章良等参加了成立仪式。中心主要研究农村商务信息服务体系建设中具有全局性和前瞻性的理论、政策和实践问题。

2006 年 9 月

2006 年 9 月 4 日，近日中国地下水信息网络发布系统——"中国地下水信息网"开始运行。中国地下水信息网络发布系统简洁、直观地反映了我国地下水信息情况。通过浏览查询，可迅速获得中国地下水资源分布、开采、补给、潜力和质量状况，掌握地下水开采漏斗、地面沉降、岩溶塌陷、海水入侵、水质污染等地下水环境发展趋势，了解地下水监测点分布、监测孔深度、水位、水质、水温等基本情况，获取我国近十年来主要城市和地区的地下水水位和水量、水质状况以及开采地下水诱发的环境地质问题等。

2006 年 9 月 4 日，邮政改革正式启动。随着五个省、市邮政管理局的正式成立，各地的邮政"政企分开"工作将在两周内相继完成，而国家邮政局和中国邮政集团公司也将在年内正式挂牌。

2006 年 9 月 6 日，香港特别行政区政府推出"香港政府一站通"网站（www. gov. hk），为市民提供全面的网上政府信息和服务。

2006 年 9 月 11 日，电信"653 工程"正式启动。由人事部和信息产业部联合举办的"中国 TD-SCDMA 第三代移动通信技术高级研修班"近日在北京举行开班仪式。信息产业部副部长奚国华结合当前通信业发展和办好本次研修班，强调了三个问题：一是推动行业快速健康发展；二是务实推进我国第三代移动通信发展；三是进一步提高业务素质和工作能力。

2006 年 9 月 12 ~ 15 日，全国政务信息资源目录体系与交换体系试点工作培训会在天津召开，国务院信息化工作办公室有关领导、国家电子政务标准化总体组专家、全国政务信息资源目录体系与交换体系工作组部分专家，以及各地参加试点及有意向参加试点的八个省（直辖市、自治区）信息化主管部门相关人员参加了此次培训。

2006 年 9 月 13 日，中国研发成果"龙芯 2E"，性能达到奔腾Ⅳ水平。由中国科学院计算技术研究所承担的国家 863 计划项目"龙芯 2 号（龙芯 2E）增强型处理器芯片设计"，通过专家验收。验收专家们认为龙芯 2E 在单处理器设计方面已达到国际先进水平，是具有自主知识产权的 CPU 芯片。作为通用 64 位处理器，龙芯 2E 成为目前世界上除美日之外性能最高的通用处理器，也是我国内地第一个采用 90 纳米设计技术的处理器，性能达到了中档奔腾Ⅳ处理器的水平。

2006 年 9 月 13 日，我国自行研制的通信卫星"中星 – 22 号 A"发射升空。"中星 – 22 号 A"是地球同步轨道通信卫星，由中国航天科技集团公司所属中国空间技术研究院研制。卫星设计寿命为八年，用户为中国卫星通信集团公司所属中国通信广播卫星公司。

2006 年 9 月 14 日，七大运营商发起成立下一代移动网络组织。包括中国移动、KPN、NTT DoCoMo、Orange、Sprint Nextel、T-Mobile 和沃达丰在内的移动运营商联合发起成立下一代移动通信网络（NGMN）组织，以共同制定移动通信网络和技术发展愿景。NGMN 将与现有的标准组织协力工作，致力于促进下一代移动网络技术的标准化和开发工作。NGMN 非常强调实用性，提出网络的演进应基于现有网络和频谱分配，以保证建立一个有利于业务创新的平台。

2006 年 9 月 15 ~ 16 日，中央政府门户网站内容保障工作会议暨第三届"中国电子政务论坛"在青岛举行。与会代表交流了近年来我国各级政府网站建设的成果和体会，探讨了政府网站建设的理论问题，并对中央政府门户网站给予高度评价，认为中国政府网的建设和开通不仅是创新政府管理方式、建设服务型政府的重大举措，也为各地区和各部门政府网站的建设提供了参照样板和政务信息资源共享平台。

2006 年 9 月 22 日至 23 日，由中国信息协会主办的 2006 政府信息化创新大会在北京举行。本次大会的主题是"以科学发展观推进政府信息化的创新应用"。

2006 年 9 月 24 日，中国建成首个纯 IPv6 网。在清华大学举行的"中国下一代互联网示范工程 CNGI 示范网络核心网"验收会上，传出中国在下一代互联网研究上开创性地建成了世界第一个纯 IPv6 网，并已经接入中国电信、中国联通、中国网通、中国移动和中国铁通等著名网络运营商。

2006 年 9 月 28 日，"农业远程教育及信息服务平台开发"通过验收。科技部高新司委托河南省科技厅对河南省生产力促进中心承担的"十五"国家科技攻关计划"农业远程教育及信息服务平台开发"项目进行了现场验收。"农业远程教育及信息服务平台开发"项目在开发过程中，采用了多层结构体系架构，通过运用计算机技术、数字技术、网络技术、卫星通信技术等先进技术手段，依托卫星、ADSL（宽带）、电话线、光纤等实现了信息资源的接收。

2006 年 10 月

2006 年 10 月 14 日，由国家信息中心和中国信息协会主办、《财经界》杂志社和《信息化参考》编辑部承办的"无处不在的网络与中国 IT 发展战略研讨会"于 2006 年 10 月 14 ~ 15 日在北京召开。

2006 年 10 月 18 日，亚太城市信息化论坛年会开幕。18 日，以"消除数字鸿沟：创新、和谐、发展"为主题的亚太地区城市信息化论坛第六届年会在沪开幕，来自 34 个国家、55 个城市及 45 个联合国组织与国际机构约 400 名代表与会。联合国经社理事会主席阿里·哈查尼、联合国副秘书长安瓦尔·乔杜里、国务院信息办常务副主任曲维枝、上海市副市长杨雄出席并致辞。18 日还举行了联合国颁奖仪式，澳大利亚工业旅游资源部获电子政务应用类"联合国公共服务奖"，范希平获"推动亚太地区城市信息化合作交流杰出贡献奖"。年会上发布了《2006 中国电子政务发展水平测评报告》。

2006 年 10 月 19 日，浙江开通政府"网上值班室"，实现 MSN、QQ 实时交流。从 10 月 16 日开始，登录浙江省政府门户网站的公众，只需下载一个名为"浙江政务通"的类似 MSN、QQ 的网络聊天工具，就可以直接与浙江省政府 16 个主要部门实时"对话"。此项管理创新在国内尚属首次试行。

2006 年 10 月 23 日，我国铁路综合门户网站铁流网（www. tieliu. com. cn）23 日正式开通。铁流网正式开通后，首页将有 36 个频道，查询检索便捷，服务功能突出。铁道部有关负责人表示，铁流网的开通运行，将构建一个集合铁道部政务信息、铁路客货运输服务信息和铁路改革、发展、管理、科研以及思想文化建设等各类信息于一体的强大网络信息服务平台，成为铁路信息发布的一个权威渠道，以及社会公众了解铁路的一个可靠视窗。

2006 年 10 月 24 日，辽宁省政府与国家海关总署在沈阳签署了建设辽宁电子口岸合作备忘录。国家海关总署副署长李克农、副省长李万才出席签字仪式并在合作备忘录上签字。本次签署的合作备忘录，是在国家海关总署的支持下，整合辽宁全省资源、全面实施电子口岸建设的重大举措。根据双方协议，辽宁电子口岸将建成具有一个"门户"入网、一种认证登录和"一站式"办事等功能，集口岸通关执法管理及相关物流商务服务于一体的大通关统一信息平台，使口岸执法管理更加严格、高效，企业进出口通关更加有序、便捷，进一步提高辽宁对外开放水平，为促进东北老工业基地振兴提供科技保障。

2006 年 10 月 31 日，巢湖建立政府门户网站在线回复制度，14 家单位被通报。安徽省巢湖市政府今年建立政府门户网站在线回复制度后，有 14 家单位因没有及时回复网民的发帖咨询日前被通报。今年 8 月，巢湖市政府建立政府门户网站在线回复制度，规定只要网民在门户网站论坛和公务邮件中提出投诉、意见、建议、咨询，涉及单位必须在 3 个工作日内在线回复。难以在此期限内办结的要作出说明，如超过 5 天没有回复又未作出说明，市政府将给予通报，且列入年度考核、考评。

2006 年 11 月

2006 年 11 月 3 日，新疆维吾尔自治区人民政府网站开通维吾尔文版。新疆维吾尔自治区政府网站（http：//www. xinjiang. gov. cn/）自建立以来，陆续推出了中文简体版、繁体版、纯文本版及英文版。作为新疆维吾尔自治区政府建立在互联网上的门户网站，为推进新疆维吾尔自治区对外开放、促进政务公开、改进政府的服务能力和管理水平，提高工作效率，带动全区电子政务工作发挥了切实的作用。

2006 年 11 月 6 日，陕西省仅用半年多时间在全省已建立起 11 个市区 104 个县级电子农务信息服务中心，并在 566 个乡镇建起了电子农务、农业信息服务站，向农民提供 6 大类 123 个栏目的农村信息服务，基本形成了省市县乡四级联动的电子农用推广服务网络。

2006 年 11 月 8 日，四川省政府出台系列制度确保政务公开。公民、法人和其他组织可以根据自身需要，向有关行政事业单位提出申请，要求按有关规定公开未向社会公众公开的事项，这类申请通常可在 15 个工作日内得到满足。为确保 2006 年 9 月 1 日开始施行的《四川省政务公开规定》落到实处，四川省政府近日出台一系列配套制度。这些制度包括《四川省政务公开审核办法》、《四川省政务公开依申请公开办法》、《四川省政务公开目标管理考评办法》、《四川省人民政府关于违反政务公开规定行为的责任追究办法》等。

2006 年 11 月 9 日，河南电子口岸开通十几个政府部门将实现协同作业。河南省政府口岸办举行新闻发布会宣布，河南电子口岸正式开通。今后，十几个和出口业务相关的政府部门将实现协同作业，而进出口企业也将通过互联网方便快捷地完成各种审批手续。由海关总署、税务总局等 12 个部委共同参与开发的口岸电子执法系统，是一个跨部门、跨地区、跨行业，集口岸通关执法管理及相关物流商贸服务为一体的大通关统一信息平台。目前全国已有 30 个地方政府同海关总署签署了合作建设地方电子口岸备忘录，已有 21 个地方电子口岸平台上线运行。

2006 年 11 月 15 日，济源市建成基于互联网的电子政务和公共服务网络。普通老百姓通过互联网可直接与市领导聊天，开公司办企业在一个地方就能办完全部手续。作为全国基于互联网开展电子政务的试点，河南省济源市"没新拉一根专线、没新建一个专网"，完全基于互联网建成了畅通、安全的电子政务和公共服务网络。

2006年11月16日我国公安历史上建设规模最大、涉及领域最广、复杂程度最高、技术含量最重的全国公安信息化建设项目"金盾工程"，在北京正式通过国家验收。"金盾工程"于2003年9月开工，经过全国各级公安机关三年的集中攻坚，2005年底工程建设任务全面完成。

2006年11月18日，长春6000多干部不受时间地点限制在"网校"深造。现在，只要登录长春信息港或长春党政信息网，点击"长春市干部网络学校"，输入姓名和密码，就可以参加长春市的干部教育培训。

2006年11月20日，南京市完成行政职权目录编制，实现所有行政权力网上公示。今年南京对全市行政权力进行全面清理，最终审定行政许可265项，总共清除了1000多项行政审批权限，占清理前总数的80%左右。目前，南京市经核定的行政权力及运行流程全部在政府及各行政部门网站公布。只要登录南京政府门户网站，点击行政执法一栏，就能查到54个行政部门的权限，包括行政许可、行政处罚、行政强制、行政征收、其他行政行为在内的各项行政权力及法律依据。

2006年11月27日，浙江省开通政府便民信息平台，市民拨114可享受服务。浙江阳光政务综合信息服务平台共有四大功能：一是政府总机功能。提供各级政府、各部门、各企事业单位对外服务电话、监督电话、投诉电话的查号和转接服务，老百姓无需记忆众多的电话号码就可以很方便地找到相关部门进行咨询。二是语音留言功能。当转接电话占线或下班无人接听时，提供留言信箱，相关政府部门工作人员可通过"114号码百事通"网站或114平台听取留言并给予答复。三是便民服务功能。全天24小时提供旅游、医疗、交通、餐饮等各项便民服务信息。四是服务监督功能。为政府开展政务服务成效、服务质量的统一监督提供诸如满意度调查在内的各类相关统计分析资料。

2006年11月28日，由国信办、信息产业部、国家信息化专家咨询委员会主办，中国电子信息产业发展研究院承办的"2006中国信息化推进大会"在京举行。国务院副总理曾培炎给大会发来贺信。曾培炎在贺信中表示，信息化要以科学发展观为指导，贯彻十六届六中全会精神，围绕服务现代化建设全局，落实国家信息化发展战略，大力推进经济社会各领域的信息化水平，增进政府公共服务和社会管理的能力，努力缩小信息化在不同地区、领域和社会群体间的差距，普遍提升国民信息技能，使公民能更好地分享信息化成果。

2006 年 11 月 29 日，国家减灾网（www.jianzai.gov.cn）在经过 6 个月的试运行之后，29 日正式开通。国家减灾网由国家减灾委员会办公室主办，民政部国家减灾中心负责网站的技术工作。据民政部救灾救济司司长王振耀介绍，国家减灾网是中国目前唯一一个权威的自然灾害综合信息发布与收集平台，它以权威性、公众化、及时性为宗旨，在第一时间面向全社会发布自然灾害信息、普及灾害知识，介绍减灾、救灾经验。

2006 年 12 月

2006 年 12 月 4 日，截至 2005 年，我国已经有 96% 的部委单位拥有网站，81.3% 的地方政府拥有网站，其中省级政府门户网站的拥有率为 90.3%，地市级政府门户网站的拥有率为 94.9%，相当一部分县级政府也拥有门户网站。

2006 年 12 月 7 日，上海在网格化城市管理市级平台点击开通了闸北、杨浦两区的网格化操作系统，此举也标志着上海 10 个中心城区实现网格化管理全覆盖，城区共分为 14383 个网格，由 1206 个网格监督员负责巡视。近 20 名市民代表应邀"体验"了网格化管理以及与网格化管理有效联动的"12319"城建热线的运作流程。

2006 年 12 月 8 日，全国政务信息资源目录体系与交换体系研讨会召开。国务院信息化工作办公室电子政务组、国家标准化管理委员会高新技术部在北京联合召开"全国政务信息资源目录体系与交换体系研讨会"。本次研讨会的主题是：政务信息资源目录体系与交换体系国家标准、技术支撑环境及应用服务模式的研究与探讨。

2006 年 12 月 26 日，深圳电子政务监察室正式挂牌运行，将强化对该市行政审批工作的电子监督、监管和对行政机关行政效率的电子评估，并受理有关投诉。这是国内设立的第一个对政务进行电子监察的政府管理机构。从 2004 年下半年以来，深圳逐步建立起行政审批电子监察系统，并自 2005 年 1 月开始对全市 239 项行政许可事项、197 项其他审批事项及涉及 16 个政府部门的重大投资项目审批工作实施全程实时电子监控。

后　记

　　《电子政务蓝皮书：中国电子政务发展报告 No. 4》是国家信息中心连续第四年组织编写的反映我国电子政务发展情况、研究我国电子政务发展重点问题的研究报告。2006 年，中国的电子政务持续推进，在总结前几年电子政务发展正反两方面经验的基础上，电子政务的研究者和实践者们逐渐形成了一种共识，只有将发展电子政务的出发点和立脚点放在公共服务上，才是真正抓住了电子政务的本质，才能切实为实现创建服务型政府的改革目标提供新的途径。为此，本年度的电子政务发展报告以"服务"为主题，分六篇，从理论和实践两方面，就电子政务服务公众的相关议题展开讨论。在第一篇（总论篇）中，国家信息中心常务副主任王长胜撰写了主题为《从政府信息上网到政府服务上网》的报告，旨在呼吁社会各界共同把电子政务建设的重点转到"服务"上来。

　　众所周知，我国正处于向服务型政府转型的起步阶段，无论在理论上还是在实践上，服务导向的电子政务都面临一系列的问题需要研究，本报告对这方面问题的讨论只是一个开始，希望通过我们的研究对推动我国电子政务向服务导向转变有所助益，同时希望更多的专家学者加入到相关研究中来，为建设服务型政府添砖加瓦。

　　报告的编写和出版需要感谢很多领导、专家和同事所付出的努力。国家信息化领导小组专家咨询委周宏仁先生百忙之中再次为报告撰写了序言，这对我们的工作既是鼓励，也是鞭策。国家信息中心孙立明同志负责编辑整理案例部分和电子政务大事记，芦艳荣同志负责报告的初步编辑整理，他们还负责了大量的各章节编审工作。另外，国家信息中心《中国信息年鉴》编辑部为我们提供了重大工程篇的主要内容。

　　本书的出版得到了沈阳东软股份有限公司的大力支持。作为中国电子政务领域里的一支重要力量，近些年他们在电子政务领域取得了优异的业绩，他们对电子政务研究的热心支持使我们深受感动，在此谨表谢意。

国家信息中心《电子政务发展报告》课题组

2007 年 2 月

信息时代政府形象传播

彭伟步　著
2005 年 10 月出版　33.00 元
ISBN 7-80190-797-3/D·238

　　政府形象是政府的无形资产，政府形象传播是一种长期储蓄，是一种无形的、远期的投资。为建立和塑造政府形象，政府必须建立一套行之有效的信息发布系统，真实、客观地反映政府工作，并接受传媒权力的制衡，通过传媒正反两方面的塑造，建立真诚面对公众的政府形象，赢取公众的信赖。此书比较全面和深入地论述了政府与媒体的关系，阐述了政府形象传播面临的全球化、信息化、民主化、市场化的挑战，具有较高的学术理论水平，特别是对于政府形象建设的模型设计，本书做了相当深入和有益的探讨，概括了政府形象传播的方式方法，对政府管理学和传播学研究具有一定的启迪和借鉴作用。

服务型政府的构建

吴声功　著
2006 年 7 月出版　28.00 元
ISBN 7-80230-190-4/D·030

　　如何从当代中国社会主义市场经济体制改革与行政管理体制改革的现实出发，即从中国的国情出发，借鉴世界各国的经验，构建当代中国的服务型政府，是一个重大课题。本书从当代中国经济体制的改革与行政管理体制的改革、当代中国市场经济体制不断完善与市场化程度不断提高条件下政府与企业关系模式的演变、当代中国政府角色的演变与服务型政府的构建、当代中国社会主义和谐社会的构建与服务型政府建设的战略思考、当代中国高效政府的构建与转型时期矫正政府失灵及其反腐倡廉的对策探讨这五个方面，作了深入浅出的论述；书中通过对大量案例的剖析，增强了对构建当代中国服务型政府现实问题的研究。

西方国家行政机构与人事制度改革

李和中　陈广胜　编著
2005 年 8 月出版　28.00 元
ISBN 7-80190-656-X/D·206

　　20 世纪 80 年代以来，英国、美国、法国、加拿大、日本等主要西方国家都进行了政府公共管理市场化改革。本书重点聚焦于行政体制、运行机制及中央政府与地方政府的关系诸方面，从总体上把握西方国家行政改革的走向，最后落脚于对 21 世纪中国行政改革的现实借鉴意义。

中国地方政府学

沈荣华　编著

2006 年 9 月出版　35.00 元

ISBN 7-80230-296-X/D·053

　　本书从我国实际出发，以当前行政改革为总体背景，以梳理中西方相关理论与概念为逻辑起点，以我国县、市地方政府为主要考察论域，以狭义的地方人民政府为研究对象，系统阐述了我国地方政府的发展历史，论述了我国地方政府的权力及其配置、地方政府与地方权力机关及其地方司法机关的结构关系，分析了地方政府的职能与地方政府之间的关系，并从管理层面上论证了我国地方政府的财政、自治与责任，最后为我国地方政府改革留下一定的思索余地。

企业型政府论

孙学玉　著

2005 年 2 月出版　28.00 元

ISBN 7-80190-456-7/D·138

　　本书作者从当代世界各国政府致力于规范式转换的宏观背景下展开研究，以企业型政府的建构为前提，围绕如何准确理解和确定企业型政府的内涵，对建构企业型政府所需的政治和社会条件，企业型政府的核心特征和价值取向进行了系统的论述。

责任政府新论

蒋劲松　著

2005 年 12 月出版　45.00 元

ISBN 7-80190-832-5/D·251

　　责任政府作为一种宪制，形成于近代，其理论与实践在当代西方国家较为成熟。建立责任政府是我国政治体制改革的关键。本书对西方三大政体——熔权制、分权制和监督－保障－仲裁制下的责任政府制度及其实践进行了比较研究，指出了传统责任政府理论的主要缺陷，提出了自己的新型责任政府理论，并以此为基础，针对我国责任政府目前存在的理论与实践问题，提出了具体的完善方案。

社会科学文献出版社"皮书系列"

权威机构　品牌图书　每年新版

　　"皮书"是社会科学文献出版社近几年推出的大型系列图书，它们由一系列权威研究报告组成，在每年的岁末年初对每一年度有关中国与世界的经济、社会等各个领域的现状和发展态势进行分析和预测。

　　该系列图书的作者以中国社会科学院的专家为主，均为国内一流研究机构的一流专家，他们的看法和观点体现和反映了对中国与世界的现实和未来最高水平的理解和认识，具有不容置疑的权威性。

　　皮书是非常珍贵实用的资讯，对社会各个阶层、各种职业的人士都能提供有益的帮助。适宜各级政府部门决策人员，科研机构研究人员，企事业单位领导，媒体记者，国外驻华商社和使领馆工作人员，以及关注中国和世界经济、社会形势的各界人士阅读。

中国皮书网（www.pishu.cn）

规划皮书行业标准　网尽皮书行业资讯　权威皮书出版平台　超值服务皮书用户

资询/邮购电话：010-65285539　　邮箱：duzhe@ssap.cn

网站支持（销售）联系电话：010-65269967　　QQ：168316188　　邮箱：service@ssap.cn

邮购地址：北京市东城区先晓胡同10号　社科文献出版社市场部　邮编：100005

银行户名：社会科学文献出版社发行部　　开户银行：工商银行北京东四南支行　　账号：0200001009066109151

·电子政务蓝皮书·

中国电子政务发展报告 No.4

从政府信息上网到政府服务上网

主　　编／王长胜
副 主 编／张新红　于施洋

出 版 人／谢寿光
总 编 辑／邹东涛
出 版 者／社会科学文献出版社
地　　址／北京市东城区先晓胡同 10 号
邮政编码／100005
网　　址／http：//www. ssap. com. cn
网站支持／(010) 65269967
责任部门／皮书出版中心 (010) 65281150　pishubu@ ssap. cn
策　　划／范广伟
责任编辑／周映希　张文燕
责任校对／钱维平
责任印制／盖永东
品牌推广／蔡继辉

总 经 销／社会科学文献出版社发行部
　　　　　(010) 65139961　65139963
经　　销／各地书店
读者服务／市场部 (010) 65285539
排　　版／北京中文天地文化艺术有限公司
印　　刷／北京季蜂印刷有限公司

开　　本／787×1092 毫米　1/16 开
印　　张／24. 25
字　　数／386 千字
版　　次／2007 年 4 月第 1 版
印　　次／2007 年 4 月第 1 次印刷

书　　号／ISBN 978 - 7 - 80230 - 555 - 7/D·144
定　　价／49. 00 元（含光盘）

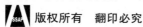